ドーキンス自伝 I

好奇心の赴くままに

私が科学者になるまで

リチャード・ドーキンス

垂水雄二訳

AN APPETITE FOR WONDER

The Making of a Scientist

Richard Dawkins

早川書房

ドーキンス一族は、18 世紀初頭以来、チッピングノートンの地域社会の一員である。この当時、私の曾曾曾曾祖父に当たるヘンリー・ドーキンス下院議員は、記念の銘板（下）に書かれた説明によれば、「自身と自分の後継者」のために、セントメアリー教会に一族用の霊廟を建てた。これは 1958 年前後にオーヴァーノートンの家で撮った一族の写真で、背景は、リチャード・ブロンプトンによる 1774 年のヘンリー一家の肖像画。ピンクのリアンダー・タイをした私の祖父ドーキンスが、妻のイーニッドと義理の娘ダイアナのあいだに座っている。私の妹のサラはその前。ビル叔父は祖父の後ろ、私とコリアー叔父のあいだにいる。私の父は一番左に、母はイーニッドとコリアーの妻バーバラのあいだにいる。

私の祖父のクリントン・G・E・ドーキンスが前傾して、ベリオールの代表選手として出艇態勢についている。カレッジ艇庫の上に立っている見物客のなかにズリイカ・ドブソンはいるのだろうか？

大学時代の私の祖父（右）は、その叔父の（のちにサーとなった）クリントン・エドワード・ドーキンス（上）から学資の支援を受けていた。彼の自由思想的な考え方は、ベリオール押韻詩に讃えられた。

私の父（上）と弟でラグビー選手だったビル（右）は、ビルマの森で牧歌的な少年時代を過ごしたのち、彼らの父親およびその他何人かのドーキンス一族の後を追ってベリオール・カレッジに入学した。

上：デヴォン州ドルトンのスミシーズ一家。上段：イヌを従え、本をもった父方の祖母イーニッドは、母親（りっぱな帽子をかぶっている）、兄イヴリン（テニス・ラケットをもっている）、父親（パナマ帽をかぶっている）、および誰かわからない客人のそばに座っている。下段：1923年頃のスミシーズ家のいとこたち。地面に座っている右から左へ順に、ビル、ヨリック、ジョン、およびヨリックの妹のベリンダ。コリアーは母親の腕に抱かれている。

次ページ：イヴリン・スミシーズの妻オリーヴはトラ撃ちという忌まわしい趣味のゆえに「タイガー・レディ」と呼ばれていた。彼女の息子で、私の父の従兄弟に当たるバートラム・スミシーズは、自然に対してもっとやさしく、文学的な関心を寄せた。

The Author on an Elephant

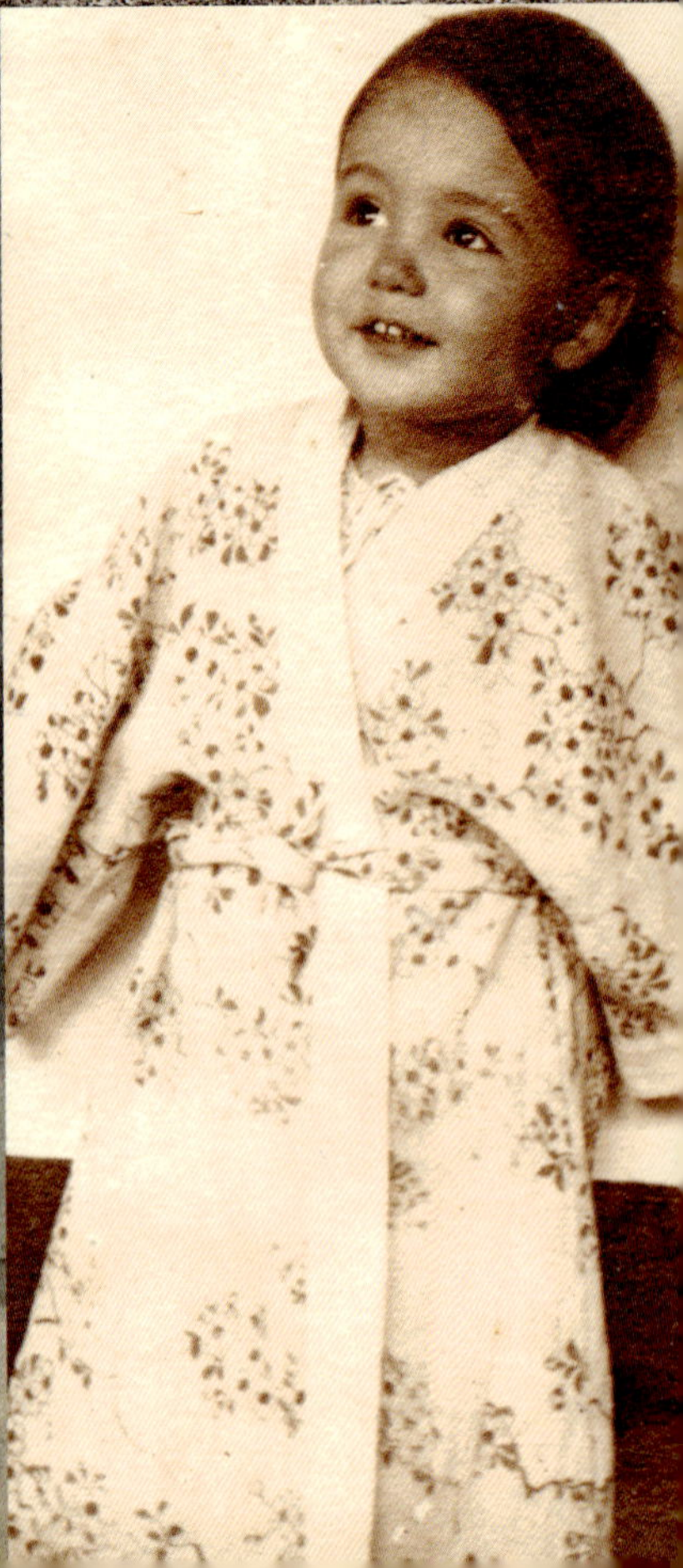

母方の祖父である「ビル」・ラドナー（前ページ上の写真で、椅子に座っている人たちの左から３番め）は、第一次世界大戦中にセイロン島に無線局の建設を助けるために派遣された海軍将校団のひとりだった。このイヌは無線基地のマスコットだったのか？　祖母のコニーが飼っていたのと同じイヌ（前ページ左下）のように見える。一家は私の母が３歳のとき（前ページ右下）に英国に戻った。彼らはエセックスにすみ（右上：私の母は腕を幼い友だちの胸に回している）、休暇をコーンウォールのムリオン入り江（下）で過ごした。左上の写真では、ダイアナ叔母を真ん中に母親と姉（私の母）が手をつないでいる。

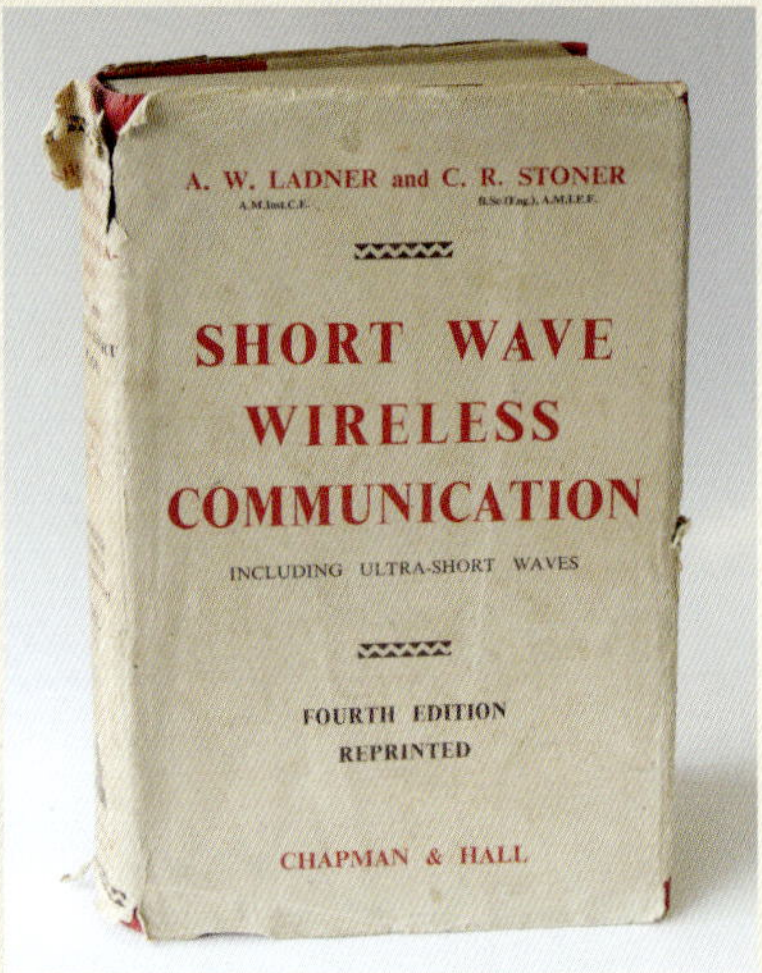

上：マルコーニ社に雇われた無線技士で、短波無線通信の標準的な教科書（上右）の著者であった私の祖父ラドナー。写真はアラブの王族に無線装置のいくつかを見せているところ。彼は、コーンウォールのポルジュの無線局で働いているときに私の祖母にはじめて出会った。無線局で計器の絶縁板として使われていた厚いスレート板の何枚かは最終的に、ムリオン入り江（下）近くの私たちの家の庭の敷石になった（右）。

ホペット館の庭にいる私の祖母と愛犬のスーザン（左）。ここで両親は出会い、戦争前夜に結婚した（上）。母の住んでいたウォーター・ホール（下）の庭に、母の妹のダイアナが立っている。

母は水上飛行艇カシオペア号（上）でアフリカまで旅をした。到着した母は、父（次ページ左上）が召集されたことを知り、ステーション・ワゴン〈ルーシー・ロケット〉（次ページ右上）に乗って、ケニヤまで（不法に）夫についていった。仮設橋に停まった車の側で母が川で顔を洗っている。下は、彼らのキャンプにおける朝食の風景。

父の訓練キャンプ地の一つでたまたまベーデン＝パウエルの葬儀に遭遇し、かつてボーイスカウトだった父は棺の付添人として招かれた。KARの制服を着て、エロール卿（歩調が合っていない）の隣を行進する父の姿は颯爽としていると思う。エロール卿はこの後すぐに殺害された。

NCHENA
CHENA
LILONGWE
CHITALA
TIWI
NCHISI
NCHEU

家族の生活における特別な事柄を記すために、母は場面と出来事を表した絵を描くという習慣があった。これは、1989 年に金婚式のために描いた「私たちの歩いた道」と題された絵の一部。アフリカの概略図のそばに、ソマリランドの父の戦車、私と一緒に出発する母、ニヤサ湖の砂浜、私のペット・カメレオンのフッカリア、家で飼っていたブッシュベイビーのパーシー、マクワパラにあったわが家と、車に乗せた妹のサラをダックスフンドのトゥイに向かって押している私などの場面が描かれている。

父は私にとって幼い頃からずっと見上げるべき人で、私は父についてキリマンジャロの山麓登りにいった。バラザは私がしつこく乳母車を押すのを手伝おうとするのを寛大にゆるしてくれた。のちに私たちはニヤサランドのマクワパラに引っ越し、そこでは、庭で母が裁縫教室を開いているかたわらで退屈しながら育ったように思われる（次ページ下）。1946年に、短期の休暇で、私たちは英国の祖父母のところに滞在した。このとき、ビル叔父とダイアナ叔母（中段の左側、私の両親の隣に座っている）が、ムリオンで結婚し、家族全員で、カイナンス入り江にピクニックに行った。

ニヤサランドに戻ってから私たちはリロングウェに住み、そこで最初の新車であるクリーピング・ジェニー（左上）を買った。私は南ローデシアの寄宿学校イーグル校へ遣られた。この写真（中段）では、タンク（校長）は、コッパーズ（寮母）やその右のディック（別の教師）とともに中心にいる。私は非常に小さな子どもで、同じ列の左から３番めで、同じように小さいデイヴィッド・グリンは反対側の私と対称の位置におり、その隣がウォッティ、さらに隣がポールである。デイヴィッドと私は美しいアゲハチョウを集めたが、彼はなぜかこれらのチョウを「ダディ・クリスマス」と呼んでいた。

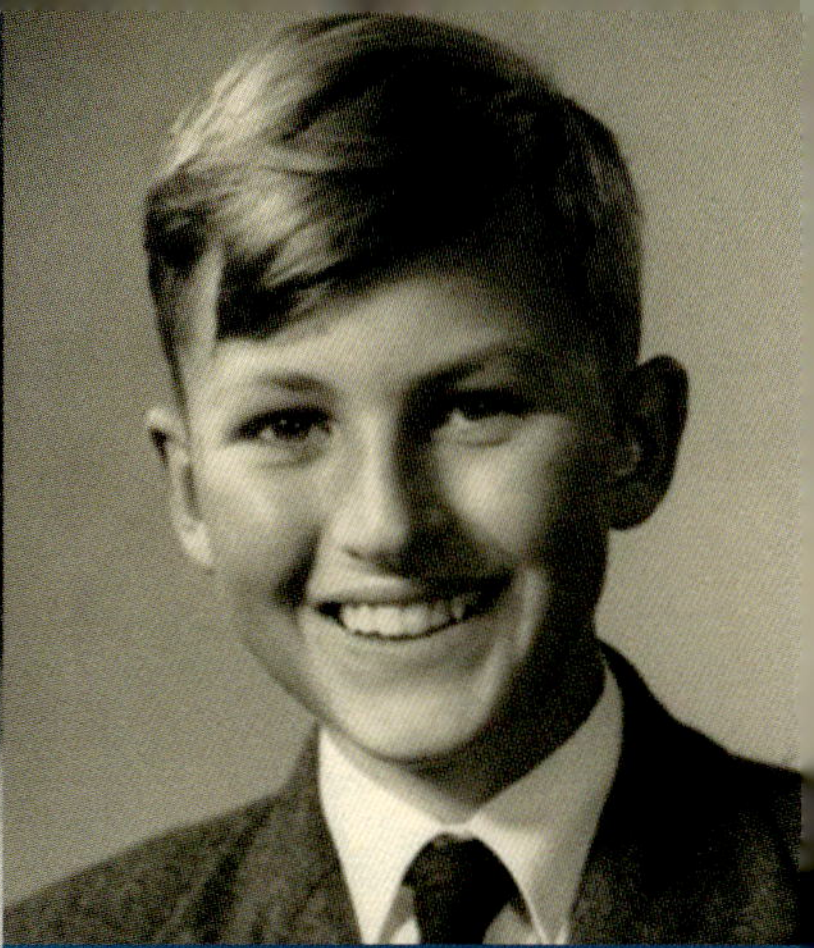

家族の結婚式のときに撮った私と両親の写真（妹のサラは花嫁の介添え役だったのでここにはいない）。残念ながら私がチャフィン・グローヴ校で被っていた帽子の鮮やかな赤は示せていない。オーンドル校の第一学期における私は、カメラの前で見せている笑顔ほど幸せであったとは思わない。オーンドル校で最良のものの一つはヨアン・トマスの存在で、生き物の世界の驚異を知りたいという欲求を目覚めさせてくれた。

オーヴァーノートンでの生活。使い古されたランドローバー（左上）。これで荒れ地を走り回った。1951 年頃のわが家の庭だった荒れ地に放し飼いされたエセックス・サドルバック種のブタ（左下）。特許をとった殺菌装置の横に誇らしげに立つ発明好きの父（右上）。下段：小さな灰色のファーガソンと干し草づくり。

夏休みに、私は干し草梱包で生活費を稼いだ。 下段：父の後について歩く。先祖伝来の家財か何かを運んでいる。

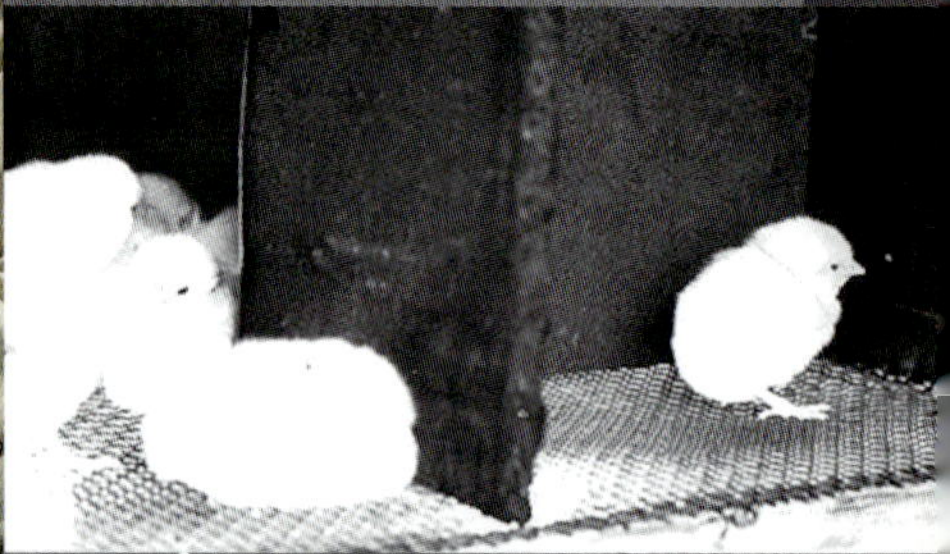

左上：得意の仕事をするニコ。レイヴングラスで模型の卵に色を塗っている。 左下：心臓発作前のピーター・メダワー。 右上：言葉を発する前にあなたの言うことを理解している深く知的な眼、乱れた髪の下で冷やかすように傾けた懐疑的な眉。マイク・カレンは悲しいことに、私たち多くの人間が愛惜する師だった。 右中：何をついばむか？ 頭上からの光を見たことがないヒヨコたち。右下：のちに休暇中にオックスフォードを訪れた、バークリー時代の友人で指南役だったジョージ・バーロウ。私たちはチャーウェル川で一緒に船遊びした（竿を操っているのはジョン・レノンではなく、イモリの専門家ティム・ホリディ）。

上：サリー・ピューマ狩り。勇猛な探検家が野獣の姿を求めて辺りを探している。下：野獣か威嚇される学生たちか？　バークリーで、ばらばらな格好でデモ隊に対峙するカリフォルニア州兵。

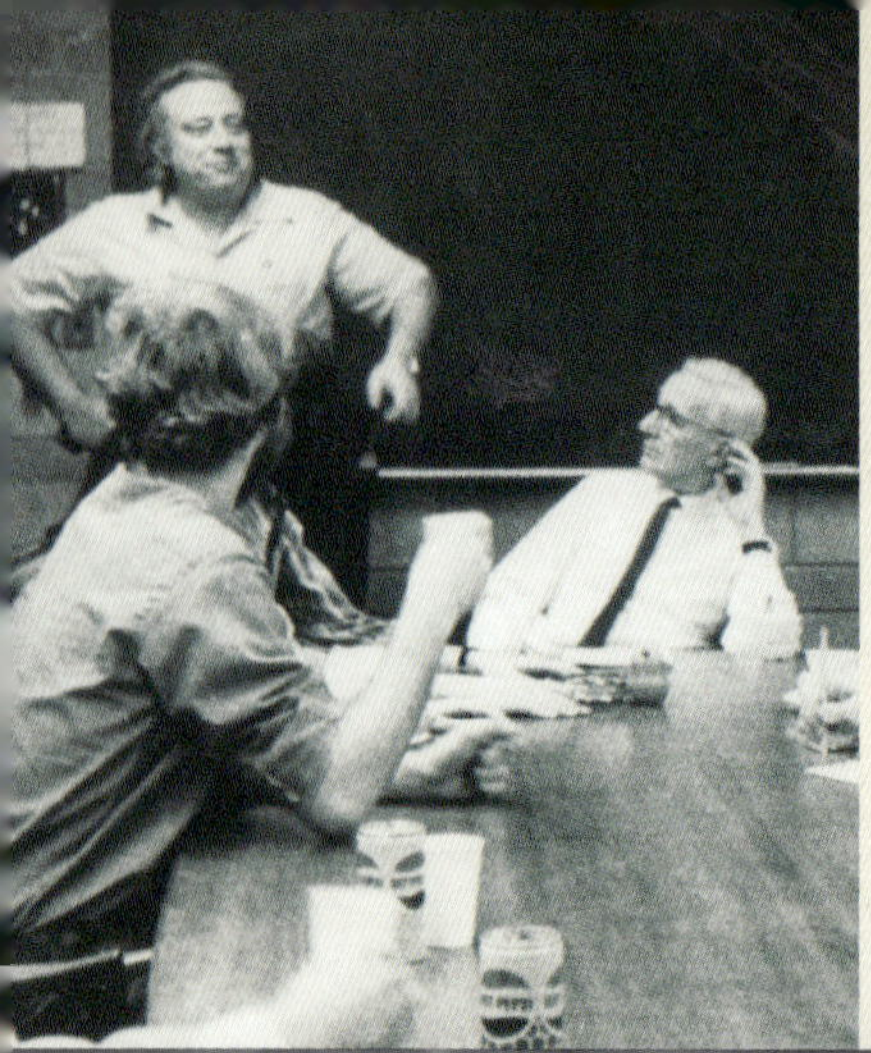

次ページ上段：クリケットならぬコオロギ（cricket）実験の実況解説。マイクとドーキンス・オルガンを使って行動を記録中のテッド・バークと私。 中段：ベヴィントン通りから移転した動物行動研究グループ。マリアンは左端、私は中央からやや右にいる。下段左：私がベヴィントン通り 13 で没頭していたのと同じ PDP-8 コンピューター。 下段右：プリングル教授と（左から右へ）同僚たち。E・B・フォード、ニコ・ティンバーゲン、ウィリアム・ホームズ、ピーター・ブルネット、デイヴィッド・ニコルズ。このページ左：相違点を確認するダニー・レーマン（立っている）とニコ・ティンバーゲン（右側）。 下：研究中のニコ。撮影を終える前にタバコの灰が落ちてしまわないだろうか？

INSTRUCTION
MAJOR STATES

上段：深い思索。ある問題と格闘するビル・ハミルトンとロバート・トリヴァース。ビルがハーヴァードを訪れたとき。 中段左：愛する自宅の庭に立つジョン・メイナード・スミス。尽きることのない励ましを与えてくれる。 中段右：デズモンド・モリスのカヴァーがついた『利己的な遺伝子』の初版。 下段左：長身でリンカーン似の、思慮深いジョージ・ウィリアムズ。 下段右：「その本は私にください」と叫んだマイケル・ロジャーズ。腰の据わった編集者。

好奇心の赴くままに　ドーキンス自伝Ⅰ

——私が科学者になるまで

AN APPETITE FOR WONDER

The Making of a Scientist

by

Richard Dawkins

Translated by
Yuji Tarumi
First published 2014 in Japan by
Hayakawa Publishing, Inc.
This book is published in Japan by
direct arrangement with
Richard Dawkins, Ltd.
c/o Brockman, Inc.

装幀／水戸部 功

私と年月をともにした母と妹、そして、すべての人に哀惜された父の思い出に捧げる

目次

Richard

Dawkins

凡例：本文中、〔（キッコー）〕で囲われた小さい文字列は翻訳による補足であり、［（ブラケット）］内は原著著者による補足・説明である。

私を編み出す生命の素材が
ここに吹き寄せ、今ここに
私はいる。

A・E・ハウスマン、「シュロップシャーの若者」より。

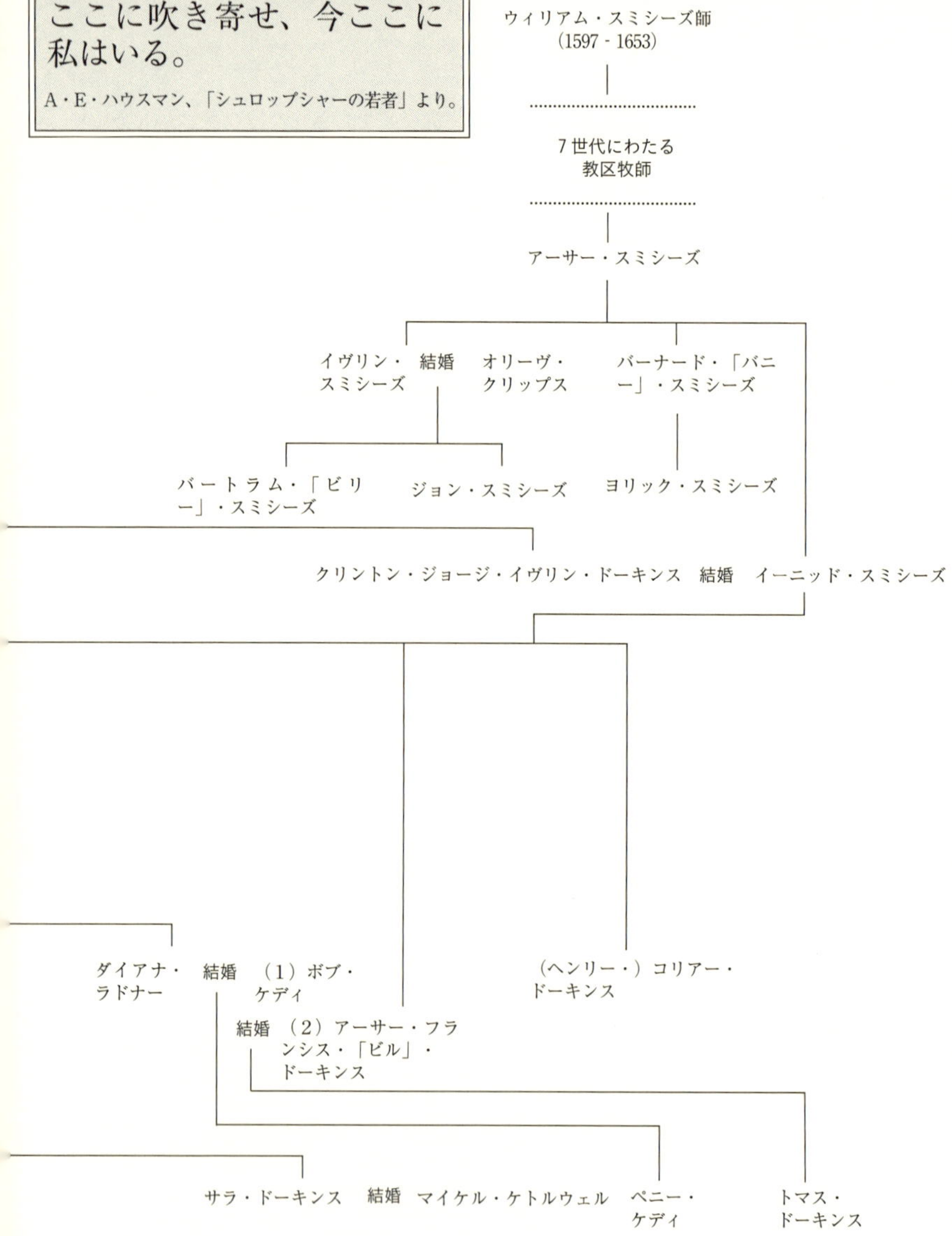

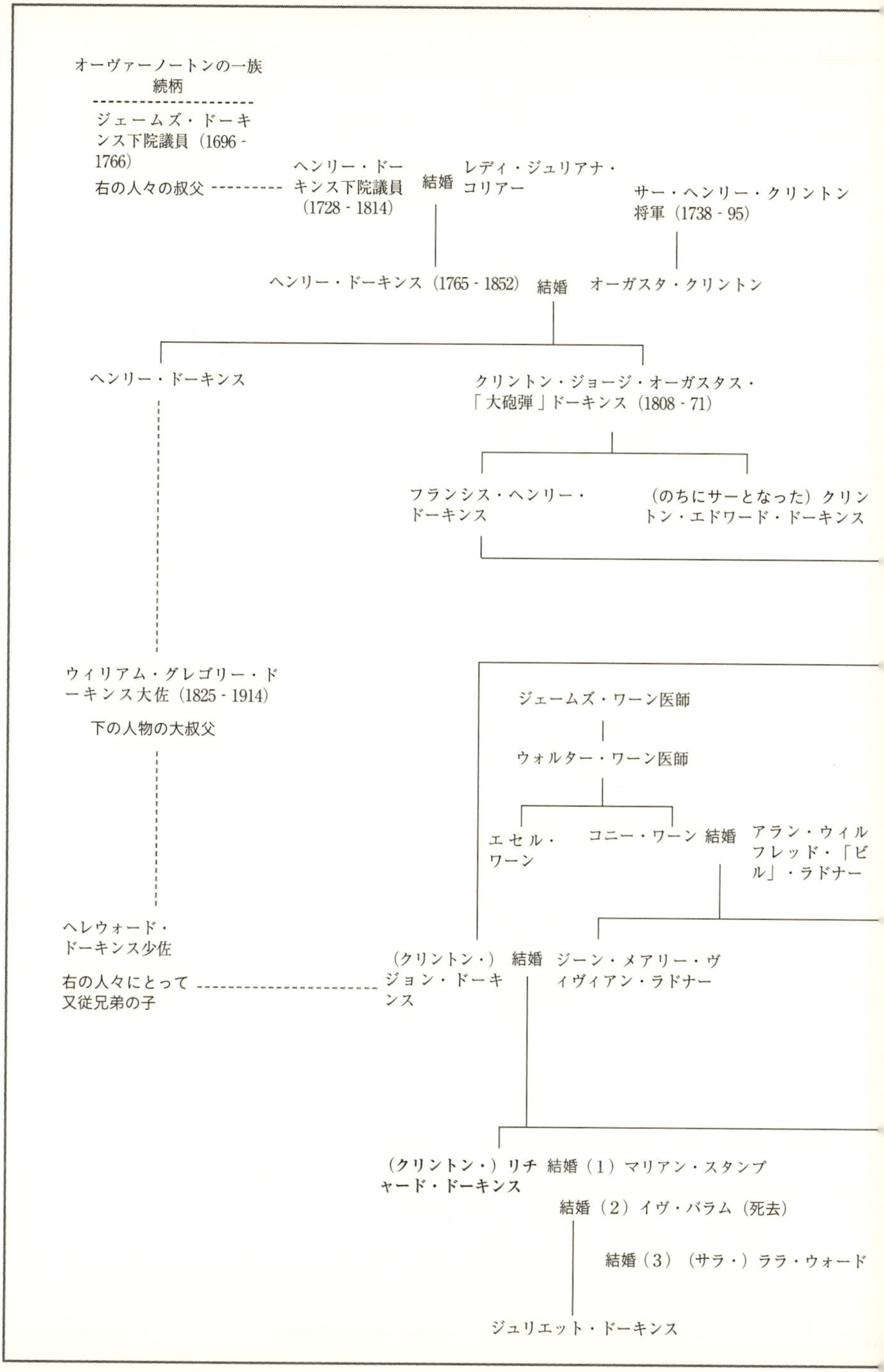
オーヴァーノートンの一族
続柄
ジェームズ・ドーキンス下院議員（1696 - 1766）
右の人々の叔父
ヘンリー・ドーキンス下院議員（1728 - 1814）
結婚
レディ・ジュリアナ・コリアー
サー・ヘンリー・クリントン将軍（1738 - 95）
ヘンリー・ドーキンス（1765 - 1852）
結婚
オーガスタ・クリントン
ヘンリー・ドーキンス
クリントン・ジョージ・オーガスタス・「大砲弾」ドーキンス（1808 - 71）
フランシス・ヘンリー・ドーキンス
（のちにサーとなった）クリントン・エドワード・ドーキンス
ウィリアム・グレゴリー・ドーキンス大佐（1825 - 1914）
下の人物の大叔父
ジェームズ・ワーン医師
ウォルター・ワーン医師
エセル・ワーン
コニー・ワーン
結婚
アラン・ウィルフレッド・「ビル」・ラドナー
ヘレウォード・ドーキンス少佐
右の人々にとって又従兄弟の子
（クリントン・）ジョン・ドーキンス
結婚
ジーン・メアリー・ヴィヴィアン・ラドナー
（クリントン・）リチャード・ドーキンス
結婚（1）マリアン・スタンプ
結婚（2）イヴ・バラム（死去）
結婚（3）（サラ・）ララ・ウォード
ジュリエット・ドーキンス

遺伝子と探検帽

Richard
Dawkins

「どうぞよろしく、クリントさん」。この友好的な入国審査官は、英国人がときに、家名（姓）を初めに書いて、そのあとに、両親が呼び名としてつけた名前を書くのを知らなかったのだ。私はずっとリチャードだったし、父親もずっとジョンだった。わが家の姓のクリントンは、両親の思惑通り、だれも気にとめていなかった。私にとって、ないほうが嬉しい（そのおかげで私のイニシャルがチャールズ・ロバート・ダーウィンと同じC・R・Dになるという偶然の符合に気づいたのではあるが）、ささいないらだちの種でしかなかった。しかし、ああ、米国に国土安全保障省ができるなど誰も予想していなかった。私たちの靴をスキャンし、歯磨きを配給するだけでは満足せず、彼らは、アメリカに入国する人間はすべてパスポートに書かれた通りの名で旅行しなければならないと法令で定めたのだ。そのため私は、米国への航空券を予約するとき、リチャードという終生の身分（アイデンティティ）を捨てて、クリントン・R・ドーキンスと名称変更をしなければならなかった――そして、もちろん、体制を軍事力で転覆するために米国に入国したことをはっきり否定するのに必要となる重要書類に記入するときにもそうしなければならなかった(「訪米の唯一の目的」は、英国のテレビ・パーソナリティであるギルバート・ハーディング流のこうした措置に対する反応だった。今ならそのような軽率な振る舞いは手ひどい仕打ちを受けるだろう)。

それゆえ、クリントン・リチャード・ドーキンスは、私の出生証明書およびパスポートに書かれた姓名であり、父はクリントン・ジョンだった。たまたま、一九四一年三月にナイロビのエスコティーン産科病院で生まれた赤ん坊の父親として《タイムズ》紙に名前が載ったC・ドーキンスは彼一人だけではなかった。もう一人は英国国教会の伝道師カスバート・ドーキンス師で、血縁はなかった。私の母は、英国の司祭や聖職者たちから、まったく知らない人々であるにもかかわらず、新しく生まれた赤ん坊への神の祝福を乞い願う親切なたくさんのお祝いの言葉を寄せられた。カスバートの息子への祝辞がまちがって寄せられた私に、なんらかの良き効果をもたらしたかどうか、知るよしもなかったが、カスバートの息子は父親と同じように伝道師となり、私は自分の父親と同じように生物学者になった。今でも、母は冗談で、私が取り違えられたのではないかと言う。幸い、私の身体的特徴が父親に似ていて、私が取り違えられっ子でないことが裏づけられるというだけでなく、教会にいく運命にもけっしてならなかった。

クリントンが最初にドーキンス一族の家名になったのは、曾曾曾祖父のヘンリー・ドーキンス(一七六五-一八五二)がサー・ヘンリー・クリントン将軍(一七三八-九五)の娘オーガスタと結婚したときだった。クリントン将軍は一七七八年から一七八二年まで英国軍総司令官を務め、アメリカ独立戦争における敗戦の責任の一端を担った。この結婚でクリントンの名がドーキンス一族に乗っ取られた来歴は、すこしばかり奇矯な話に思える。以下の抜粋はクリントン将軍が住んでいたグレートポートランド通り(ストリート)の歴史を書いた本からのものである。

一七八八年に彼の娘は貸し馬車に乗ってドーキンス氏とともに駆け落ちした。氏は、ポートランド街に向かうこの通りのいくつかの角に他の六台の貸し馬車を配し、それぞれが別々の方角へ全速力で駆けるように指示を与えることで、追跡を免れた[1]。

私としては、スティーヴン・リーコックの「……馬に飛び乗って、あらゆる方角にむちゃくちゃに走らせた」ロード・ドナルドという記述〔リーコックの『ナンセンス小説』の「家庭教師ガートルード」という短篇にある〕が、一族の家紋を飾り立てるこの話から想を得たものだと言えたらよかったのにと思う。さらに、私がヘンリー・ドーキンスの情熱はいわずもがな、臨機の才を一部でも受け継いでいたらとも考えたい。けれどもそれはなさそうだ。私のゲノムのわずか三二分の一しか彼に由来しないからである。クリントン将軍自身からは六四分の一で、私は軍人的性向を見せたことはけっしてない。『テス』と『バスカヴィル家の犬』だけが、遠い祖先への遺伝的な「先祖返り」を想起させる小説というわけではない。そうした考えは、共有する遺伝子の割合が世代ごとに半分になり、それゆえ指数関数的に逓減(ていげん)していく——あるいは、もし血縁者間の結婚がなければ消滅してしまうだろう。他人同士だ

(1) H. B. Wheatley and P. Cunningham, *London Past and Present* (London, Murray, 1891), vol. 1, p. 109.

と思っても、より遠い過去までさかのぼるほど、血縁者間の結婚である確率は高くなり、私たちはすべて互いに多少とも遠縁の血縁どうしなのである――ことを忘れている。

タイムマシンに乗って十分昔までさかのぼれば、そこで出会う人間のうち、ともかくも現代まで生き延びる子孫をもつ者は誰であれ、現在生きているすべての人間の祖先にきまっているという驚くべき事実は、実地に検証しなくとも椅子に座ったままで証明できる。十分遠い過去までさかのぼれば、そこで出会うすべての人は、二〇一四年に生きているすべての人間の祖先か、誰の祖先でもないかのどちらかである。数学者が大好きな背理法という方法によって、魚だった頃のデボン紀の人類の祖先についてはそれが真実でなければならないことがわかるだろう（私の祖先の魚とあなたの祖先の魚は同じでなければならない。なぜなら、それを否定するのは、あなたの魚の子孫と私の魚の子孫が三億年のあいだ互いに慎ましく別々に暮らし、にもかかわらずいまだに互いに交雑が可能だという不条理な代替説しかないからである）。唯一の疑問は、この主張が適用できるためにはどれくらい昔までさかのぼらなければならないかである。魚だった祖先までさかのぼる必要がないのは明らかだが、どこまで必要なのか。さて、細かな計算はすっ飛ばして、もしエリザベス女王が征服王ウィリアム（一〇二七－一〇八七）の子孫ならば、まずまちがいなく、あなたも子孫だと言える（そして――思いがけない非嫡出子による出入りがあるにせよ――私もそうであることを知っているし、家系図をもつほとんどすべての人が知っている）。

ヘンリーとオーガスタの息子、クリントン・ジョージ・オーガスタス・ドーキンス（一八〇八－七一）は、ドーキンス一族の中でクリントンの名を実際に使った数少ない人間のうちの一人だった。彼がもし父親の情熱のいくらかを受け継いでいたとしても、一八四九年のオーストリア軍によるヴェネツィア爆撃のときにはほとんど失ってしまっていた。この地で彼は英国領事だった。私は、銘が刻まれた真鍮のプレート付きの台座に据えられた砲丸を所持している。その銘の本当の筆者が誰かも知らないし、どれほど信用できるかもわからないのだが、とりあえず、私が翻訳したものを掲げておく（フランス語で、しかも外交官用語で書かれている）。

ある夜、彼が寝ているときに一発の砲弾がベッド・カヴァーを突き抜け、両脚のあいだを貫通するも、幸いにして皮膚の損傷以上の被害を被らず。最初本官は、法螺話と受け取ったが、やがてそれが正確な事実に基づくものであると判明。のちにスイス人の同僚が、米国領事の葬儀において彼に会い、それについて尋ねたところ、彼は笑いながら事実だと認め、それこそ、自分が脚をひきずっている理由なのだと語った。

わが祖先の大事なところが危うく難を逃れたこの事件は、彼がそれを使うことになる以前に起こったので、私としては自分がこの世に存在するのが砲弾の一撃が運良くそれたおかげだと言いたい誘惑にかられる。シェイクスピアが二股大根と呼んだ部分〔『ヘンリー四世』第二部の第三幕、第二場で、裸の人間を、「頭を彫刻した二股大根に喩えている」〕のほんの数インチ近くに当たっていれば……。しかし、実際には、私の存在は、そしてあなたがたや郵便配達夫の存在も、もっとはるかに細い幸運の糸でぶらさがっているのである。私たちの存在は、この宇宙が始まって以来起こってきたあらゆる出来事の正確なタイミングと場所に負っているのである。砲弾事件は、もっとずっと一般的な現象の劇的な一例にすぎない。以前に述べたことがあるように、もし、高いソテツの木のすぐ左隣にいた恐竜がたまたまくしゃみをしてしまい、すべての哺乳類の祖先となった小さなトガリネズミに似た動物をつかまえそこねるということがなかったとすれば、私たちの誰一人としてここにいなかったかもしれない。私たちすべては、自らをこのうえなくありえないものとみなすことができる。しかし、結果論として、私たちは現にここにいるのだ。

C・G・A・（「砲弾」）ドーキンスの息子クリントン（のちにサー・クリントンになる）・エドワード・ドーキンス（一八五九－一九〇五）は、オックスフォード大学のベリオール・カレッジに入学した多数のドーキンスたちの一人だった。彼はベリオール押韻詩という形で不朽に名を残すちょうどいいときに入学した。この詩は最初一八八一年に「ベリオールの仮面」と題するリーフレットとして発行された。この年の春学期に七人の学生が、このカレッジの有名人について下品な押韻詩をつくって印刷したのだ。もっとも有名なのは、ベリオールの偉大な学寮長ベンジャミン・ジャウェットを讃える詩で、作者はのちにノリッジ大聖堂の首席司祭となったH・C・ビーチングだった。

まず先陣の、わが名はジャウェット。
我輩の知らぬ学識などありはせぬ。
われはこの学寮（カレッジ）の長なり
我輩の知らぬことは学識などとは呼べぬ。

ウィットの点では見劣りするが、私にとって興味深いのは、クリントン・エドワード・ドーキンスについての詩である。

実証主義者どもはつねに高言する、
ドーキンスのごとき大仰な口ぶりで。
神は無価値で、人間がすべて、
人間（Man）の綴（つづ）りは大文字で始めるべしと。

ヴィクトリア朝時代に自由思想家はそれほど多くはなかったから、私としては、この曾祖叔父のクリントンに会いたかった（子供の頃、私は実際に、すごい高齢になっていたこの人の妹たちと会ったことがあり、そのうちの一人が二人のメイドをジョンソンさんとハリスさんと呼んでいた――私はメイドを苗字で呼ぶ習慣を奇異に感じた）。ところで、この「大仰な口ぶり（epic style）」というのは、どう解釈すべきなのだろう。

クリントンが、彼の甥（おい）に当たる私の祖父、クリントン・ジョージ・イヴリン・ドーキンスがベリオール・カレッジに入る学費を支払ったと私は信じている。祖父はそこでボートを漕ぐ以外のことはほとんどしなかったようだ。川で出艇態勢についた祖父の写真があるが、エドワード王時代のオックスフォードの真夏を鮮やかに思い起こさせる。これはマックス・ビアボームの『ズリイカ・ドブソン』

の一場面といってもよかった。帽子をかぶった来賓たちが、すべてのカレッジの漕艇部が現存の人々が覚えているほどの最近までもっていたカレッジ艀、すなわち浮き船式艇庫の上に立っている。現在では、これらは悲しいかな、川岸に建てられた実用的な煉瓦造の艇庫に取って代わられてしまっている（今でも、一、二の艀がまだ艇庫として浮かんでおり——あるいは少なくとも浅瀬に乗り上げて——、オックスフォード大学周辺の淀みや川に集まるバンやカイツブリの群れの真ん中まで曳航されて、水上の休息場になっている）。祖父と二人の息子、すなわち私の父と叔父のコリアーが似ているのはまぎれもない。世代が先に進むにつれてたちまち消滅していくとはいえ、家族の似かよりは私を魅了する。

祖父はベリオールにのめりこみ、ふつうの在学年限をはるかに超えて、そこにとどまりつづけた——私の推測では、漕艇をつづけるためだけに。老齢になった祖父を私が訪問したときはいつも、このカレッジが会話の主たる話題になり、私たちがまだエドワード王時代のスラングを使っているかどうかを繰り返し知りたがった（私は繰り返し、もう使ってはいないと言わなければならなかった）。学寮長（Master）をMugger、くず籠のことをwagger pagger、そしてベリオールの外に建つ十字架の史跡、キリスト教の悪い風潮に執着したために一五五五年にオックスフォードで生きたまま焼かれた三人の英国国教会の主教を追悼する殉教者記念館（Martyrs' Memorial）のことを、Maggers' Memoggerと言うようなスラングである。

祖父ドーキンスについての私の最後の記憶の一つは、祖父にとって最後のベリオール祝宴（毎年異なる年次の卒業生を招待しておこなわれる同窓会）に送り届けたことだった。ジンマー社の歩行器を押し、補聴器を付け、鼻眼鏡をかけた年老いた仲間たちに取り囲まれた祖父は、そのうちの一人に見つけられ、明らかな嫌みを込めて、「おい、ドーキンスくん、君はまだリアンダー〔ギリシア神話のレアンドロス〕のためにボートを漕いでいるのか?」と声をかけられていた。私はかつての旅団の兵士たちのなかで、ちょっとばかり侘びしげに見える祖父から離れた。男たちの何人かはまちがいなくボーア戦争で戦ったにちがいなく、それゆえ、ヒレア・ベロックの有名な詩、「いまだアフリカにいるベリオールの男たちへ」を捧げられてしかるべき男たちである。

何年も前、私がベリオールにいたとき
ベリオールの男たち——そして私もその一人だった——
冬の川で一緒に泳ぎ
太陽の下で、取っ組みあった。
そして、今でも私たちの心の奥では、ベリオール、ベリオール
すでにして愛されているが、ほとんど知られてはいない。
私たちは互いどうしがしっかりと一つにまとまっている。
募集がかけられ、男たちが選ばれた。
ここに、男たちを鍛える寄宿舎(ハウス)がある——
男たちは少年の眼差しと猟犬の心をもち、
歯をむく世界に向かって笑い声をあげながら進む

危険への激しい渇望をもちながら。
ベリオールが私をつくり、ベリオールが私を育んだ。
私がもっていたものは何であれ、やはりこのカレッジがくれた。
そして、ベリオールの最善の部分が私を愛し、導いた。
ベリオールの男たち、神があなたとともにありますように。

私は二〇一一年の父の葬儀でこの詩をつかえつかえしながら読み、そして二〇一二年にメルボルンで催された国際無神論者会議で、もう一人のベリオールの男であるクリストファー・ヒッチェンズへの追悼の辞でももう一度読んだ。なんでつかえるかといえば、もっと楽しい状況でさえも、みなに愛されている詩を引用するときには、なんともいいがたい気の緩みのために、涙もろくなってしまうからで、ベロックのこの特別な詩は、最悪の元凶の一つなのである。

ベリオールを卒業したあと、祖父はわが一族の多くと同じように、植民地省に就職した。祖父はビルマ〔現ミャンマー〕の森林保護官となり、広葉樹林の僻地で大半の時を過ごし、高度の訓練を受けたゾウを使う森林伐採という重労働を監督した。一九二一年に末の息子コリアー（この名はオーガスタ・クリントンと駆け落ちした向こう見ずなヘンリーの母親レディ・ジュリアナ・コリアーからとられた）誕生の知らせが彼のもとに届いた――先の割れた杖をもつ飛脚の手から渡されたと想像したい――とき、チークの森のただなかの奥地にいた。祖父は興奮し、利用できる輸送手段がくるのをまたずに、五〇マイル〔約八〇キロメートル〕を自転車で走り、妻のイーニッドのベッドに駆けつけ、その赤ん坊が「ドーキンス一族の鼻」をもっていると誇らしげに述べた。進化心理学者たちが指摘していることだが、父方の親戚のほうが母方の親戚よりも熱心に赤ん坊が父方に似ているかどうかを調べるものだそうだ――母であることよりも父であることのほうが確信するのがむずかしいという明白な理由のために。

コリアーは三人兄弟の末っ子で、私の父のジョンは長男だが、三人ともビルマで生まれ、信頼できる持ち手の棒から吊された携帯用揺りかごに入れられジャングルを連れまわされた。三人とも最終的には父の後を追って植民地省に入ったが、アフリカの異なる三つの地域に赴任することになった。ジョンはニヤサランド（現マラウイ）、真ん中のビルはシエラレオネ、コリアーはウガンダだった。ビルは二人の祖父によってアーサー・フランシスと名づけられたが、子供の頃ルイス・キャロルの『不思議の国のアリス』に出てくるトカゲのビルに似ていたので、つねにビルと呼ばれていた。ジョンとコリアーは若い頃、街角で止められ「君は君なのか、それとも兄（弟）のほうなのか？」と尋ねられるほどよく似ていた（この話は本当で、私の現在いるオックスフォードのカレッジのなかで、「……イズム」の名に値することができる唯一の学寮長であるW・A・スプーナー〔頭音転換のことをスプーナリズムと言う。スプーナーがこの種の言い間違いをよくしたことからきている〕が、四つ子の一人に「ええと、戦争で死んだのは君だったのか、君の兄弟だったのか思い出せないんだが」と尋ねたという有名な伝説よりは、たぶん本当らしい）。歳をとるとともに、ビルとコリアーは互いにますます（そして彼らの父親とも）似るようになり、私の目からは、ジョンはそれほど似ていなかった。家族間の似かよりが、一生の異なる時期に現れたり消えたりするのは珍しくないが、それは、私が家族の似かよりに魅了される理由の一つでもある。遺伝子が胚発生の期間だけでなく、生涯を通じて影響を及ぼしつづけることは、忘れられてしまいがちである。

祖父が残念がったことに、妹がいなかった。祖父の心づもりでは、末っ子にはジュリアナという名をつけるはずだったが、かわりに、彼女の気高い苗字のコリアーを使うことで我慢するしかなかった。三人の兄弟はみな有能だった。コリアーは学問的には一番頭がよく、ビルがもっとも運動能力があった。私はのちに入学したとき、功労者名簿に、一〇〇ヤード走の学校記録保持者として彼の名前があるのが誇らしかった――この能力が第二次世界大戦の初期に、連合王国チームとの試合で陸軍チームのために颯爽たるトライを挙げたときに十分に役立ったのは間違いない。私はビルの運動能力をまったく共有しないが、科学についてどう考えるかについては父親から、それをどう説明するかについてはコリアー叔父から学んだと考えたい。コリアーはウガンダを去ったあと、オックスフォード大学の教授となり、生物学者にわからせるのが難しい学科として悪名高い統計学の優秀な教師としてひろく尊敬されていた。私は『遺伝子の川』を、つぎのような言葉を添えて献じた。

オックスフォード大学、セント・ジョンズ・カレッジの評議員。事物を解明する能力に秀でたヘンリー・コリアー・ドーキンス（一九二一 - 一九九二）を偲んで。

兄弟たちは年齢と逆の順で死に、私は全員を失ってとても悲しい。私の名づけ親で叔父のビルが二〇〇九年に九三歳で亡くなったときに、葬儀で弔辞を述べた[1]。そこで私が伝えようとしたのは、英国の植民地省には悪いところがいっぱいあったが、最良の部分は実際に非常にすばらしかったこと、そしてビルが二人の兄弟と同じく、そして後で述べるディック・ケトルウェル[2]と同じく、最良の部分だったということである。

三人の兄弟が父親の後を追って植民地省に入ったのは確かだが、彼らは母親の側からも同じような遺産を受け取っていた。母方の祖父であるアーサー・スミシーズは、インド地域の主席森林保護官であり、その息子のイヴリンはネパールの主席森林保護官になった。ドーキンス方の祖父をイヴリンの妹で、私の祖母であるイーニッドと出会わせ結婚に至らせたのは、祖父とイヴリンがともにオックスフォード大学で林学を講じているあいだに築かれた二人の友情だった。イヴリンは有名な『インドの森林の豊かな富』（一九二五年）という本の著者であり、切手収集に関するさまざまな定評ある著作も残している。彼の妻のオリーヴは、遺憾ながらトラ撃ちが大好きで、『タイガー・レディ』という本を出している。トラの上に立ち、探検帽（ピス・ヘルメット）をかぶった彼女と、その肩に誇らしげに手をのせた夫の、「よくやった女房」というキャプションがついた一枚の写真がある。彼女が私の好みのタイプになったとは思えない。

オリーヴとイヴリンの末の息子、私の父の寡黙な従兄弟のバートラム（「ビリー」）・スミシーズも、

（1）ウェブ（http://www.richarddawkins.net/）の付録（Appetite for Wonder Appendix）を参照。
（2）および私が書いた彼の死亡記事は、ウェブの付録を参照。

ビルマで、のちにはサラワクで森林行政に携わった。彼は定評ある著作、『ビルマの鳥類』と『ボルネオの鳥類』を書いた。後者は（けっして寡黙ではない）旅行作家のレドモンド・オハンロンが、詩人のジェームズ・フェントンと一緒にボルネオの奥地へ赴いた愉快な旅行における一種のバイブルになった。

バートラムの弟のジョン・スミシーズは一家の伝統と決別して著名な神経科学者となり、統合失調症と幻覚剤の権威となった。カリフォルニアで暮らしていて、そこでオルダス・ハクスリーにメスカリンを服用して「知覚の扉」を清めるようにさせたとされている。最近私は、ＬＳＤトリップを通じて導いてあげようという親切な友人の申し出を受け入れるべきどうか、彼に助言を求めた。彼は断るようにと言ってくれた。私の父のもう一人の従兄弟であるヨリック・スミシーズは哲学者ウィトゲンシュタインの献身的な筆記者だった。[1] ピーター・コンラディは、作家のアイリス・マードックの伝記において、ヨリックを「聖なる愚者」に認定し、彼女の『網のなか』の登場人物の一人ヒューゴ・ベルファウンダーのモデルだとしている。私には両者の類似点を見いだすのは非常に難しいと言わなければならない。

ヨリックはバスの車掌になりたかったが、そのバス会社の歴史を通じて学科試験で落ちた唯一の人間だったと［アイリス・マードックは］書いた。……一回だけの実技練習のあいだ、ヨリックが歩道に乗り上げたり下りたりしたので、教官は車から降りてしまったのだ。

バスの車掌になる試験に落ちてしまい、かつ、哲学の道に進むのをウィトゲンシュタイン（および彼の他の生徒の大半と一緒）に思いとどまるよう説得されたため、ヨリックはオックスフォード大学林学教室の司書として働くことになったが、これが彼の一族の伝統との唯一のつながりだったかもしれない。彼は変わった性癖をもち、嗅ぎタバコを吸い、ローマ・カトリック教を信じ、悲劇的な死を遂げた。

ドーキンス家とスミシーズ家の従兄弟どうしの祖父に当たるアーサー・スミシーズは、私の一族で国務にかかわった最初の人間だと思われる。彼の父方の祖先は途切れることなく七世代前の曾曾曾曾曾祖父（ウィリアム・スミシーズ師。一五九〇年代生まれ）までさかのぼることができるが、全員がことごとく国教会の聖職者だった。もし私が彼らと同じいずれかの世紀に生きていたとすれば、私も聖職者になっていたことはありえなくはないと思う。私はずっと存在にかかわる深い疑問にいつも関心をもちつづけてきたし、そうした疑問は宗教が答えようと熱望した（そして失敗してきた）ものだが、私は幸運にも、そうした問いに超自然的な答よりもむしろ科学的な答が与えられる時代に生きている。実際に、生物学における私の関心はもっぱら、自然史への愛よりもむしろ――私が教えてきたほとんどの若い生物学者がそうであるように――、生命の起源とその本性についての疑問によって衝き動かされてきたのである。野外活動（アウトドア）やフィールド生物学に身を投じるという一族の伝統を私が見捨てたとさえ言える。以前に、何人かの動物行動学者たちの自伝的な章を集めて一冊にした本に寄せた

（1）http://wab.uib.no/ojs/agora-alws/article/view/1263/977

短い回想録で、私は次のように書いた。

> 私は子供のナチュラリストになっていてもおかしくなかった。そうなるためのあらゆるお膳立てが用意されていた。幼い頃の熱帯アフリカという完璧な環境だけでなく、ナチュラリストの世界に送り込むべき完璧な遺伝子もあったはずだ。何世代ものあいだ、日焼けしたドーキンス一族の脚はカーキ色の短パンを穿いて帝国のジャングルを歩き回ってきていた。私の父親とその二人の弟と同じように、私はほとんど探検帽（ピス・ヘルメット）をかぶって生まれてきたようなものだった。(1)

実際、叔父のコリアーはのちに、はじめて私が短パンを穿いたのを見て（彼は日常的に短パンを穿き、二本のサスペンダーで吊っていた）、「おおいいぞ、おまえも本物のドーキンス一族の膝をもってるじゃないか」と言っていた。ついでにコリアー叔父が若者について言った最悪の言葉を書けば、「この子は、ユースホステルに一度も行ったことがないのだろう」というものだった。この非難は、遺憾ながら、この当時の私のことを述べている。若い頃の私自身は、家族の伝統を見下していたように思える。

私は両親からあらゆる形の後押しを受けていた。どちらもコーンウォールの断崖やアルプスの草原で見かける野生の花をすべて知っていたし、父はおまけとして、妹と私にラテン語の学名を投げかけて楽しませた（私たちは、たとえ意味がわからなくとも、単語の響きが大好きだった）。

英国に到着するとすぐに私は、いまやビルマの任地から引退していた、背が高くハンサムな祖父から、窓の外にいたアオガラを指さして、あれがなんだかわかるかと質問され、恥をかかされた。私は名前を知らず、みじめに口ごもりながら、「ズアオアトリですか?」と答え、祖父は憤慨した。ドーキンス一族においては、そんなことも知らないのは、シェイクスピアの名を聞いたこともないのに等しいことだった。「あきれたもんだ、ジョン。こんなことがあり、え、る、のか」——私は祖父の言葉も、父の誠実な弁明もけっして忘れたことがない。

若い私自身への公正のために言えば、私は英国の地に足を踏み入れたばかりだったのであり、東アフリカにはアオガラもズアオアトリもいなかったのだ。しかしいずれにせよ、私が野生の生き物を観察することが好きになるように学んだのはずっと後のことで、私は父や、祖父のような野外派の人間になることはなかった。そのかわりに、

私はひっそり隠れた読書家になった。寄宿学校の休日に帰ると、私は本を一冊抱えてそっと忍び足で自分の寝室に上がる。新鮮な空気を吸う正しい野外活動をサボるという罪を犯して。そして学校で生物学を正式に学びはじめたときも、依然として私を捉えていたのは、書物を中心とし

(1) 'Growing up in ethology', ch. 8 in L. Drickamer and D. Dewsbury, eds, *Leaders in Animal Behavior* (Cambridge, Cambridge University Press, 2010).

た活動だった。大人たちなら哲学的と呼ぶような疑問に私は引きつけられていた。生命の意味はなにか？　なぜ私たちはここにいるのか？　すべてはどのようにして始まったのか？

私の母の一族はコーンウォールの出身だった。母の母、コニー・ワーンは代々ヘルストンの医者の家系の娘、孫娘、曾孫娘であり（私は子供の頃、母の家系がすべて『宝島』に出てくるリヴジー先生のようなのだと想像していた）、筋金入りのコーンウォール人として、イングランド人を「よそ者」と呼んでいた。祖母は、いまや絶滅してしまったコーンウォール語をしゃべることができるにはあまりにも遅く生まれてきたのを残念がっていたが、娘の時分には、歳の寄ったムリオン（リザード岬の西海岸にある村）の漁師は、「わしらのカニを盗みにやってきた」ブルトンの漁師の言葉を理解できたと私に言った。ブリソン諸語には、ウェールズ語（使われている）、ブルトン語（死にかけ）、コーンウォール語（死語）があり、ブルトン語とコーンウォール語は語族の系図で姉妹種にあたる。いくつかのコーンウォール語の単語が英語のコーンウォール方言に生き残っており、たとえばカエル（frog）を指すquilkinがそうで、私の祖母はこの方言をじょうずにしゃべれた。彼女の孫である私たちは、'clunked a bully'（プラムの種を呑み込んだ）少年についてのすてきな詩を朗唱してほしいと何度も繰り返しせがんだ。私はそうした朗唱詩の一つを記録さえしたが、まことに残念ながら、そのテープはなくしてしまった。ずっとのちに、Googleがその言葉をたどる助けをくれたので、[1] 私はいまでも頭の中で、かすれ声で語る祖母の声を聞くことができる。

There was an awful pop and towse[2] just now down by the hully,[3]
For that there boy of Ben Trembaa's, aw went and clunked[4] a bully,[5]
Aw ded'n clunk en fitty,[6] for aw sticked right in his uzzle,[7]
And how to get en out again, I tell ee 'twas a puzzle,
For aw got chucked,[8] and gasped, and urged,[9] and rolled his eyes, and glazed;
Aw guggled, and aw stank'd[10] about as ef aw had gone mazed.[11]

Ould Mally Gendall was the fust that came to his relief,—
Like Jimmy Eellis 'mong the cats,[12] she's always head and chief;
She scruffed 'n by the cob,[13] and then, before aw could say 'No,'
She fooched her finger down his throat as fur as it would go,
But aw soon catched en 'tween his teeth, and chawed en all the while,
Till she screeched like a whitneck[14]—you could hear her 'most a mile;

（1） *Randigal Rhymes*, ed. Joseph Thomas (Penzance, F. Rodda, 1895) から。（2） Fuss.（3） Store for live bait.（4） Swallowed.（5） Pebble, 私の祖母は plumstone と訳したが、こちらのほうが意味が通る。（6） Properly.（7） Throat.（8） Choked.（9） Retched.（10） Stamped.（11） Mad.（12） Local proverb.（13） Forelock.（14） Stoat, weasel.

And nobody could help the boy, all were in such a fright,
And one said: 'Turn a crickmole,[1] son; 'tes sure to put ee right;'
And some ran for stillwaters,[2] and uncle Tommy Wilkin
Began a randigal[3] about a boy that clunked a quilkin;[4]
Some shaked their heads, and gravely said: ''Twas always clear to them
That boy'd end badly, for aw was a most anointed lem,[5]
For aw would minchey,[6] play at feaps,[7] or prall[8] a dog or cat,
Or strub[9] a nest, unhang a gate, or anything like that.'

Just then Great Jem stroathed[10] down the lane, and shouted out so bold:
'You're like the Ruan Vean men, soase, don't knaw and waant be told;'
Aw staved right in amongst them, and aw fetched that boy a clout,
Just down below the nuddick,[11] and aw scat the bully out;
That there's the boy that's standing where the keggas are in blowth:[12]
Blest! If aw haven't got another bully in his mouth!'

ピクッと大きな動きがあってばたついたとたん、グイと生き餌に引っ張られた。

そんでもって、ベン・トレンバーっちの子が、ああ、落ちて、小石を呑み込んだ。

ああ、小石がその子の喉にひっかかり、ちゃんと呑み込まれなかった。

どんなにしてそれがもう一度出てきたか、わしが言えるのは、謎だということだ。

ああ、その子は喉を詰まらせ、あえぎ、吐いて、目を回し、どんよりした。

ああ、ゴボゴボと言い、まるで朦朧（もうろう）としてしまったかのように、よたよたした。


彼を救いに最初に駆けつけたのは、老マリー・ジェンドールだった――

ジミー・エーリスと同じように、彼女はいつも「ほかのだれにもまして」親分、大将だ。

彼女は前髪でかろうじて支え、それから、「だめだ」と言うより前に
指をその子の喉の奥の届く限り深くまで突っ込んだ。

だがなんと、すぐに指は「歯のあいだに」捕まえられ、その間ずっと噛まれていた。

彼女がオコジョのような金切り声をあげるまで
――彼女の悲鳴はほとんど一マイル先でも聞こえただろう。

そして誰もその子を救えなかった。それほど怖れおののいていた。

（1）Somersault.（2）Medicine distilled from peppermint.（3）Nonsensical story.（4）Swallowed a frog.（5）Mischievous imp.（6）Truant.（7）Pitch and toss.（8）Tie a tin can or something to an animal's tail.（9）Rob.（10）Briskly strode.（11）Back of the head.（12）Cow parsleys are in bloom.

そして一人が言った。息子を「でんぐり返りをさせろ。それできっと正しい位置になる」。そして誰かが、気付け薬を取りに走り、そして、トミー・ウィルキンおやじがカエルを呑み込んだ少年についての馬鹿っ話を始めた。

何人かは首を振り、重い口調で、あいつらにとって、話はいつもわかりきっている。あの子はきっと駄目だろう。なんてったって、選り抜きの悪たれ小僧だったんだから。学校をさぼる連中が、コイン投げしたり、犬やネコの尻尾に紐で空き缶をぶら下げたり、あるいは鳥の巣を盗み、門扉（もんぴ）の掛け金を外したり、そうした類のあらゆることをするのだから。

ちょうどそのとき、偉大なジェムがつかつかと道を下りてきて、大きな声で叫んだ。

「おまえたちは、ルーアン・ヴィーンの連中みたいだ。まったく、何も知らず、話を聞こうともしない。ああ、彼らがすっかり打ちのめされたただなかで、ああ、かの少年に意識を取り戻させる強い一撃を、後頭部のすぐ下に与え、おおなんと、小石を吐き出させた。シャクの花が咲き誇る場所に立つ少年がいる。ありがたきかな！　別の小石が彼の口に入りさえしなければ！」

私は言語の進化に魅了されていて、どのようにして地域的な用法がコーンウォール英語やニューカッスル方言（Geordie）のような方言へと分岐し、さらにいつの間にか、ドイツ語とオランダ語のように、互いに理解はできないが明らかに類縁のある言語へと分岐していくのかに強い関心がある。遺伝的進化との類似性は、十分に意義深いものではあるが、同時に誤解を生むものでもある。個体群が分岐していって別種となるとき、分かれの時期は、両者がもはや交雑できなくなった瞬間によって定義される。私は、二つの方言が同じように決定的な地点まで分岐したとき、別の言語という地位に到達する運命にあるはずだと述べた。その地点は、ある言語を母語とする人が別の言語をしゃべろうとするとき、侮辱としてよりもむしろ敬意として受け取られるようなところである。もし私がペンザンスのパブに入っていって、英語のコーンウォール方言をしゃべろうと試みれば、トラブルを招くことになるだろう。なぜなら、私のしゃべりは猿まねとしか聞こえないにちがいないからである。しかし、私がドイツへ行ってドイツ語をしゃべろうとすると、人々は喜ぶ。もし私が正しければ、方言が別の言語になる瀬戸際にあるような実例が――ひょっとしたらスカンジナヴィアに？――あるにちがいない。最近のストックホルムへの講演旅行中に、私はスウェーデンとノルウェーの両方で放映されているテレビのトークショーにゲストとして招かれた。司会者は、何人かのゲストと同じくノルウェー人で、私は、二つの言語のどちらをしゃべっても問題ないと言われた。国境をはさんだ両側の視聴者はどちらの言葉でもなんの苦労もなしに理解する。それに対して、デンマーク語は大多数のスウェーデン人にとって理解がむずかしい。私の理論にしたがえば、ノルウェーを訪問中のスウェーデン人はおそらく、侮辱していると思われるのを怖れるならノルウェー語をしゃべろうとしないように忠告されるだろう。しかしデンマークを訪問中のスウェーデン人は、デンマーク語をしゃべろうとすればたぶん人気を得るだろう。[1]

私の曾祖父であるウォルター・ワーン医師が亡くなったとき、未亡人はヘルストンから引っ越し、リザード半島の西海岸にムリオン入り江を見下ろす家を建て、それ以来ずっと一家はそこにとどまっている（口絵参照）。ムリオン入り江からハマカンザシのあいだを歩くすてきな崖歩きで、ポルジュまで行ける、そこは一九〇一年に初めて大西洋を越えた無線通信をおこなったグリエルモ・マルコーニの無線局があった場所だ。電信文はｓを表すモールス暗号を、何度も繰り返しただけのものだった。彼らがこんな記念すべき機会にｓｓｓｓｓ以上のことを想像できないほど鈍いということが、いったいなぜありえたのか？

私の母方の祖父、アラン・ウィルフレッド・「ビル」・ラドナーもコーンウォール人で、マルコーニ無線通信会社に雇われた無線技士だった。彼の入社は、一九〇一年の無線通信に参加するには遅きに失したが、一九一三年頃、第一次世界大戦の直前に、同じポルジュの無線局で働くように派遣された。一九三三年にポルジュ無線局が最終的に解体されたとき、祖母の姉のエセル（私の母は単に「おばさん」と呼んでいたが、おばさんはエセルだけではなかった）は、計器の絶縁に使われてきた何枚かの大きなスレート板――いわば過去のものとなった技術の化石である――を獲得することができたが、それには用途をたどることができるパターンでドリル穴が開けられていた。このスレートはムリオンの一家の住居の庭に敷かれており、幼い頃の私はそこでそれを見て、お祖父さんの技術者という栄えある職業への称賛の念をかき立てられた――英国ではほかの多くの国と比べて技術者があまり尊敬されないが、このことは、わが国がかつての工業生産大国の地位から下降して、「金融サービス」

(遺憾ながらいまではわかっているように、往々にしてかなりいかがわしい)の提供国と侮辱される理由を説明するのに多少は役立つかもしれない。

マルコーニの歴史的な無線通信より以前には、電波信号を受信できる距離は、地球表面の湾曲によって制限されると信じられていた。直線的に進む電波をどのようにして、地平線を越えて捕捉することができるのか。この難題は、電波が大気圏上部のヘヴィサイド層で反射される(そして現代の電波信号はもちろん、その代わりに人工衛星で反射される)ことによって解決された。私は祖父の『短波無線電信』という本が一九三〇年代から一九五〇年代の初めまで、この分野に関する標準的な教科書として、何度も版を重ねたことを誇りに思っている。この本が最終的にその座を奪われるのは、真空管がトランジスターに取って代わられる時代の前後である。

わが家族のなかでは、この本は理解不能さのゆえにつねに伝説的存在だったが、私は最初の二ページを読んだだけで、その明快さに感激した。

理想的な送信機は、打ちこまれた信号を忠実にコピーした電気信号をつくりだし、完璧な恒常性をもつ接続リンクに、他の経路(チャンネル)にいかなる干渉も引き起こさないようなやり方で伝えるだろう。理想的な接続リンクは、変形させることも減衰させることもなしにこの電気インパルスを通過さ

(1) 私はスカンジナヴィア言語の専門家であるビヨルン・メランデル教授に意見を求めたが、彼は私の「侮辱かお世辞か」説に賛成したが、文脈によって必然的に複雑な事態がありうると付け加えた。

せ、その途中で、どのような種類のものであれ、外部からの電気的攪乱からいかなる「ノイズ」も拾わないだろう。理想的な受信機は、そのチャンネルの送信機から接続リンクを介して送り出された必要な電気インパルスを拾い上げ、それを完璧な忠実さをもって、視覚的ないし聴覚的な観測に必要な形に変容させるだろう。……理想的なチャンネルが開発される可能性はきわめて小さいので、どういう方向で折り合いをつけるかを考慮しなければならない。

ごめんなさい、お祖父さん。あなたがまだ生きていてそれについて話ができるときに、あなたの本を読まずにいたこと、ごめんなさい——そして、私が十分に理解できるだけ大人になっていたのに、挑戦することもせずにうっちゃっておいたことも。そして、家族の圧力のゆえに、あなたはうっちゃっておかれ、あなたの老いた聡明な脳のなかにまだあったにちがいない豊かな知識の貯えは公表されることなくうっちゃっておかれたのだ。どんな申し出に対しても、あなたは「いいや、儂は無線のことなどなにも知っちゃおらん」と呟き、ふたたび軽歌劇の口笛を静かに吹き続けることに戻っただろう。あなたとクロード・シャノンや情報理論について話ができれば、楽しかっただろう。それと同じ原理がハチや鳥類のあいだのコミュニケーション、さらに実際には脳のニューロンのあいだのコミュニケーションさえ支配しているさまを自分の言葉で説明することができたら、どんなにすてきだったろう。フーリエ変換と、『やさしい微積分』（「愚か者にできることは、ほかの愚か者にもできる」というモットーで著名）の著者であるシルヴァナス・トンプソン教授の思い出について、あなたに教えてもらえたら、どんなにすばらしかったろう。あまりにも多くの失われた機会が、永久に過ぎ去ってしまった。私はなんでそんなに先が見えず、愚図でいられたのだろう。ごめんなさい、アラン・ウィルフレッド・ラドナー、マルコーニ社の人間で、人々に愛された祖父の亡霊よ。

十代の私にラジオ・セットの組み立てを試みるように勧めたのは、祖父のラドナーよりもむしろコリアー叔父だった。彼は私にF・J・キャムの本をくれ、この本から私ははじめての鉱石ラジオ（かすかにだがちゃんと機能した）をつくる設計図を貰い、次に、赤い大きな真空管をもつ一球セットをつくった――こちらは前のより少し性能がよかったが、それでも聞くのにはスピーカーではなくヘッドホンが必要だった。それは信じられないくらいできが悪かった。配線をきちんと調整したというにはほど遠く、木製の枠にステープルで留めておくだけで、それぞれの電線が正しい場所につながってさえいれば、どれほど乱雑な経路でも関係ないという事実に喜んだ。それぞれの電線の経路が乱雑になるようにわざわざ努力したというつもりはないが、本当に問題になる電線の接続形態（トポロジー）と、問題ではない電線の物理的なレイアウトのミスマッチに魅了されたことは確かだ。現代の集積回路と比べてみたとき、その違いは驚くべきものである。何年ものち、私が一球ラジオ・セットをつくったのとほぼ同じ年齢の子供たちに向けて王立研究所クリスマス講演をしたとき、私は子供たちに見せるためにあるコンピューター会社から、大きく拡大した集積回路のレイアウト図面を借りた。幼い聴衆がそれを見て、畏怖の念に打たれ、ちょっとばかり戸惑うことを私は期待していたのだ。実験生物学者が示しているとおり、成長中の神経細胞は集積回路の秩序正しい配線図に従うというよりもむしろ、私が一球ラジオ・セットを組み立てたやり方と似た形で、正しい行く先の器官を嗅ぎ分けている場合が多いのである。

第一次世界大戦前のコーンウォールに戻ろう。独りぼっちの若い技術者に崖の上の無線局からムリオンまで来てお茶するように誘うのが私の曾祖母の習慣で、それがコニーとビルが出会うことになった次第である。二人は婚約したが、そのとき戦争が勃発した。ビル・ラドナーの無線技士としての技能が必要とされ、彼は英国海軍によって聡明な若き将校として、当時セイロン〔現スリランカ〕と呼ばれていた国の南端に送られた。海上交通路における戦略上枢要の中継地点に無線局を建造するためだった。

コニーは一九一五年に彼を追って渡航し、地元の牧師館に滞在して、そこで二人は結婚した。私の母、ジーン・メアリー・ヴィヴィアン・ラドナーは一九一六年にコロンボで生まれた。

一九一九年に戦争が終わり、ビル・ラドナーは家族を連れて英国に戻った。戻ったのは、この国の西の果てにあるコーンウォールではなく、東の果てのエセックスだった。エセックスのチェムスフォードに、マルコーニ無線通信会社の本部があったのである。祖父は、若い見習技師たちを教えるために、マルコーニ・カレッジに雇われた。のちにこの研究組織の責任者となり、そこでは非常にすぐれた教師とみなされていた。最初のうち、家族はチェムスフォードにすんでいたが、やがて近くの田園地帯に引っ越した――リトルバッドゥの人家のまばらな村の、ウォーター・ホールと呼ばれた、すてきな一六世紀エセックス風のロングハウスである。

リトルバッドゥは私の祖父にまつわる逸話がある地だが、この逸話は人間の本性の一端を教えてくれるものだと思う。話はずっとのち、第二次世界大戦中で、祖父は自転車に乗って出かけていた。一機のドイツ軍爆撃機が上空を飛び、爆弾を一つ投下した〔爆撃機の乗員は両軍とも、なんらかの理由で都市の爆撃目標を見つけることができず、爆弾を載せたまま帰還するのがはばかられるような場合、ときどき田園地帯でそういうことをした）。爆弾の落ちた場所を勘違いした祖父が最初に抱いた絶望的な思いは、爆弾がウォーター・ホールを直撃し、妻と娘が死んだというものだった。パニックが引き金となって、祖先の行動に先祖返りさせたのだろう。彼は自転車から飛び降り、自転車を溝に放り込み、家までひたすら走って帰ったのである。極限状態で自分がそうしただろうとは、容易に想像できることだ。

ドーキンス家の祖父母が一九三四年にビルマから引退してやってきたのが、リトルバッドゥの、ホッペットと呼ばれる大きな屋敷だった。ジーンと妹のダイアナがドーキンス家の男の子たちのことを初めて耳にしたのは、一人の女友達から聞かされた、結婚相手の可能性がある若い新参者についてひそひそと囁くジェーン・オースチン風のゴシップとしてだった。「三人兄弟がホッペット屋敷で暮らすのよ！　三番めは若すぎるけど、真ん中はかなりいい線いってる。でも一番上はまるっきり頭がおかしいわ。いつだって沼地で輪っかを投げて、そのあと腹ばいになって、その輪っかをじっと見つめているの」

この一見異様に思える私の父の行動は、実際にはまったく理性的なものだった——科学者の動機が、理解されないために疑われるというのは、これが最初というわけでも最後というわけでもない。彼はオックスフォード大学植物学教室に籍をおく大学院生として、沼地における草むらの統計的な分布の調査をしていたのだ。彼の研究には、沼地のサンプル区画（コドラート）のなかの植物を同定して数えることが必要で、「輪っか（コドラート）」をランダムに投げるのは、サンプリングの標準的な方法だった。のちにわかったことだが、彼の植物への関心こそ、私の母が彼に会ってのちにとりわけ引きつけられたものの一つだった。

ジョンの植物学好きは早くから、彼とビルが寄宿学校の休日に、スミシーズの祖父母の家で一緒に過ごした頃に始まった。その時代には、植民地住まいの親が自分の子供、とくに息子を英国の寄宿舎学校に送り出すというのはごく普通のことで、ジョンとビルはそれぞれ七歳と六歳のときに、ソールズベリーにある寄宿学校、チャフィン・グローヴ校に送り出された。のちに私もまた、この学校に行くことになる。親たちはさらにもう一〇年以上ビルマに留まり、ほとんどの学校の休み期間でさえ、息子たちに会いに飛行機に乗ってくることもなかった。そこで、学期と学期のあいだ、二人の幼い男の子はどこかほかの場所に留まった。時には植民地在住の親をもつ子供たち用の専門的な寄宿家庭、時にはデボン州のドルトンのスミシーズ方の祖父母の家に滞在したが、こちらではしばしば、スミシーズの従兄弟が仲間に加わった。

今なら、子供をそれほど長期間親から切り離しておくのはおぞましいことに近いとみなされるだろうが、当時においてはごく当たり前のことで、大英帝国に避けがたくつきまとう事態として受け入れられ、国際旅行が長旅で、遅く、費用がかかった時代には、外交業務にたずさわる人間にとっては、実際にそうだった。児童心理学者たちは、それが永続的な障害を引き起こしたと考えるかもしれない。しかし、現実にはジョンとビルはどちらもうまく順応して性格のいい人間になったが、そのような少年期の喪失に耐えぬくだけの精神的な強さをもたない他の子供はいたかもしれない。すでに触れたことのある彼らの従兄弟のヨリックは変わり者で、たぶん不幸だったかもしれないが、その頃ハーローの学校に通っていたのであり、それによって——ウィトゲンシュタインとのつきあいのプレッシャーのことは言うまでもなく――すべてを説明できるかもしれない。

祖父母と過ごしたこうした学校の休み期間の一つで、老アーサー・スミシーズが、若い兄弟と従兄弟のうち野生の花をいちばんたくさん集めた者に賞をあげると申し出た。ジョンが勝ち、この子供時代のコレクションが彼自身の植物標本集の中核となり、職業的な植物学者になる道を用意することになった。すでに言ったが、野生植物に対する愛こそが私の母であるジーンと共有するものの一つであることに、父はのちに気づくことになる。二人は遠隔の人手の入らない土地への好みと、騒がしい仲間への嫌悪も共有していた。二人は、ジョンの弟のビルやジーンの妹のダイアナ（のちにこの二人は結婚することになる）とちがって、パーティが好きではなかった。

一三歳の時、ジョンとビルはチャフィン・グローヴ校を卒業して、英国の有名な「パブリック」（すなわち私立）学校の一つで、もともとは聖職者の子息のために創設されたウィルトシャー州のマールボロ校に行くことになった。指導体制はスパルタ式だった。ジョン・ベッチマンの詩で書かれた自伝によれば、苛酷なものだったという。ジョンとビルは、この詩人のようなやり方で苦しめられたようには思えない――実際には、彼らは楽しんでいた――が、六年ほどのちに、コリアーの番がきたとき、両親が彼をもう少し寛容な学校、ノーフォーク州のグレシャム校に決めたという事実が、真相を明らかにしているのかもしれない。私の知る限りでは、グレシャム校はジョンにもずっと向いていたかもしれないが、ただ、マールボロ校には生物学の伝説的な教師Ａ・Ｇ・（「ふとっちょ」）・ラウンズがいて、おそらく彼がジョンに刺激を与えた。ラウンズが称えられるのは、偉大な動物学者Ｊ・Ｚ・ヤングやＰ・Ｂ・メダワーおよび少なくとも七名のロイヤル・ソサエティ会員を含む、多数の有名な生徒をもつことである。メダワーは私の父とまったくの同期であり、一緒にオックスフォード大学に入った。メダワーはモードリン・カレッジで動物学を、私の父はベリオール・カレッジで植物学を学ぶためだった。私はウェブサイトの付録に、ラウンズの独白を私の父が一言一句そのまま書き写して記録した歴史的寸描を再録したが、ほとんどまちがいなく同じマールボロの教室でメダワーもそれを聞いたはずだ。私は、それが「利己的な遺伝子」の中心的な考え方についての一種の予見として興味深いと思う。ただし、私が父のノートからそれを見つけたのは、『利己的な遺伝子』が出版されてからずっと後のことだから、私に影響を与えることはなかった。

オックスフォード大学を卒業したあと、父は大学院で研究――前に言及した草むらについての研究――するためにそこに留まった。そのあと父は、植民地省の農政部に勤めることに決めた。そのためには、ケンブリッジ大学（そこでの下宿の女主人はスパローホーク〔ハイタカ〕夫人という忘れがたい名前だった）の熱帯農学のさらなる訓練を受ける必要があり、さらにそのあと――ジーンと婚約してから――トリニダードにある熱帯農業インペリアル・カレッジ（ＩＣＴＡ）でも訓練を受けた。一九三九年に彼はニヤサランド（現マラウイ）に下級農務官として着任した。

ケニアでの従軍生活

Richard Dawkins

父ジョンのアフリカへの赴任は、両親の計画を急がせ、二人は一九三九年の九月二七日に、リトルバッドゥの教会で結婚した。それからジョンは船でケープタウンに向かい、そこからニヤサランドまで汽車に乗っていき、母ジーンは一九四〇年五月に、水上飛行艇カシオペア号で後を追った。母のかなり劇的な旅は一週間かかり、途中給油のために何度も着陸したが、その着陸地の一つがローマで、不安を引き起こした。ムッソリーニがドイツ側に立って参戦する瀬戸際にあり、もしその時点で参戦していれば、カシオペア号の乗客は全員、戦争の期間中ずっと抑留されてしまうことになっただろう。

ジーンが到着してからすぐに、ジョンは自分がケニアの王立アフリカ・ライフル部隊（KAR）に招集されたことを告げなければならなかった。若いカップルはニヤサランドを発つまで、たった一カ月しか新婚生活をもてなかった（逆算すると、この期間に私を受胎したにちがいない）。ニヤサランド大隊は、陸路で部隊をケニアまで移送中で、そこから列車に乗ることになっていた。ジョンは部隊での移動を回避して自分で車を運転していく許可はなんとかして手に入れた。許可を得られなかったのは、新婦を一緒に連れて行くことだった。ニヤサランドの植民地関係者の妻は、夫が戦争のために北に移動するときには後方に待機するか、さもなければ英国か南アフリカに行くよう厳しく命じられていた。母が知るかぎりでは、母はそれに従わなかった唯一の人間だった。私のすばらしい祖父母は母を不法にケニアに潜り込ませたのである――後述するように、のちにそれがいくつかの問題を引き起こした。

一九四〇年の七月六日、ジョンとジーンは召使いのアリ（忠実に主人に付き添い、のちには私の幼い生活に大きな役割を果たした）と一緒に、彼らの古いおんぼろのフォード・ステーション・ワゴンに乗って出発した。二人は共同でこの旅の日誌をつけていて、何が起こったか、そこから引用するつもりである。二人は、故障が起きたり、助けが必要になったりする場合に備えて、意図的に部隊の先頭に立って出発した。日誌の一ページめに、そもそもスタートさせるのに一団の兵士に押してもらわなければならなかったと書かれていることからすれば、これは賢明な判断だった。日誌の四日めに、何個かのウリを値切って買うのに成功したあと、こう書かれている。

このエピソードは私たちを非常に元気づけた。とくに、駆け引きに勝ってウリを確保できたのだから。そしてジョンは、勢いづくあまり、アリが車に乗る前に発車させてしまい、ドアを木に引っかけてもぎとられてしまった。とても悲しいことだった。

しかし、ドアを無くすという不運があってさえ、彼らの若い精神を落ち込ませることはなく、三人組は意気揚々と北に向かい、ダチョウを追い抜き、キリンの下をくぐり、地平線にキリマンジャロを望みながら、夜は車の後部で寝、野営のたびにライオンを追い払うために火を焚き、急ごしらえの手製のオーブン――生涯を通じて、父は独創的な発明の類で人を喜ばせた――でおいしいシチューやパイを料理した。ときどき部隊と出会った。そうした機会の一つで、部隊長はこんなことをした。

> 紳士的で体の大きな軍人だったが……赤い帽子に金色のヘアバンドをし、子分を引き連れてインド人の商店に飛び込み、私たちにちょっとまっていろと命じ、大きな板チョコをもって出てきて、それを私にプレゼントして、「難儀な旅をするおじょうちゃんへのプレゼントだよ！」。ジョンがそのチョコレートを食べた。

私は、このチョコレートは愛想のいい部隊長が、母がいることの不法性を見て見ぬ振りをするやり方だったのではないかと疑っている。

一行がケニア国境に近づくと、

> みなで私を寝具入れの下に隠す準備をはじめ、ケニアの国境が見えはじめると、アリを上に座らせた。しかし国境を標す具体的なものはなにもなかった。そしてまことに驚嘆すべきすばらしい旅のあとで、私たちは知らないうちにナイロビに走り込んでいることに気づいたが、誰にも知られることはなかった。ジョンは私をノーフォーク・ホテルに預け、アリとともに合流するため

に車を走らせた。アリはすぐにアスカリの制服を着用させられ[1]、兵士に任用された。のちに彼はアスカリ運転手教習科目で「トップ」になり、そのために注意を引くことになり、ジョンにきわめて決まりの悪い思いをさせることになった。

この気まずい勝利にもかかわらず、アリは正式にはけっして兵士ではなかった。しかし、彼は、私の父の非公式な当番兵として、父の行くところはどこへでも付き添って、訓練キャンプから訓練キャンプへと旅した。そうしたキャンプの一つ、ニエリで、たまたまボーイスカウトの創設者であるベーデン＝パウエル卿の軍隊葬に遭遇し、ジョンは棺を担ぐ役に召し出され、砲車の横に並んで行進した。私は、この際の父の写真（口絵ページに再録）をもっているが、ライフル部隊の制服を着て、カーキ色の半ズボンと長靴下と、だんだんボロボロになりながらも残りの人生においてかぶり続けることになる帽子を揃えた姿が、勇ましく見えると言っておかなければならない。たまたま、彼の隣を行進している（歩調が合っていない）長身の将校は、「ハッピー・ヴァレー」のエロール卿で、彼はこのあとすぐ、有名な、現在でも公式には未解決の「白い禍（わざわい）」事件〔一九八七年に映画化（邦題『白い炎の女』）された〕で殺されることになる。

母にとって次の三年間は、ウガンダでもケニアでも、ジョンのいくつもの配属先のキャンプ先について歩いたので、多かれ少なかれたえまない移動の年月であった。ずっとのちに家族のために記した個人的な回想録で、彼女は次のように書いている。

ジョンは、ライフル部隊で訓練しながら、さまざまな配属先の近くに、私が一時的にすむ家を見つけることが非常に上手だった。私は人の子供の子守をするとか、一、二の私立小学校で働くといったちょっとした仕事をしたほか、単なる下宿人だったりした。一度、ジョンの部隊長は、アジスアベバを占領せよという命令を受けたときに、みんな急いだほうがいい。さもなければ、ジーン・ドーキンスのほうが先についているだろうと言った。

この時期に母が親切なもてなしを受けた多くの人のなかに、ウガンダのマクリーン博士とその夫人がいた。夫妻はジーンをよちよち歩きの娘「スニッペット」の子守として受け入れてくれた。

ジンジャ〔ウガンダ南東部の都市〕のマクリーン夫妻は私に親切で、私はスニッペットがあれこれするあとをついて歩くだけだった。ジンジャの家のまわりは全面がゴルフ・コースに囲まれていて、カバが夜中によくグリーンで遊び(プレイし)、ゲップをし、うなり声をあげ、庭もうろつきまわった。ワニの群れもいて、水中でのんびりとし、滝のすぐ下の浅瀬で日光浴をしていた。愚かにも私は、その場所でよくカヌーを漕いだ。ワニたちは、口を大きく開けるという奇妙な格好をし、小鳥たちが安全に歯のあいだをつつけるようにしていた！

（1）アスカリはライフル部隊に属するアフリカ人兵卒に与えられた名前。

掃除共生の習性は、今ではサンゴ礁の魚で詳細に記述されている。私は『利己的な遺伝子』でその習性と、根底にある興味深い進化理論について書いたが、ワニと小鳥のあいだにも同じような関係があるとは、もっとずっと最近に母の回想録を読むまでは、思ってもいなかった。根底にある進化理論は同じで、ゲーム理論という数学の言葉で、もっともうまく表現できるものだろうと私は思っている。

母は何度もマラリアの発作に襲われたが、最初の発作が起きたのは、マクリーン家に滞在中だった。マラリアはアフリカにいた九年間に何度も再発し、それが、両親が英国に帰ることを最終的に決断した理由の一つだった。戦後、二人がニヤサランドで暮らしていたときに起きた、のちのもう一回の発作のときには、高熱の錯乱状態のなかで聞いたことをはっきりと記憶している。リロングウェ〔マラウイの首都〕病院の上級医師であるドクター・グリンは、切迫した声で、こう言っていたのだ。「ジョン・ドーキンスをすぐに呼ばないと、手遅れになるかもしれない」。これは多分に勘違いであろうが、母は自分が死にそうだという医師の怖れを小耳に挟み、それが誤りであることを証明しようとするみずからの反抗的な決意のせいで回復したと信じているようである。

けれども、マクリーン家でマラリアではないかと最初に疑われた発作の一つには、別の診断があてはまることが明らかになった。

先生(ドクター)は、快活で陽気な人物で、ある日「何の病気かわかっていますよね?」と言った。私が「マラリアでしょう?」と言うと、先生は「おめでたですよ、奥さん」と言った。これはショックだったが、私たちは喜んだ。もちろん、あとから振り返ってみれば、そのような先の見通しも立たず、家もない状況では、事態は非常に悪かった。そうは言っても、私たちが慎重に、思慮深く振る舞い、安全にしていなければ、リチャードを得ることはなかっただろう！　さあ、がんばるぞ！　私たちはなんなくそれをやってのけ、赤ん坊の衣類をつくりはじめたのだが、もちろん、私たちは運が良かった。幸運はずっとついてまわった。しかし今では、リチャードにとってその後、世界中を引きまわされることになったのは辛く、不安なことだったのではないだろうかと思う。生まれてから最初の数年間に、いったい何回、あの子の小さなスーツケースに荷造りをしなければならなかったかリストをつくってみた。ケニアとウガンダの鉄道列車のなかで幾晩も夜を過ごした。いたるところで新しい顔に出会い、あの子の幼年時代は痛ましいほど不安に満ちていた。

私は母がつくったリストを見つけた。それは、私を妊娠した一九四一年から一九四二年をまたぐものだった。母はそれを、いまではボロボロになってしまった「ブルーブック」というノートに書いていた。私の子供っぽい言葉のいくつかも記録していて、のちには、妹のサラの言葉も記録していた。リストのなかで私が記憶している唯一の場所は、ナイロビ近郊、バガシにあったグレイズブルックの小さな家で、おそらく二度、別々の機会にそこに住んだことがあったからである。その家では、私たちはミセス・ウォルター、彼女の義理の娘で戦争未亡人のルビー、そして幼い孫息子たちからお客として迎えられた。

母の回想は続く。

ケニア、ウガンダ、タンガニーカには、非常に幸せで、すばらしい思い出がいっぱいある。しかし、ジョンが長期間出かけてしまったあと、何の知らせもないときには、悲しみ、おそれ、不安、孤独だらけだった。手紙は非常にまれで、しばしば非常に古い日付の手紙が束になって届くきらいがあった。私はよく脅えて、孤独で、いつも不安だったが、実際には良い友達がたくさんいて、その点では幸運だった。もっとも特筆すべきは、バガシのウォルター家の人々で、リチャードと私を全面的に受け入れてくれた。その家族は母親と義理の娘という組み合わせだった。

休暇で戦地へ戻っていったばかりの［ルビーの夫の］ジョンが死んだことを伝える電報が着いたとき、私はその場にいた。ミセス・ウォルターはずっと以前に、ジョンがまだ赤ん坊だった第一次世界大戦中に自分の夫で、同じ悲しみを体験していた。それはまったく悲惨なことだった。

そこで私たちはみな、幼いウィリアム・ウォルターの、そしてつぎには父親の死後に生まれたジョニーの世話に専念した。リチャードはしばらくのあいだ、彼らを兄弟として、ミセス・ウォルターをおばあちゃんとしてもつことになった。彼女は並外れた、すばらしい女性で、忙しく働きつづけ、いつも前向きだった。彼女は帰ってきた軍人に楽しい休暇を与えることに全力を集中し、私はよくナイロビまで送ってもらい、大勢の陸軍、海軍、空軍の兵士を、あまりはっきり予測がたてにくい輸送手段であるジュリアナ号というフェリーまで送り、またフェリーから連れて帰ってきた。ジュリアナ号は二基の燃料タンクをもち、最初はガソリンでスタートしたが、そのあと運よく、パラフィン（灯油）に切り替えることができた。一度私は、家まで二〇マイルちょっと〔三〇キロメートル強〕を、やっとのことで辛うじて生きて戻れたことがあった。ニュー・スタンリー・ホテルから連れてきた、途方もなく太って大きな海軍のコックがひどく悪酔いしていることに私はすぐに気づいたが、シートで眠り込んでしまい、私によりかかってくるあまりの重さのために、やっとのことでしか車を運転することができず、彼を動かすことができなかった。それは非常な難儀だった。

私はこうした人々がウォルターの家を本当に楽しんでいたと思う。彼らは子供たちと遊び、自分の子供のように扱い、素晴らしい食事を提供してくれるミセス・ウォルターのために、家庭向きの男がする小さな仕事をした。そこは私たちみんなにとって、本物の家庭だった。

リチャードと私は、バガシにもう一軒の泥壁小屋をつくった。それは二つのロンダヴェル〔土壁と草葺き屋根の伝統的な円形住居〕のあいだを長い通路でつないだみごとな二連式だった。それはすてきな家だった。

現地民の標準的な建造技術を用いて、一つの共通の屋根をもつ、これらの二つの泥壁小屋をつくるのに、わずか一週間しかかからなかった。私の最初の記憶だと信じているものには、この小屋がかかわっていた。

ミセス・ウォルターはこの頃に、ちょっとした土地を買っていた。ある日、彼女が一人のアフリカ人と一緒に藪を掃除しているときに大きな爆発があり、その哀れな男は、第一次世界大戦中の残留地雷（だと私は思う）によって片脚の膝から下の裏側をきれいに吹き飛ばされてしまった。彼女は非常に背が高くて力持ちで、男を担いでガタガタ音のする古い箱形のぼろ車に運び、家まで連れ帰った。私たちは支えの棒を添えて彼をくるみ、彼女はその男をナイロビまで連れて行った。彼はまったく元気なままで、始終しゃべりつづけていた。そのような驚くべき勇敢さが私たちは信じられなかった。

第一次世界大戦がはるかサハラ以南のアフリカにまで及んでいたことは簡単に忘れ去られてしまう。タンガニーカ（とルワンダおよびブルンジを加えて）はその当時ドイツ領東アフリカで、この地域でも、タンガニーカ湖におけるドイツ軍の船と英国・ベルギー軍のあいだでの会戦（この湖の西岸はベルギー領コンゴだった）を含めて戦闘があった。キクユ族の人生を叙事詩的に語ったエルスペス・ハクスリーの『レッド・ストレンジャーズ』は本当の意味ですぐれた小説で、キクユ族の目から、戦争を白人たちの謎で、言葉にできないほどの常軌を逸した行動として描いている。アフリカ人たちはこの戦争に、怖ろしい形で巻き込まれる。単に怖ろしいだけでなく、それはまったく無意味なことだった。なぜなら、勝利した側は敗者のウシやヤギを自分の故郷まで追い立てて帰るという結果に終わらなかったからだ。

この時期に受けた衝撃のすべてが、当時の、あるいは過去の戦争に関係していたわけではなかった。

ときどき私は、隣のレノックス・ブラウンの農場に伝言を届けに、ボニーと呼ばれていたルビーの持ち馬で送り出された。はじめてその家に行ったとき、ボーイが、メンサヒブと呼んでいた大きな応接間を私に見せてくれた。その部屋は、私が待っているあいだ、輝く日の光を遮るために降ろされた安っぽいカーテンのために暗かったが、突然、私は自分一人ではないことに気づいた。ソファーに体をすっかり伸ばして横たわる一頭の巨大な雌のライオンがいて、私に向かって大きなあくびをしたのだ！　私はほとんど身がすくんでしまった。そのとき、レノックス・ブラウン夫人が入ってきて、ライオンをピシャリと打って、ソファーから押しのけた。私は伝言を渡して家を辞した。

ずっとのちに、記憶をもとに母がこの出来事を描いた絵が残っている。

のちに、リチャードとウィリアム・ウォルターはよく別の農場で、二頭のペット・ライオンの幼獣と一緒に遊んでいた。ライオンの子は大きな大人のラブラドール（脚の短い）と同じくらいの大きさと重さで、非常に荒々しく、力が強かった。しかしリチャードとウィリアムは面白がっているように思えた。私たちはよく、丈（たけ）の低い草の上――道はなかった――を車で登って、ンゴングの丘にピクニックにいった。涼しく、高く、すばらしい景色だった。しかし、そのあたりの丘には巨大な群れをなすスイギュウがいたから、私たちが馬鹿げたことをしていたのはまちがいない。

私の次の二つの記憶はどちらも注射にかかわるものである。一つめはケニアのトリム医師によって、二つめは、ずっとのちのニヤサランドでの（もっと痛かった）サソリによるものである。トリム〔刈り取るという意味がある〕先生は偶然にもうまい名前だった。というのも、たぶん彼こそ、私に割礼をさせた責任者の一人だったからである。明らかに私本人が同意を求められたことはないし、私の両親のどちらも求められなかったように思われる。戦争で遠くに離れていた父は、それについて何も知らなかった。母親は単に看護婦からいつものこととして、私がそろそろ割礼する時期ですよと報告されただけで、それだけのことだった。どうやら、トリム医師の医療施設では、それは聞かなくともいいという想定だったらしい――当時の多くの英国の病院でもそうだったかもしれないように。私の通ったさまざまな寄宿学校で、割礼者と非割礼者の数はほぼ同数で、宗教、社会的地位、あるいは私が実際に見つけることができるようなどんなこととも、明らかな相関関係は存在しなかった。状況は現在の英国では異なっており、アメリカでも同じ方向に動きはじめていると、私は理解している。ドイツで二〇一二年におこなわれた裁判で、幼児への割礼は宗教的なものでさえ、同意を与えるにはあまりにも幼すぎる者たちにとっての権利侵害だという画期的な判決が下された。この評決は、親が自分の子供に割礼させるのを妨げるのは自らの宗教を実践する親の権利の侵害だと抗議する金切り声のゆえに、おそらく覆されることになるだろう。重大なことに、子供の権利には一言も触れないのだ。私たちの社会では、宗教は驚くべき特権を、思いつくかぎりの他のほとんどすべての利益集団には認められない――そしてまちがいなく個人には認められない――特権を享受しているのである。

サソリに関して言えば、それは駆け出しのナチュラリストとしての私の欠点に痛烈なしっぺ返しを与えた。私はサソリが床を這っているのを見て、トカゲだと誤った判定をしてしまったのだ。どうしてそんなことが？　今の私が見て、いかなる点でも、トカゲとサソリがお互いに似ているところなどない。私は、「トカゲ」が私の素足の上を走ったらどんな感じかがわかれば楽しいだろうと考えたので、その動物の通り道に足を置いた。つぎに私が知ったのは、焼けるような痛みだった。私は家を揺るがすほどの悲鳴をあげ、それから気絶したのだと思う。母が語ってくれたところでは、三人のアフリカ人が私の悲鳴を聞き、駆けつけてくれたという。彼らは何が起こったかを見て取ると、代わる代わる私の足から毒を吸い出そうと試みた。これはヘビに嚙まれたときの広く認められている緊急措置である。それがサソリの刺し傷に効果があるかどうかよく知らないのだが、彼らがそれを試みてくれたことに私は感動した。いまでも私は実際にサソリ恐怖症があって、針を取り除かれたものであってさえ、拾い上げようとはしないだろう。古生代の巨大な海産サソリであるウミサソリ類については、いくつかの種は全長が六フィート〔約一八〇センチメートル〕にも達する……。

　アフリカで子供時代を過ごしたことが生物学者になるための下準備になったのかどうかという質問をよく受けるが、それに対する答が「いいえ」であることを示す兆候は、今述べたサソリのエピソードが唯一というわけではない。もう一つの話も同じことを示していて、それを話すのは赤面するほど恥ずかしい。ミセス・ウォルターの家で暮らしていたとき、家のすぐ近くでライオンの群れ（プライド）が獲物を殺していて、何人かの近所の人たちが、群れを観に家族全員を連れて行ってあげようと申し出た。私たちはサファリ用の車に乗って、獲物の一〇ヤード以内まで近づいた。そこではライオンたちが獲物をかじり、あるいは何頭かはもうたっぷり食べすぎたといわんばかりに寝そべっている。車のなかに座っている大人たちは、興奮と驚きで身動きできなかった。しかし、母が今になって言うのには、ウィリアム・ウォルターと私は、ブルンブルンいいながら走り回っている車の床に座ったまま、おもちゃの自動車にすっかり夢中になっていたらしい。大人たちが私たちの関心をかきたてようと何度も試みたにもかかわらず、私たちはライオンにまったく関心を示さなかったのだ。

　動物学的な好奇心において自分に欠如しているものを、私は人間に対する社交性で埋め合わせしてきたように思える。母によれば、私は例外的に人付き合いがよく、見知らぬ人をまったく怖れなかった。言葉が好きで、早くからおしゃべりだった。そしてナチュラリストとしての欠点にもかかわらず、私は早くから疑い深い人間であったように確かに思えるのだ。一九四二年のクリスマスに、サムと呼ばれた人がサンタクロースの格好をし、ウォルター家でのパーティで子供たちを喜ばせた。彼はどうやら子供たちのすべてを騙せたように思ったようで、最後にとても陽気なウェーヴィングとホーホーホーという掛け声をあげながら出発していった。彼がいなくなるとすぐに、私はあっけらかんと外を見上げて、「サムがいっちゃった！」と言って、みんなをうろたえさせた。

　父は無傷で戦争をくぐりぬけた。ドイツ軍や日本軍とではなく、イタリア軍と戦ったのが幸いしたのではないかと私は思っている。たぶんイタリア人はこの頃には馬鹿馬鹿しいほど虚栄心の強い自分たちの総統（ドゥーチェ）の正体を見透かしていて、戦争に勝つことへの関心を失うに十分な分別があったはずだからである。ジョンはアビシニアとソマリランドの会戦において、装甲車両部隊の准大尉としての役目を果たし、イタリア軍が敗北したあと、東アフリカ装甲車両連隊とともに訓練のためにマダガスカル島に派遣され、次はビルマへの配属が予測されていた。ビルマに行っていれば、弟のビルに会えたかもしれなかった。ビルはその当時、はるかに手強い日本軍と戦っていたシエラレオネ連隊の少佐で、のちに英軍の殊勲報告書に名が載った。けれども、一九四三年に英国政府はジョンの軍務よりも農政業務に優先権を認め、彼はニヤサランド農政部の他の職員とともに、市民生活に呼び戻された。

　彼が動員解除されたという吉報を読んだとき、ジーンは興奮のあまり、私を連れて、危うく路上に走り出そうとした。彼女は手紙を、いつものようにナイロビの局留め郵便箱から取ってきたところだった。ジョンの手紙はクリケットの試合に関する記述をよそおっていた。しかし、ジョンがよく知っていたように、母はクリケットにまったく興味がなく、彼はクリケットの話で彼女をうんざりさせたことは一度もなかった。それは秘密の意味をもっているにちがいなかった。夫婦は以前に二人だけに通じる暗号を考案していて、前にも何度か使ったことがあった。なぜなら戦時中の軍属からの手紙はかならず開封され、検閲官に読まれるからである。彼らの暗号は単純なものだった。各行の最初の単語だけ読んで、残りは無視するのだ。そして、クリケットの試合に関する冒頭の三行の最初の単語はbowler...hat...soonだった。残念ながら、この手紙そのものは残っていないが、想像はたやすい。Bowlerは表向きにはクリケットの投手を指し、ジョンはどうにかしてhatをひねりだしたにちがいない（ひょっとしたら、審判のパナマ帽(ハット)かもしれないが、母は思いだせない）。そしてsoonは、試合についてのなにがしかのもっともらしいコメントで使える。それはいったい何を意味していたのか。さて、bowler hat（山高帽）は市民の服装――復員用装備一式(キット)、市民生活――の典型である。Bowler hat soonは、一つのことしか意味しえず、ジーンはそれを判読するのに、クロスワードの専門家である必要はなかった。ジョンはもうすぐ復員するのであり、ジーンはそのことに気づいたとき興奮のあまり、あやうく私を連れて走り出そうとしたのだ。

けれども、ニヤサランドへの帰還は実際には、容易ではなかった。ジーンが最初に不法にケニアに入国したことのつけがいまや返ってきて、彼女につきまとうことになった。植民地政府のダンドリッジ（dundridge）[1]たちは、彼女にケニア出国のビザを与えなかった。彼らの記録の示すかぎりでは、彼女はけっして入国していないからであった。ジーンとジョンは自分たちが車でやってきた道を一緒に戻ることもできなかった。なぜならこのたびは、軍と一緒に移動せよという厳しい命令のもとにあったからである。父は本国のニヤサランド大隊本部に到着するまでは、まだ正式には動員解除されていなかったのだ。そのため二人は、ケニアを別々に出国しなければならず、ジーンはそこに存在しなかったから、出国することができなかった。ミセス・ウォルターがジーンの存在を、トリム医師が私の存在を——私をこの世に誕生させたのだから、彼はそれができる立場にあった——裏づけるために引っ張り出された。最後に功を奏したのが、私の正式な出生証明書で、渋っていたダンドリッジたちも不承不承、ジーンの出国書類にスタンプを押した。母と私は、今日なら水上飛行機（puddle-jumper）と呼ばれるような類の小さな飛行機で出発した——疑いなく、このpuddle（水たまり）は、ワニ、カバ、フラミンゴ、水浴びするゾウがうようよといるかなり刺激的な沼だった。北ローデシア（現ザンビア）で飛行機を乗り換えたとき、手荷物をすべて失ってしまったが、すぐにそれは問題ではなくなった。私の両親は、この戦争の初めに英国から船便で送ったトランク類が最終的にニヤサランドに到着していることを知って大喜びした。おそらく海軍の護送船団に積まれていて、生き残ったのであろう。母が回想録で幸せそうに思いだしているように、そこに含まれていたのは、おぼろげな記憶がある私たちの結婚プレゼントのすべて、私の新品の衣装だった。まったく、途方もない帰宅行だったが、ニヤサランドの家では、リチャードが箱の中身を調べるのを手伝ってくれた。

（1）私が薄情に規則偏重を遵守する役人たちのためにつくった言葉。目下私が英語に導入しようと試みている単語。これはトマス・シャープのコミック小説に由来する。この小説の中で、J・ダンドリッジがこのタイプの役人の典型として描かれている。かくも適切な響きをもつ単語である。新しい単語が『オックスフォード大英語辞典』に掲載される資格を得るためには、定義や典拠なしに文字言語として、十分頻繁に使用されなければならない。私は自分の経験から言っているのであり、以前に造語した「ミーム」がこの基準に合格し、mの項目に無事に収まっていると言えるのは私の喜びである。どうかこの言葉を使って流行らせてほしい。

湖の国

Richard
Dawkins

ケニアにいるあいだ、私たちの生活は移動に明け暮れた。ジョンや軍隊からのその他の帰還者は、戦争が始まって以来、熱帯での職務から一度も離れたことがなかった駐在農政官僚たちが、南アフリカのうららかな天国で休暇を取ることができるように、彼らの代役として使われた。それゆえジョンは、二、三カ月ごとに、ニヤサランドのさまざまな地域の異なる仕事に就かされた。しかし、母も認めていたように、「それはとても楽しかったし、まちがいなく、ジョンにとっていい経験だった。私たちはニヤサランドのいろんなところをたくさん見たし、たくさんの興味深い家で暮らした」。

この時期のうちで、私がもっともよく覚えている家はチルワ湖に近いムププ山の麓のマクワパラにあったものだ。そこでは父は、農業学校と囚人農場を任されていた。農場のために労働を提供していた囚人たちにはかなりの自由があるように思われ、私は彼らが強靭な裸足でサッカーをして遊ぶのを眺めていた記憶がある。妹のサラはこの期間に、ゾンバ病院で生まれた。マクワパラの囚人たちの何人かは殺人罪で有罪判決を受けていたが、母は彼らが「いつも、お茶のあとにベビーカーに入れたサラを押させてもらうために、列をつくっていた」ことを思い起こしていた。

最初にマクワパラに着いたとき、農政官僚の公舎を、引退予定の家族と共有しなければならなかった。彼らの英国への出発が、二、三週間遅れていたのだ。彼らは二人の息子をもっており、上の息子のデイヴィッドは、ほかの子供に嚙みつくという不快な習癖をもっていた。私の腕は嚙まれた傷跡だらけになっていった。あるとき、芝生の上でお茶をしていたとき、私の父が嚙んでいるデイヴィッドをつかまえ、彼に止めさせるために、おだやかに足を割り込ませた。デイヴィッドの母親は激怒した。子供を胸に抱き寄せると、哀れな父を激しくなじった。「あなたは、子供の心理についてわかってないの？　嚙む子に対してしてはいけない最悪のことは、嚙んでる途中で止めさせることだってことは、きっと誰でも知ってるはずよ」。

マクワパラは、高温多湿で、カとヘビがうようよいる場所だった。定期的な郵便サービスを受けるためにはあまりにも遠隔地だったから、住人たちは自分たち用の「配達人（メッセンジャー）」としてサイディを雇っていた。彼の毎日の仕事は、自転車でゾンバまで一五マイルを走り、手紙を持って帰ってくることだった。ある日、サイディが帰ってこなかった。あとでわかったのだが、

ゾンバ山に降った未曾有の大雨が険しい渓谷に音を立てて流れ落ち、山の大きな土の塊（かたまり）とその先にある無数の岩石を洗い流した。ゾンバの町では道路や橋が消失し、車や馬に乗っていた人々は孤立し、そしてもちろん、マクワパラに至る道路も流されてしまった。

サイディは無事だったが、私をよく膝に乗せて車でドライブにつれていってくれたミスター・イングラムという良い人が、走行中の橋が流されたために亡くなってしまい、私は悲しかった。私の母はこう書いている。「のちに私は地元民から、こうした類の出来事は、実際に体験した記憶ではないが、以前にも起こったことがあると教えられた。それはニヤポロスと呼ばれる巨大なヘビに似た何かの生き物によって引き起こされるので、ニヤポロスは谷に入り込み、あらゆるものを破壊するのだという」。

私は雨が好きだった。ひょっとしたら私は、周期的に乾季になる国の人々が「雨が降ってきたその日に」感じる安堵感を身につけていたのかもしれない。ニヤポロスが大雨をもたらしたとき、「雨の機会をほとんど逃がして」いたので、私は明らかに「心を奪われていた――リチャードは服を脱ぎ、喜びの叫びを上げながら、どしゃぶりの雨の中を飛びまわり、すっかり正気を失っていた」。私は今でも激しい雨に温かい満足感を得るが、もはや外に出るのは好きでない。たぶん、イギリスの雨はずっと冷たいからだろう。

マクワパラは、私が最初の明確な記憶をもっている場所であり、私の言ったことや活動についての両親の記録が数多く残っているところでもある。ここでは、たくさんあるうちの二つだけを示しておく。

ちょっときてみてママ。ぼく、お日様が出ているときに、夜がねんねしにいく場所「ソファーの下の暗闇」を見つけたよ。

ぼく、サリーのお風呂（バス）を定規で測ったら、七つと九ペンスだった。だから、サリーはお風呂がとっても遅いんだね。

どんな子供もみなそうだが、私はなにかのふりをする「ごっこ」遊び〔pretending〕にとりつかれていた。

ちがう。ぼくはアクセルになると思うよ。

いまから、海でいるのは止めてママ。

ぼくは天使で、ママはミスター・ナイです。ママは天使におはようございますって言うの。でも天使は何も言わないで、ウーってするだけなの。いまからこの天使はねんねしにいきます。天使たちはいつも頭を足の指の下に入れて眠ります。

私は、もう一次元上のメタ「ごっこ」遊びも楽しんでいた。

ママ、ぼくはリチャードのふりをした男の子になっていい？

ママ、ぼくは水車になったフクロウです。

私たちが住んでいた場所の近くに一基の水車があって、それが私を魅了した。私の三歳の自我は、水車の作り方に関するいくつかの指示をまとめようと試みた。

何本か棒をまとめてまわりを一本の紐でくくり、近くに溝と非常に速い流れを見つける。今度は、材木を一本手に入れて、そこに取っ手として錫片を付け、それを水の入り口に使う。それから、いくつか煉瓦を集めて、水が勢いよく出ていく出口をつくり、一本の材木を持ってきて、それを丸くし、そこからいろんなものを突き出させ、それからそれを長い棒の上に載せると、それで水車ができ、水の中でぐるぐるまわり、バンバンバンという大きな音を立てる。

次の例は、ゼロ次元の「ごっこ」だと思う。なぜなら、母と私のどちらも自分自身のふりをしなければならなかったからである。

今から、あなたはママで、ぼくはリチャードになって、このガリモーター［garrimotor、このインド英語は、植民地暮らしの祖父母や曾祖父母を通じて私の家族に入り込んだ可能性がきわめて高いが、インドから大英帝国全体にひろまったのかもしれない］に乗って、ロンドンに行くところです。

一九四五年の二月、私がほぼ四歳になろうとするときに、両親は私が「なにかだと判別できるような絵を描いたのを見たことがない」と記録していた。このことは、芸術的な才能に恵まれていた母にとっては失望だったかもしれない。母は一六歳の時に本の挿絵を描くのに雇われたことがあったし、のちに美術学校にも通った。現在に至るまで、視覚芸術のかかわる領域では、私はまったく並外れて能力に欠けたままであり、審美眼についてさえ、私には盲点がある。音楽はまったく別問題だし、詩についてもそうだ。私は詩で感動してたやすく涙を流すことができるし、（それよりは、わずかに簡単でないが）音楽でも、たとえば、シューベルトの弦楽五重奏、あるいはジュディ・コリンズやジョーン・バエズの歌に感動できる。両親のノートは、早くから言葉のリズムに魅せられていたことを示している。両親は、私がマクワパラで午後の休息をとっているときに、聞き入っていたことだろう。

The wind blows in（風が吹いてくる）
The wind blows in（風が吹いてくる）
The rain comes in（雨が降ってくる）
The cold comes in（寒くなってくる）
The rain comes（雨が降る）
Every day the rain comes（毎日雨が降る）
Because of the trees（木のためなんだ）
The rain of the trees（木に降る雨）

どうやら私は、いつも自分に向かって、往々にして意味不明だが、調子のいいリズムで話しかけ、歌っていたらしい。

The little black ship was blowing in the sea（黒い小さな船は海で吹かれてた）
A little black ship was blowing in the wind（黒い小さな船が風に吹かれてた）
Down down down to the sea（どんどん、どんどん、海のほうに下っていき）
Down in the meadows, a little black ship（牧場に下っていく、黒い小さな船）
The little black ship was down in the meadows（黒い小さな船が、牧場に下っていった）
The meadows were down to the sea（牧場は海に下っていった）
Down to the meadows, and down to the sea（牧場まで下って、海まで下っていく）
The little black ship down in the meadows（黒い小さな船は牧場に下っていく）
Down in the meadows, down to the sea（牧場まで下っていき、海まで下っていく）

リズムとたぶん半分しか理解していない言葉の順序を試しながらの、こうした類の独りごとは、小さな子供のあいだでは、ありふれたものだと私は思う。バートランド・ラッセルの自伝に非常によく似た例が見られる。それは二歳の娘ケイトが独りごとを言い、その言葉が耳に入ってきて、盗み聞きしたことについて書いた箇所である。

The North wind blows over the North Pole.（北風が北極を吹き抜ける）

The daisies hit the grass.〔デイジー〔ヒナギク〕が草に打ち当たる〕
The wind blows the bluebells down.〔風がブルーベル〔ツリガネスイセン〕をなぎ倒す〕
The North wind blows to the wind in the South.〔北風が南の風に向かって吹く〕

次の例で、私が、不明瞭ではあるがエズラ・パウンド〔米国の詩人、一八八五－一九七二〕を暗示しているのは、両親が読み聞かせてくれたことから来ていると解釈するのが妥当だろう〔sing Goddamn という部分が、パウンドのパロディ詩“Ancient Music”からの借用〕。

The Askari fell off the ostrich〔アスカリ兵がダチョウから落っこちた〕
In the rain〔雨の中で〕
Huge sing Goddamn〔大声でガッデム〔クソッタレ〕と歌う〕
And what became of the ostrich?〔それで、ダチョウはどうなった〕
Huge sing Goddamn〔大声でガッデムと歌う〕

私の両親は、私が豊富な歌のレパートリーをもっていたとも記録していた。私はそうした歌を、いつも正しい音程で、蓄音機のふりをして、時には、レコードの溝にひっかかったような「ジョーク」を交え、「針」〔私の指〕が溝から押し出されるまで、同じ歌詞を何度も繰り返し歌ったりした。私たちは、フランダースとスワン〔一九五〇年代から六〇年代に英国で活躍した二人組のコミック・シンガー〕による「再生の歌」で不朽のものとなったのとまったく同じ、ポータブルの手巻き式の蓄音機をもっていた。

私は小さな蓄音機をもっていた
何度もグルグル回したんだ。
そして尖った針を使って、
元気のいい音を出した。

そして、それが増幅されると
はるかに大きな音になった。
そして、尖らせた竹針を使った
柔らかな音で再生するために。

私の父は、竹針を買わなかった。父らしく、サイザルアサ（麻）の葉の先端にある棘で間に合わせた。

私の歌のレパートリーのいくつかはレコードからとったもの、いくつかは右に引用したような、私が即席でつくった口から出まかせでできたもの、いくつかは両親から聞いたものだったと思う。父はとくにナンセンスな歌を教えるのを楽しんでいたが、それはしばしば、彼自身の父親（私の祖父）から伝受されたものだった。「メアリーはヤギのウィリアムをもっていた」、「ハイ　ホー　カトゥサレム、イエルサレムの売春婦」、「ホッキー、ポッキー、ウィンキー、フム」とかいった選りすぐりの歌が、延々と響きわたる夜がたびたびあった。私が覚えた歌は、スミシーズの曾祖父が靴の紐を結ぶときだけ毎日のように歌っていたもので、それ以外のときにはけっして歌わなかったものだ。私は一度、ニヤサ湖の浜で迷子になったことがあり、おしまいに、折りたたみ椅子に座った二人の婦人のあいだに座って、ゴルドゥーリの歌で楽しませているところを発見された。この歌は一八九六年以来、ベリオール・カレッジの卒業生によって、壁の向こうのトリニティ・カレッジを嘲笑するセレナーデとして大声でわめきたてるもので、私の祖父や父のお気にいりの歌だった。

ゴルドゥーーーーーーーーーリ。
あいつの顔はハムみたいになった。
ボビー・ジョンソンはそう言う。
そして彼は知っているはずだ。
ブラディ〔くそったれ〕・トリニティ、ブラディ・トリニティ。
もしぼくが、ブラディ・トリニティの一員なら、
ぼくはきっと、ぼくは。
人々のいちばん後ろに行って、
ぼくはきっと、ぼくは。

彼らを見捨てて、姿を消す。
ぼくはきっと、ぼくはそうする。
ブラディ・トリニティ。ブラディ・トリニティ。

まあ、偉大な詩だとはとても言えないし、ふつう素面で歌われることはないが、老婦人たちがこれをどう解釈したのかを知るのは、いささか興味深い。母は、彼女たちは伝道者であったにもかかわらず、楽しんでいたようだと報告している。ついでながら、私自身が一九五九年にベリオール・カレッジに入学したとき、私の父が卒業してからの二二年間のうちのどこかの時点で、メロディが改悪されてしまっていることを発見した――有害なミーム的突然変異を被り、繊細さを失ってしまっていたのだ。

私は、蓄音機という喩え（メタファー）を、ベッドに入る時間を遅らせる狡猾な試みとして、定期的にもちだして使った。蓄音機の回転が停止し、歌はしだいにゆっくりとなっていき、音は減衰して低くなり、そして、「ゼンマイの巻き上げ」が必要になるだろう。これは実際に日々の生活の一部だった。なぜなら、家には電気がなく、父の七八回転ＳＰレコードを演奏するためには、頻繁な間隔で巻き上げなければならなかったからである。コレクションの大部分はポール・ロブソンで、私は彼を今でも崇拝している。それに加えて、ドイツ語で「詩人トム（Tom der Reimer）」を歌っている、もう一人の偉大なバス歌手のフョードル・シャリアピン（このレコーディングを見つけ出すことができたらと願っているが、いまのところｉＴｕｎｅにはがっかりさせられてきた）で、その他に、セザール・フランクの

『交響的変奏曲』を含む雑多な交響曲も何枚かあった。この曲を私は、「滴（したた）る水」と呼んでいたが、おそらく、ピアノのパートのことを指して言っていたのだろう。

電気が来ていなかったので、わが家は灯油ランプを照明にしていた。このランプでは、マントルを熱するために変成アルコールを注入しなければならない。その熱で気化した灯油が吸い上げられると、すぐにシューと夜通し快適に働いてくれる。ニヤサランドにいたほとんどの期間、私たちはトイレをもたず、土かけ式の便所を、時には屋外に出て使うほかなかった。けれども、その他の面ではきわめて贅沢に暮らしていた。つねに、料理人、庭師、ほかに数人の使用人（遺憾ながら、「ボーイ」と呼ばれていた）がいて、アリがその長で、彼は私の誠実な仲間、友人となった。お茶（ティー）は、美しい銀のティーポットとお湯の入ったポット、それに四隅に重しとしてタマキビの貝殻を縫いつけた優美なモスリンのカヴァーで覆われたミルクのポットを添えて、芝生の上で供された。私たちはドロップ・スコーン（スコットランド風のパンケーキ）も食べたが、それは、今に至るも、私にとってはプルーストのマドレーヌに相当するものである。

私たちは休日に、ニヤサ湖の砂浜にバケツとスコップをもって出かけ、全室が草葺きの海の家というすてきなホテルに滞在した。ニヤサ湖は水平線に陸地がいっさいなく、海のように思えるほど十分に大きかった。また、ゾンバ山を登ったところにある小屋を借りて休日を過ごしたことも一度あった。この旅における逸話の一つに、私の批判的能力の欠如（ひょっとしたら、私が一歳のときにサムのサンタクロースのふりを見破った話と矛盾するかもしれないが）を立証するものがある。仲のいいアフリカ人の男と隠れん坊遊びをしていて、私はある一つの小屋を探したが、そこには間違いなくいなかった。のちになって同じ小屋に戻ったところ、彼はそこに、私がしっかりと調べた場所にいたのだ。彼はずっとそこにいたのだが、姿を見えなくしているのだと誓って言った。私は、彼が嘘をついているという今なら明白な別の仮説よりも、この説明のほうがよりもっともらしいものとして受け入れたのだ。姿の見えない人間を含めて、魔法の呪文や奇跡で満ちあふれたおとぎ話を日常的に与えることは、教育上有害ではないのかという疑いを私は禁じ得ない。しかし、私がそういうことをほのめかすとつねに、子供の不思議な力を妨げようとしているとして、袋だたきにされてしまう。私は自分が両親にゾンバ山での隠れん坊の話をしたとは思わないが、ヒュームのような形で奇跡について説明してくれていたら、私はずっと嬉しかっただろうと感じざるをえない。読者はどちらがより大きな奇跡だと思うだろうか？　だまされやすい子供を面白がらせるために男が嘘をついていたのではないかという奇跡か？　それとも本当に彼が自分の姿を見えなくしたという奇跡か？　そこで、幼いリチャードよ、いったいおまえは、平原からそそり立つゾンバ山の高みで、その小屋で実際に何が起こったと思うのか？

子供のだまされやすさのもう一つの例証がある。ペットの死で落ち込んでいる私を、動物たちは死ぬと極楽と呼ばれる彼ら独自の天国へ行くんだよと誰かが安心させようと試みた。私はこの話をすっかり信じこみ、そこが彼らに狩られる餌動物にとっても「天国」であることを疑いさえしなかった。かつて私は、ムリオン入り江で一頭のイヌに出会い、誰のイヌか尋ねた。私はその答を「ミセス・ラドナーのイヌが帰ってきた」と聞き違えた。私が生まれるより前に、祖母がサフランと呼ばれるイヌを飼っていたことがあったが、とうの昔に死んでしまったことを私は知っていた。私はただちに、追求にさえ値するあまりにも軽薄な、騙されやすい好奇心によって、このイヌは、実際にサフランで、会いに来るために極楽から帰ってきたのだろうと推測した。

なぜ大人は、子供の信じやすさを助長するのだろう？　サンタクロースを信じている子供を、その存在を疑うというちょっとしたゲームに導くのはそれほど、あからさまに悪いことなのか？　もしサンタが世界中の子供すべてにプレゼントを贈るとしたら、サンタは何本の煙突に行かなければならないだろうか？　クリスマスの朝までにこの仕事を終わらせるためには、トナカイはどれほど速く空を飛ばなければならないのだろう？　サンタクロースは存在しないなどとストレートに言わなくていい。間違いを犯さないために懐疑的な疑問を発するという習慣を推奨するだけでいいのだ。

戦時中で、親戚からも繁華街からも何千マイルも離れたところにすんでいたので、クリスマスや誕生日のプレゼントも、必然的に制約を受けたが、両親はそれを創意工夫で埋め合わせした。母は、私と同じくらいの大きさの巨大なテディベアをつくってくれた。父は、大型トラック（ローリー）を含む、さまざまな巧妙な機械装置をつくってくれた。このローリーはボンネットの下に一個の本物の（不適切だが、愉快なことに寸法が合っていなかった）点火プラグをもっていた。私が四歳になった頃、このローリーは私の自慢であり、喜びであった。両親のノートが示すところでは、私はよくそれが「故障した」ふりをして、そのあとすぐに、次のようなことをしたらしい。

　パンクを修理し
　ディストリビューターを水で洗い

バッテリーを元通りにし
ラジエーターに水を入れ
キャブレターをいじくり
チョークを引き
スイッチを逆にしてみる
プラグを押し込み
予備のバッテリーを正しい位置に入れる
エンジンにオイルを少し入れる
ステアリングが正常かどうかを見る
ガソリンを満タンにする
エンジンを冷やす
裏返して、車体の下を調べる
端子を短くすることでポップをテストする（これが何を意味するのか今の私はわからない）
スプリングを変える
ブレーキを元通りにする
その他もろもろ
それぞれの項目は適切な動きと音をともなって進行した。そして、そのあとにスタータで、グル・ル・ル・ル・ル・グル・ル・ル・ル・ルという音がつづき、それによってエンジンがかかるときもあるが、ふつうはかからない。

一九四六年には、前年に戦争は終わっていたので、私たちは休暇を取って英国に帰「国（ホーム）」することができた（私たちがそこに住んでいなかったにもかかわらず、英国はつねに自分の「国」だった。私は、同じ懐古的（ノスタルジック）な慣習にしたがっている二世ニュージーランド人に会ったことがある）。私たちは列車でケープタウンまで行き、そこからリヴァプール行きの〈エンプレス（私はエンプリストだと思っていた）・オブ・スコットランド〉号に乗ることになっていた。南アフリカの列車は車両間に通路があり、船と同じように手すりがついていて、体を乗り出して、世界が後ろへと過ぎ去っていくのを眺め、ひどく汚染をまき散らす蒸気機関の灰をつかまえることができる。けれども、船とはちがって、列車の手すりは、列車が曲がるときに長くなったり短くなったりできるような伸縮式でなければならなかった。これは事故が起きるのを待ち受けているようなもので、実際に起こった。私は左腕を手すりの上から垂らしていて、列車が曲がり角に入りはじめたのに気づかなかった。手すりが縮んだときに私の腕は挟まれてしまい、衝撃を受けた両親には、長い曲がり角が終わり、進路がふたたびまっすぐになるまで、私を救い出すためにできることはなにもなかった。次のマフェキング駅で、私を病院まで連れて行って腕を縫うあいだ、列車は停車していた。他の乗客たちがこの遅延によって迷惑を感じなかったことを願う。そのときの傷はいまでも残っている。

実際にケープタウンに着いてみて初めてわかったのだが、〈エンプレス・オブ・スコットランド〉号は悲惨な船だった。それは戦時の兵員輸送船に改造されていて、客室がなく、三段式の寝台が並んだ、地下牢のような共同寝室しかなかった。男性用の共同寝室と、女性と子供用の別の共同寝室とがあった。スペースが非常に狭いために、服を着るというような作業は順番に交代でしなければならなかった。女性用の共同寝室では、母の日誌に記録されているように……

> そこには、とてもたくさんの小さな子供がいて騒々しかった。私たちは子供に服を着せ、扉のところまで連れていき、長い列をつくって自分の子を引き取ろうと待ち受けているそれぞれの父親に手渡した。父親は子供を連れ出して朝食の列に並ぶ。リチャードは腕の包帯を代えるために定期的に船医のところまで通ったし、そしてもちろん私も三週間の船旅のちょうど真ん中でマラリアの発作に見舞われ、サラと私は船の病院に入れられ、可哀想なリチャードは、いまいましい共同寝室に一人で残された。リチャードがジョンか私と一緒についていくことは許されなかった。酷い話だ。

　リチャードにとってこの旅全体がどれほど恐怖に満ちたものだったか、私たちが正しく認識できていたとは思わない。それが、いったいどれほど長く影響を及ぼしたかもわからない。自分の世界全体の安全保障（セキュリティ）が突然消えてなくなったと感じたにちがいない。そして私たちが英国に着いたときには、あの子はまったく惨めで、その活気のすべてを失っていた。私たちが暗い雨の降るリヴァプールの桟橋で、上陸をまちながら船から外を眺めているとき、リチャードはいぶかしげに「あれがイギリス？」と尋ねてから、すぐに「いつ帰るの？」と聞いてきた。

私たちは、エセックス州のホッペットにいる私の父方の祖父母のところに行った。そこの、二月は身を切るように寒く、躾はスパルタ式で、リチャードの自信は衰え、吃音（きつおん）をもつようになった。彼は服装に適応することができなかった。それまでの生活のほとんどでは、ごくわずかな衣類しか身につけなかったので、ボタン類や靴紐は彼を困惑させた。祖父母は彼の発達が遅いと思った。「まだ、自分で服も着られないのか？」。私たちも、祖父母も児童心理学の本をもっていなかったが、いくつかの規律を課すことを始め、その結果、息子は内にこもり、少し体の麻痺も見られるようになった。ホッペット屋敷では、朝食に向かうときにはおはようございますと言う儀礼を覚えなければならず、それを言うまでは部屋の外に出された――吃音は悪化し、私たちの誰一人として幸福ではなかった。いまでは私は、私たちがあの祖父母の振る舞いを許したことを恥じている。

コーンウォールの母方の祖父母のところでも、事態はそれほどよくはなかった。私はほとんどすべての食べ物が気に入らず祖父母がそれを食べさせようとするときには、いつも吐く覚悟を決めていた。ゾッとするような水っぽいカボチャは最悪で、実際に皿のなかに吐き戻した。私たちがサウサンプトンからケープタウン行きの〈カーナーヴォン・キャッスル〉号に乗船し、ニヤサランド――南部のマクワパラではなく、中部のリロングウェ周辺へ戻る――に帰る日がやってきたとき、誰もがホッとしたことだろうと思う。父は最初リロングウェ郊外のリクニにある農業研究所に赴任し、そのあと、当時は小さな田舎町でしかなかったが、現在はマラウイの首都であるリロングウェそのものに移った。
リクニもリロングウェも、どちらも幸せな思い出の場所である。このころには、私は科学に興味をもつようになっていたにちがいない。なぜなら、私は長く臥せっていた可哀想な妹に、リクニの共用の寝室で、火星、金星、その他の惑星の地球との距離や、それぞれに生物がすんでいる可能性についての話をして聞かせて楽しませていたのを思いだすことができるからである。空気がきれいで灯りのない場所での星が好きだった。夕べは、魔法のように安全確実な時間で、私はそれをベアリング＝グールド〔一八三四－一九二四、国教会司祭で、小説家、詩人としても知られる〕の賛美歌と結びつけた。

いまや日は去り
夜が近づく
夕べの影が
静かに空に忍び寄る

いまや闇が集まり
星々が顔を見せはじめ
鳥も、獣も花も
すぐに眠りに就くだろう

そもそも、私が何にせよ賛美歌をどうして覚えていたのか、わからない。なぜなら、私たちはアフリカで教会に行ったことがなかったからである（ただし、イギリスで祖父母のところに滞在していたときには行ったことがある）。思うに、両親がこの賛美歌を「輝く青空の上に、小さき子供たちの友がいる」という賛美歌と一緒に私に教えたのだろう。

リクニは、私が夕べの長い影にはじめて気づき、魅了された場所でもある。この時点では、それにはT・S・エリオットの「あなたに会いに立ち上がる夕べの影」（『荒地』）から喚起されるような不吉な予兆はまったくなかった。現在では、ショパンの「ノクターン」を聴くといつも、私はリクニと、「星々が顔を見せはじめる」ときの夕べの不安のない、心地よい感覚に連れ戻される。

父は、サラと私のために素晴らしい寝物語を創作し、しばしば、はるか遠おーいゴンウォンキランド（大学生になってゴンドワナ大陸、すなわち南半球にあってアフリカ、南アメリカ、オーストラリア、ニュージーランド、南極大陸、インド、マダガスカルへと分裂した超大陸について学ぶまで、この名がほのめかしているものを最終的に理解できなかった）なる大陸にすみ、高い裏声（ファルセット）で、「ティッドリー・ウィッドリー・ウィッドリー」と叫ぶ「ブロンコサウルス」を登場させた。私たち兄妹は暗闇の中で発光する父の腕時計の文字盤を眺めるのが大好きで、快適な夜のあいだ蚊帳の下で、時間の経過を追えるように、父は私たちの手首に万年筆で時計を描いてくれた。

リロングウェもまた、子供時代の貴重な思い出のある場所である。地区農務官僚の官舎は、連綿とつづくブーゲンビリアにまわりを包まれていた。庭にはキンレンカが一面に生えていて、私はその葉を食べるのが好きだった。その独特の胡椒っぽい味は、いまでも時々サラダで出会うが、私にとってのプルーストの「マドレーヌ」になりうるもう一つの候補である。

隣にあったまったく同じつくりの家は医師の家だった。グリン医師夫妻には、私とまったく同じ年齢の、一人息子のデイヴィッドがおり、私たちは毎日、彼の家か私の家で、あるいは近所で一緒に遊んだ。砂には濃い藍色の粒があり、それは紐の先に付けた磁石で拾い上げることができたから、鉄だったにちがいない。ベランダで私たちは、ひっくり返した椅子と机の上に、絨毯（じゅうたん）、マット、毛布などを掛けることによって、小さな部屋と廊下のある「家」をつくった。

私たちは、ベランダの「家」に水道を備えつけさえした。その配管は庭にある木から中空の茎をつなげてつくった。その木はひょっとしたらヤツデグワだったかもしれない。私たちはそれを「ルバーブの木」と呼んでいたが、その名はおそらく、私が好きでよくくちずさんだ歌（アメリカ民謡「茶色の小瓶」のメロディで）からとったものだろう。

ハッ・ハッ・ハッ、ヒッ・ヒッ・ヒッ。
ゾウの巣はルバーブの木の中さ。

私たちはチョウも集めたが、主としてキアゲハやクロアゲハの仲間で、今ではたぶんアゲハチョウ属のさまざまな種であったことに気づいている。けれどもデイヴィッドも私も違いを区別せず、すべて「ダディ・クリスマス」と呼び、デイヴィッドは、その黄色や黒の配色にはふさわしくないが、それが正しい呼び名なのだと言った。

私のチョウ集めの習慣は父から勧められ、父は、玄人のチョウ屋が好んでいたコルクの代わりに乾燥させたサイザルアサを使ってピンで刺す標本箱をつくってくれた。ドーキンスの祖父（本人がコレクターだった）からも、祖母と一緒に訪ねてきたときに推奨された。彼らは、息子たちのところを順に訪問して東アフリカを巡る一大ツアーを計画していた。彼らは最初にコリアーに会いにウガンダに行き、それから進路を南にとって、タンザニアを抜けて、ニヤサランドに来たのである。母は次のように述べている。

アフリカ人の群衆と両脚を縛られた哀れなニワトリと、無数の物品の包みが詰め込まれた信じられないほど乗り心地の悪い地域バスを使った短期間の旅をいくつも重ねて。しかし、ムベヤ［タンガニーカ南部にある］より先は輸送手段がなかった。けれども、小さな軽飛行機をもつ若者が彼らを連れて行くことを申し出た。そこで二人は出発したのだが、悪天候に入り、後戻りしなければならなかった。その間、私たちには彼らの消息は何一つ聞こえてこなかった。天候が回復したとき、彼らは再度試み、低空飛行したので、トニー［祖父のことで、クリントンの省略形］は身を乗り出して、古い地図を読んで行く手の川や道路を見極め、パイロットに指示を与えることができた。

祖父は冒険的な本領を発揮していたのだろう。彼は地図が好きだったし、鉄道の時刻表も好きだった。彼は時刻表を空で覚えていて、超高齢に達したときそれが唯一の読める本となった。

リロングウェでは、飛行機がいつやってくるか、誰もが到着の一〇分前にわかった。これは、地元のある一家が庭にカンムリヅルをペットとして飼っていたからである。この鳥は、人々が聞き取れるよりずっと前に飛行機が近づく音を聞き取ることができ、飛行機に向かって鳴き叫びはじめる。それが恐怖のためか喜びのためか、誰にもわからない！　毎週定期的にやってくる飛行機のはずはなかったので、このツルが鳴き叫びはじめたとき、祖父母たちが来たのではないかと思った――そこで私たちは、リチャードとデイヴィッドは三輪車に乗って飛行場まで駆けつけ、ちっぽけな飛行機が到着して、町のまわりを二回旋回してから、ドーンドーンという大きな音を立てながら着陸するのを見るのにちょうど間に合った。やがて、おばあちゃんとおじいちゃんが降りてきた。

航空管制において、これほど明快な事柄はほかになかった。ただのカンムリヅルなのだが。

私たちが落雷を受けたのも、リロングウェだった。ある夕べ、激しい雷雨がやってきた。真っ暗になり、子供たちは、（木製の）ベッドに入り蚊帳の下で夕食をとっていた。私は床に座り、私たちがソファーと呼んでいたもの（古い鉄製のベッドの枠組みでつくられていた）によりかかって本を読んでいた。突然、大槌が頭に振り下ろされたような感じがして、私は完膚なきまでに打ちのめされた。それは狙いすましたとてつもなく強力な一撃だった。無線アンテナとカーテンが燃えているのが見えた。無事かどうか確かめるために、私たちは大急ぎで子供たちの寝室に向かった。子供たちはまったく気にもせず、かなり気だるい感じで、トウモロコシの穂軸をかじっていた！

この記述には、両親が無事を確かめるために私たちの寝室に駆けつける前あるいは後に、カーテンの火を消したかどうかは述べられていない。母の回想録はこう続いている。

私には体側に長く赤い火傷が残ったが、そこは鉄のベッドによりかかっていたところだった。のちにほかにも、ありとあらゆるおかしなことを発見した。たとえば、コンクリートの床にあったランプがばらばらになってガレージの屋根まで飛んでいたし、料理人は手から包丁をもぎ取られて、跳ね飛ばされていた。物干し用のワイヤーが溶け、居間の窓ガラスはすべて、きれいさっぱり消えてしまった無線アンテナに接続していた溶けた電線とともに跳ね飛ばされていた。などなど。いまではすべてを思いだすことはできないが、それは劇的なものだった。

この落雷についての私の記憶はおぼろげであるが、料理人の包丁が本当に手からもぎ取られたのか、それともびっくりして投げ出したのか――私ならそうだったろう――と、疑ってしまう。私は確かに、窓のいたるところに付いたある種の残留物によってつくりだされる多彩な模様を思いだす。そして実際の落雷そのものの瞬間、音はふつうのゴロゴロゴロゴロゴロ（boom boom de boom boom boom、主として反響音）ではなく、一回のなみはずれて大きなドーンという音だった。同時に非常に明るい閃光（せんこう）があったにちがいないが、私はその記憶がない。

幸いに、私たちは雷雨嫌悪症にならなかった。なぜなら、アフリカには楽しいことがいっぱいあったからである。キラキラと輝く真っ黒な夜空を背景に、かぎりなく美しいシルエットをみせる山並みがあり、時にはまるで、ほとんどノンストップで続く、雷鳴の伴奏付きのグランドオペラのようだった。

リロングウェでは、はじめてのブランド新車、クリーピング・ジェニーと呼ばれたウィリス・ジープ社のステーション・ワゴンを買って、古いスタンダード・トゥエルヴのベティ・ターナーと乗り換えた。私はクリーピング・ジェニーのわくわくするような新車のにおいを、ノスタルジックな喜びとともに思いだす。父はサラと私に、それが他のあらゆる車種に優る長所を説明してくれたが、そのなかでもっとも忘れられないのは、前輪をカヴァーするフラットな泥よけだった。父は、それがピクニックの弁当を置く、テーブルの役目をするようにデザインされたものだと説明してくれた。

五歳の時、私はミセス・ミルヌの学校、近隣の人々によって経営されている一教室しかない小さな保育園に通わされた。ミルヌ先生は本当のところは何も教えることができなかった。なぜなら、他のすべての子供たちは読むことを教わっており、私の母も読むことを教えてくれていた。そこでミルヌ先生は、自分で読むようにと、私に「大人用の」本を一冊持たせて片隅に追いやった。その本は私にはあまりにも大人向けで、無理矢理すべての単語の上に丹念に目を走らせたが、ほとんど理解できなかった。ミルヌ先生に「inquisitive（詮索好き）」というのが何を意味するかと質問したことは覚えているが、私は、彼女が他の子供を教えるのに忙しいときに、単語の意味を尋ねつづけるという勇気を十分に奮い起こすことができなかった。そのため私はそれからは、

グリン医師の奥さんが息子のデイヴィッドを教えるときに一緒に授業を受けさせてもらうことにした。二人とも頭がよくて、熱心な子供だったから、たぶんたくさんのことを勉強したと思う。その後、リチャードとデイヴィッドはイーグル校に一緒に通った。

山のなかのイーグル校

Richard Dawkins

イーグル校は、南ローデシア（現在はムガベ大統領の独裁で、悪趣味なジョークの対象にされるジンバブエ）のモザンビーク国境近くにあるブンバ山脈の、針葉樹のあいだの高地にある新しい有名寄宿学校だった。過去形を使ったのは、この不幸な国をのちに悩ませた紛争がこの学校を永久に閉鎖させたためである。この学校は、オックスフォードのドラゴン校の元舎監だったフランク（「タンク」）・ケアリーによって創立された。ドラゴン校は、イギリスでもっとも大きく、すばらしい進取の精神と著名な卒業生の目を見張るようなリストをもち、ほぼ間違いなく最良の私立中等学校（プレップ）だと私は思う。タンクは、アフリカに幸運を求めてやってきたのであり、彼の学校はドラゴン校の忠実な末裔であった。私たちは、同じ校訓（Arduus ad solem:「太陽に向かって努力せよ」、ウェルギリウス『アエネーイス』第二巻からの引用）と同じ校歌、「進めキリスト教の兵士たちよ」という詩に、アーサー・サリヴァンが曲をつけた「Arduus ad solem / By strife up to the sun」をもっていた。タンクは、ニヤサランドの親たちに宣伝して生徒を集める目的の旅行をしたときに、リロングウェの私たちの家族を訪れたことがあった。私の家族は彼が気に入り、イーグル校を私の学校に決めた。グリン医師夫妻もデイヴィッドのために同じ決断をし、私たちは一緒に通うことになった。

イーグル校についての私の記憶ははっきりしない。この学校の創立二期めを含めて、私はそこにわずか二学期しかいなかった。私は、学校の正式な開校日にそこにいたことを覚えている。この日はあらかじめ「オープニング・デイ（誕生の日）」として話題になっていた。これは私には不可解だった。なぜなら、私はその語は賛美歌「主よ、わが助けよ」を暗示するものと受け止めていたからである。

時は、たえまなく轟き落ちる流れのごとく
すべての子を奪い去っていく
子らは、夢かのごとく、たちまち忘れ去られ
誕生の日（opening day）に死んでいく

〔日本の教会における賛美歌では、次のように訳されている。

われらの いのちは
はかなきもの
朝露のごとく
消え去るなり。〕

イーグル校では、聖歌（ヒム）が私に大きな感銘を与えた。痺れさせるような陰鬱（いんうつ）な調べで歌われ、闘いよりもまどろみを誘うのによりふさわしい、「戦え、主のため、汝の力のかぎり」でさえそうだった。すべての親は子供に聖書をもたせるように言われた。私の両親は、なにかの理由で私に『子供用聖書』を与えたが、これはまるで別物で、私はかなり仲間はずれで「違う」と感じた。とりわけ、それが章と節に分けられていなかったことは、私にはとんでもない欠落に感じられた。参照がしやすいように、文を分割する聖書の方法に私はいたく興味をそそられたので、私のもっているふつうの童話の本の何冊かにも、数字で「節」を書き込むことをやりとおした。近頃私は、一九世紀のスミスと称するペテン師が捏造（ねつぞう）した『モルモン書（*Book of Mormon*）』を調べる機会があったが、そのとき、彼もまた『欽定訳聖書（*King James Bible*）』に同じように魅了されたにちがいないとふと思った。『モルモン書』では、各節を欽定訳に従って配列し、一六世紀の英語の文体さえ模倣している。ちなみに、この最後の事実だけからでも、なぜただちに彼ににせ者の汚名が着せられなかったのか、私には謎である。彼の同時代の人間たちは、聖書がもともとはウィリアム・ティンダルやトマス・クランマー〔いずれも一六世紀に活躍した聖職者で、前者は原典から聖書の英訳を完成させ、後者はカンタベリー大主教として聖公会祈禱書をつくった〕のような英語で書かれていたと考えていたのだろうか？　マーク・トウェインが痛烈に評しているように、「And it came to pass〔モルモン書に頻出する表現で、「さて」とか「しかるがゆえに」とかいうほどの意味〕」が出てくる箇所をすべて削除すれば、『モルモン書』は薄っぺらなパンフレットにすぎなくなるだろう。

　イーグル校における私の愛読書はヒュー・ロフティングの『ドリトル先生アフリカ行き』で、私はこれを学校の図書館で見つけた。現在ではその人種差別思想のゆえに、図書館でひろく禁書になっているが、その理由は理解できるだろう。おとぎ話に夢中になったジョリギンキ族のバンポ王子は、魔法でカエルに変えられた王子〔グリム童話の『カエルになった王子様』〕や、シンデレラに恋をしてしまう王子のようにどうしてもなりたいと切望していた。眠り姫に王子としてキスするチャンスがあるはずだが、そのときに自分の黒い顔が姫を怖がらせはしまいかと心配し、ドリトル先生に顔を白く変えてほしいと頼むのだ。まあ、出版された一九二〇年代には注目を引かず、議論の対象にならなかったこの本が、二〇世紀末の時代精神の移行に巻き込まれた理由は、いまとなっては容易に理解できる。しかしもし道徳的教訓を語らなければならないとすれば、すばらしく想像力に富んだドリトル先生の物語シリーズ、なかでも最良のものは『ドリトル先生の郵便局』だと私は思うが、それがもつ人種差別的な感触は、それよりずっと顕著な反＝種差別主義によって十分埋め合わせがつくはずである。

校歌と校訓に加えて、イーグル校は、先生をあだ名(ニックネーム)あるいはクリスチャンネームで呼ぶというドラゴン校の伝統も引き継いでいた。私たちは校長を、たとえ当人に叱られている場合でさえ、タンクと呼んだ。その当時私は、この名前が屋根の上にある貯水タンクを意味するのだと考えていたが、今にして思えば、それは情け容赦なく前進し、止めようのない軍事車両、すなわち戦車を指していたことはほぼまちがいない。おそらくケアリー先生はドラゴン校時代に、障害物をものともせずまっすぐに前進する断固たる人物という評判を獲得したのだろう。ほかの先生たちには、クロード（同じくドラゴン校からの転入者）、ディック（彼には、毎水曜日の午後の休憩時間にありがたい配給品としてチョコレートを手渡すという人気の高い仕事があった）、そしてどことなく陽気なハンガリー人で、フランス語を教えるポールがいた。いちばん低学年を教えていたミセス・ワトソンは「ワッティ」、そして寮母のミス・コップルストーンは「コッパーズ」だった。

私は、イーグル校で幸せだったと偽ることはできないが、七歳で三カ月間にわたって家から送り出された子供に期待できる程度にはたぶん幸せだったのだろう。もっとも辛かったのは、コッパーズが毎朝静かに寄宿舎を巡回し、私たちがまだうとうとしているときに、思うにほとんど毎日のように私がふけっていた空想だった。彼女がどうにかして魔法で私の母に変身してくれるのではないかと想像していたのだ。私はたえまなく、そのことを祈っていた――コッパーズは母と同じような黒い縮れっ毛をしていた。子供らしく純真だった私は、そんな変身をするには、非常に大仕掛けな魔法が必要になるだろうと考えた。そしてほかの生徒たちも、みんなコッパーズが好きなように私の母を好きになるだろうと確信していた。

コッパーズは母親のようで親切だった。一学期の終わりに彼女が私について書くレポートは、まったく愛情の欠けたものというわけではなかったと思いたい。彼女は私について、「ゆっくりか、非常にゆっくりか、止まるか、その三種類のスピードしかもっていない」と書いていた。彼女は一度、そんなつもりは微塵もなしに私を怖がらせたことがあった。私はかつて、固ゆで卵の端っこのように白くうつろに見開いた目をもつアフリカ人を見たことがあり、失明が怖かった。私はよく、ある日突然まったく失明するかあるいはまったく耳が聞こえなくなるかのどちらかになるのではないかと思い悩んでいた。苦痛に満ちた長い熟考の末に、五分五分の可能性だが、もし起こるとしたら、失明が最悪の事態だろうと判断した。イーグル校は十分に近代化していて、自家発電装置によって電灯がついていた。ある夕べ、彼女が寄宿舎にいる私たちに話をしているときに、発電機がだめになったにちがいなかった。電灯が消えて真っ暗闇になると、私は恐怖で震えながら、「灯りが消えてしまったの？」と聞いた。「いいえ、ちがうわ」と、コッパーズは軽い皮肉をこめて言った。「きっと、あなたの目が見えなくなったのよ」。浅はかなコッパーズは、自分が何を言ったかほとんどわかっていなかった。

私は幽霊も怖くて、ぽっかり開いた眼窩をもち関節で完全につながった骨格をガタガタいわせながら、長い廊下をとてつもないスピードで、両腕につるはしをもちながら、私に向かって走ってくる姿を想像していた。つるはしは、圧倒的な正確さで私の足の親指に狙いをつけて振り下ろされるだろう。さらにまた、料理され、食べられてしまうという不気味な空想もしていた。こうした怖ろしい想像がどこから来たのか私には見当もつかない。私が読んだどれかの本からではないし、両親が私に語ったことからでもないのは確かだ。ひょっとしたら、寄宿舎で他の生徒が語ったほら話――次の学校で私が出会ったようなタイプの――からかもしれない。

子供の尽きることのない残忍さに私がはじめてさらされたのも、イーグル校だった。ありがたいことに、私自身はいじめられることはなかったが、「ペギーおばさん」と呼ばれる生徒がいて、そのニックネームのほかにもっとまっとうな理由は何もなさそうなのに、情け容赦なくいじめられていた。『蠅の王』〔ウィリアム・ゴールディングによる小説〕の一場面のように、十数人の生徒が彼の周りをぐるりと取り巻いて踊り、単調な遊びの調子で、「ペギーおばさん、ペギーおばさん、ペギーおばさん」とはやし立てた。哀れな少年はこれによって狂乱し、拳を振り上げて、いじめっ子たちの輪にしゃにむに突進した。あるとき、私たちはみなそのまわりに立ち、彼がロジャーという名の生徒と繰り広げている、地面を転がりまわりながらの真剣で長くつづく喧嘩を眺めていた。ロジャーは一二歳だったので、私たちから一目置かれていた。取り巻く群衆はいじめっ子のほうに共感していた。彼は男前で、スポーツもうまく、犠牲になる側ではなかった。学童のあいだではあまりにもありふれたものだが、恥ずかしいエピソードである。結局は、決着がつく前にタンクがこの集団によるいじめを止めさせ、朝礼で厳粛な警告を与えた。

共同寝室では毎晩、ベッドに膝をつき、頭を壁に向けて、日替わりで順番に就寝の祈りをしなければならなかった。

主よ、お願いします。われらの闇に光をお当てください。そして汝（なんじ）の大いなる慈悲をもって、今宵のあらゆる苦難と危険からお守りください。アーメン。

私たちの誰一人として、それが文字に書かれたのを見たことがなかったし、それが何を意味するかも知らなかった。私たちは互いに順にオウムのように真似しただけだったので、結果として、言葉は歪められ意味のないものに向かって進化した。もし読者がたまたまこうしたことに興味があるなら、これはミーム理論のきわめて興味深い事例である——もし興味がなければ、そして私がどういうことを語っているかを知らなければ、次の段落まで飛ばしていただいていい。もしこの祈り手の言葉を理解できていれば、それを歪めることはないだろう。なぜなら意味は、ＤＮＡの「校正」とよく似た「正常化」作用をもつはずだからである。ミームが遺伝子のアナロジーとしての条件を満たすだけ十分に長い「世代」を生き残ることを可能にしているのは、そのような正常化作用にほかならない。しかし、祈りに出てくる言葉の多くはなじみのうすいものなので、私たちにできるのはその音を発音通りに模倣することだけで、その結果として、生徒から生徒への模倣で「いくつもの世代」を伝えられていく際の「突然変異率」はきわめて高い。この影響を実験的に調査すれば面白いだろうと私は考えているが、いまのところまだ実現に至っていない。

先生たちの一人が、たぶんタンクかディックのどちらかだったが、よく団体合唱を指揮した。レパートリーには「草競馬」のほかに、こんな歌もあった。

私は六ペンスを持っている。すてきな、すてきな六ペンス
私の一生をずっと支えてくれる六ペンス
人に貸せる二ペンス、使ってもいい二ペンス
そして、妻にもってかえる二ペンスを持っている。

つぎの歌では、rの音をbirdのように発音しなさいと、私たちは教えられた。その理由を当時の私は理解できなかったが、ひょっとしたら、何かの理由で、それがアメリカの歌だと推定されていたからかもしれなかった。

ここで、われらは原野のなかの鳥（brrrds）のごとく身を休め

原野のなかの鳥
原野のなかの鳥
ここで、われらは原野のなかの鳥のごとく身を休める
デメララ〔南米ガイアナにあった古いオランダ植民地、現在は州名に残っている〕の奥地(ダウン)で。

ドラゴン校の有名な冒険精神の一部はイーグル校にも取り込まれていた。先生たちが全生徒を組織して、マタベレとマショナ（ローデシアの二大有力部族の名を使った「カウボーイとインディアン」という遊びのローカル版）という大がかりなゲームをした心躍る一日のことを、私は覚えている。このゲームは、私たちにブンバ（ショナ族の言葉で「霧の中の山脈」を意味する）の森や草原を歩きまわらせるというものだった。どうすれば永遠の迷子にならずにすんだのかは誰にもわからない。学校には競泳用のプールはなかった（のちに、私が去ったあとに一つ造られた）が、私たちは滝の下のすばらしい水たまりへ、泳ぎ（裸で）につれていかれた。それは、はるかに心躍るものだった。滝があるのに、どんな生徒が競泳用プールを欲しがるというのだ？

私は飛行機でイーグル校まで移動したが、一人だけで旅をする七歳の子供にとっては、相当な冒険だった。私はドラゴン・ラピード複葉機で、リロングウェからソールズベリー（現ハラレ）まで飛び、そこからウムタリ（現ムタリ）まで行くことになっていた。ソールズベリーに住んでいたもう一人のイーグル校の生徒の両親が会いにきてくれて、そこから先の旅に出発させてくれる予定だったが、彼らは集合場所に現れなかった。私はそこで丸々一日と思えるほどの時間（後から考えると、そんなに

長い時間ではありえなかった）を、ソールズベリー空港を一人でさまよい歩きながら過ごした。人々は親切で、誰かが昼食を買ってきてくれたし、格納庫の中に入り込み、さまざまな飛行機を見させてくれた。奇妙なことに、私の記憶ではそれはかなり幸福な一日で、独りぼっちであることや何が起こるかもしれないということに対する恐怖感はまったくなかった。私に会いにきてくれることになっていた人々が最終的に見つかり、私はウムタリに行けた。そこには、タンクがウィリス・ジープのステーション・ワゴンで迎えに来てくれたと思う。この車はクリーピング・ジェニーと家を思いださせてくれるので、私は好きだった。私は自分の記憶をもとに、この話を語った。デイヴィッド・グリンはこれとはちがう記憶をもっており、私の推理では、一つは彼と一緒、もう一つは私だけという二つの旅があったのだろう。

さらばアフリカ

Richard
Dawkins

一九四九年、前回の出国から三年後に、私の両親は二度めの出国をし、私たちはふたたびケープタウンからイギリスに向かって旅をした。ウムタリ号と呼ばれる小さくてきれいな船に乗っての旅だったが、この船については、洗練されたすてきな木の羽目板と照明装置を除けば、あまりよく覚えていない。今から思えば、たぶんアール・デコ風の装飾だった。乗組員の数が少なかったので、ショーを担当する専門の船員を雇うことができず、乗客の一人で、パーティの主役タイプのキンバー氏が、その役割を果たす役に選ばれた。いろいろあったなかでも、船が赤道を通過したときに、彼は「赤道祭り」をお膳立てし、そのなかで海の神ネプチューン〔ネプトゥーヌス〕が、海藻の髭と三つ叉という完璧な衣装で登場した。キンバー氏はまた仮装晩餐会も開き、そこでは私は海賊に扮した。私は、カウボーイの格好でやってきたもう一人の男の子に嫉妬したが、父は、彼の衣装のほうが確かによさそうに見えるが、あれはただ既製品を買ってきただけのものであるのに対して、私のはその場で即席にこしらえたものだから、本当はこちらのほうがいいのだと説明した。今ならこの論点を理解できるが、そのときには納得できなかった。キューピッド〔クピド〕に扮してやってきた小さな子は素っ裸で、弓と矢をもち、人々に射かけた。母は、過マンガン酸カリウム〔水溶液は濃い赤紫色の強い酸化剤〕を顔に塗り、派手な帯(サッシュ)とターバン付きの給仕の制服を借りて、（男の）インド人給仕の一人として登場した。顔の色は抜けるまでに何日もかかったにちがいない。他の給仕たちもこのおふざけに共謀し、晩餐会の客は誰一人、母だと見破ることができなかった。私さえもそうだったし、彼女がわざとスープの代わりにアイスクリームを運んだときに船長さえも見破れなかった。

私は八歳の誕生日に、ウムタリ号の遊泳用プールで泳ぎを覚えたが、このプールは柱のあいだにカンバス地を張ったもので、甲板上に造られていた。私は自分の新しい泳ぎの腕前がとても嬉しかったので、それを海で試してみたいと思った。そこで、船がカナリア諸島のラスパルマスで、トマトの大きな荷を積み込み、乗客をその日だけ上陸させるために碇泊したとき、私たちは海岸に行き、そこで私は得意満面で泳ぎ、母は岸で監視していた。突然、異常に大きな波が犬かきをするちっぽけな私のまさに真上に（と、母は考えた）砕けようとするのが見えた。母は勇敢にも、私を救うために全速力で駆け寄り、服を着たまま水に入っていった。結果的には、その波は私を無傷で持ち上げてくれた——そして母に全力でぶつかって砕け、母は全身ずぶ濡れになってしまった。乗客は夕方までウムタリ号に戻ることを許されていなかったので、母はその日の残りを塩水に濡れた服のままでいなければならなかった。恩知らずなことに、この母性の英雄的振る舞いについて私はまったく記憶がなく、ここに述べた記述は母から聞いた話である。

トマトの荷は、積み込み方が悪かったにちがいない。というのも、海上で驚くほど動きまわり、船があまりにも右舷に傾いたために、私たちの客室の窓は恒久的に水の下になってしまい、幼い妹のサラに、私たちは「本当にもう沈んでしまったのよ、ママ」と信じさせることになった。悪名高いビスケー湾では事態はさらに悪化した。そこでウムタリ号はものすごい強風につかまり、あまりの強さに、立ち上がることさえ難しかった。私は興奮して自分たちの客室に駆け下り、「帆」として使うために寝台からシーツを引きはがした。私はヨットのように、甲板を吹き流されたいと思っていたのだ。母は激怒し、甲板から海へ吹き飛ばされてしまうかもしれないのよと私に言った――たぶんそのとおりだった。サラの大事な安心毛布、「ボット」は実際に海に吹き飛ばされてしまっていた。母が事前に予見して毛布を半分に切り、ちゃんと妹のにおいがついた予備をとっておくということがなければ、大変な悲劇になっていたことだろう。私は、自分ではもたなかったけれど、安心毛布という現象に興味を引かれた。安心毛布は、親指やその他の指を吸いながら、においをかげる位置に抱えられるらしい。アカゲザルと衣類を母親の代用にすることについてのハーリー・ハーロウの研究と関連があるのではないかと、私は推測している。

やがて私たちはロンドン港に入港し、ホッペット屋敷の対面にあるカッコウ屋敷と呼ばれるチューダー様式の古いすてきな農家に向かい、そこに滞在することになった。この家は父方の祖父母が開発業者から土地を守るために買っておいたものだった。私たちと一緒に住むのは、母の妹のダイアナとその娘のペニー、そしてダイアナの二人めの夫で、父の弟で、シエラレオネから帰国したビルだった。ペニーは、実父のボブ・ケディが勇敢な兄弟たちとともに戦死したのちに生まれた――これは年老いたケディ夫妻にとっておそろしい悲劇で、当然のことながら、自分たちの唯一の子孫である幼いペニーを可愛がった。彼らはペニーの従兄妹であるサラと私にも非常に寛大で、私たちを血のつながっていない孫として扱い、クリスマスには決まって、私たちがもらううちでもっとも高価なプレゼントを贈ってくれ、毎年、芝居やパントマイムを見に、ロンドンに連れて行ってくれた。彼らは裕福で――ケディ家はサウスエンドでケディ百貨店を経営していた――、屋外にプールとテニスコート、屋内にはすてきなブロードウッド小型グランドピアノと出はじめたばかりのテレビ・セットの一つがあった。私たち子供はそれまでテレビを見たことがなく、磨き上げられた巨大な木製のキャビネットの小さなスクリーンに映った、ロバのマフィン〔イギリスBBCテレビの子供向け番組のキャラクター人形〕のぼんやりした白黒の映像に夢中になって見入った。

カッコウ屋敷で二家族が一つになって暮らすというこの数カ月の生活は、子供にだけ可能な種類の魔術的な記憶を提供してくれた。みんなに愛されたビル叔父さんは、私たちを「Treacle Trousers〔直訳すれば、甘ったるいズボン〕」と呼んで（Google の教えてくれるところでは、これは英語の「半分下ろしたズボン（trousers at half mast）」に当たるオーストラリアのスラングだそうだ）笑わせ、私たちが頻繁にリクエストした二つの曲を歌ってくれた。

ウシはなんで脚を四本もってるか？　どうにかして、答をみつけなくちゃ
私は知らないし、君も知らないが、どちらもウシは知っている。

そしてもう一つは、『水夫のホーンパイプ』のメロディで

ティドリーウィンクスのおじいさん、できるならヤカンを取ってみな
もしヤカンを取れないなら、汚れた古い鍋（パン）を取ればいい

ペニーの異父弟のトマスは私たちがまだいるあいだに、カッコウ屋敷で生まれた。トマス・ドーキンスは私の二重従弟という異例の関係にある。私たちは四人の祖父母をすべて、したがって直接の両親を除くすべてのご先祖を共有している。私たちが共有する遺伝子の比率は、腹違いの兄弟の場合と同じであるが、たまたま、私たちはお互いに似ていなかった。トマスが生まれたとき、家族は乳母を雇ったが、彼女がもったのは、二家族の朝食をつくっていた最中のビル叔父さんに引き合わせにつれていくまでだった。彼は石敷きの台所床で、まわりにいくつもの皿を円状に並べて、そこにトランプのカードを配るように卵とベーコンを投げ込んでいるところだった。これは「衛生安全」の時代以前だったが、潔癖症の乳母が耐えうる限界を超えており、彼女は家を出て行き、二度と戻らなかった。

サラ、ペニーと私は、チェルムスフォードの聖アン小学校へ毎日通った。この学校はジーンとダイアナが同年代の時に通った学校で、校長先生も同じミス・マーチンだった。私は学校についてたいしたことはほとんど覚えておらず、ただ、学校の夕食の挽肉のにおい、ジャイルズという名の生徒が、自分の父親がレールのあいだに横たわり、体の上を列車に越えさせたんだぞと吹聴（ふいちょう）したこと、音楽の先生がミスター・ハープと呼ばれていたという事実だけは覚えている。ハープ先生は私たちに「リッチモンドの丘の少女」を歌わせた。その歌詞の I'd crowns resign to call her mine を I'd resign crowns to call her mine〔私は、王様が彼女を我がものと呼ぶに任せるだろう〕とは解釈できなかった。私には一語の動詞crownsresignと聞こえ、文脈からそれは「非常に好き」という意味にちがいないと推測したのだ。私は同じようなまちがいを、New every morning is the love / Our wakening and uprising prove〔新しい朝はいつも愛／目覚めと起床がその証し〕という詩〔賛美歌「くる朝ごとに」。日本語の訳詞は意訳されていて、「来る朝ごとに　朝日とともに、神の光を　心にうけて、み慈しみを　あらたにさとる」となっている〕でもやってしまったことがある。私はour prisingproveというのが何のことかわからなかった。しかし明らかに、それは万人がもっているのを感謝すべき何かのモノだった。聖アン校の校訓はきわめて立派なものだった。「私はできる。私はするべきだ。私はしなければならない。私はする」（かならずしもこの順序ではなかったかもしれないが、これで正しいような気がする）。カッコウ屋敷の大人たちは、キップリングの「兵站（へいたん）を担うラクダ隊の歌」を思いだし、私がけっして忘れたことのないような調子（スウィング）で、復唱した。

　　できない！　させない！　しない！　やらない！
　　それを隊列に伝えよ！

私は聖アン校で、何人かの年長の女の子たちからいじめられた――本当に悪質ないじめではなかったが、もしぼくが一生懸命にお祈りすれば、いじめっ子たちに天罰を与えられる超自然的な力を求めることができるのではないかという空想を私に抱かせるほどには悪質だった。私は自分を救うために、遊び場の上の抜けるような空に紫がかった黒色の雲と、怖い顔をした人間の横顔を描いた。私がなすべきは、それが起こるだろうと信じることだけだった。たぶん、それがうまくいかなかった理由は、私が十分一生懸命に祈らなかったことだろう——イーグル校でミス・コップルストーンの変身を祈ったときと同じように。祈りに関する子供の見方の純朴さというのはそんなものだ。もちろん、大人のなかにもここからけっして成長しない者もいて、駐車場で助けてくれるよう、テニスの試合で勝たせてくれるよう、神に祈るのである。

聖アン校で一学期を終えたのちにイーグル校へ戻れると期待していた。けれども、私たちのイギリス滞在中に、わが家の将来計画は根本的に変わってしまい、私はイーグル校も、コッパーズも、タンクも二度と見ることがなくなった。三年前に、父は非常に遠い親戚から、オックスフォードシャーにあるドーキンス家の財産を相続することになったということを報せるイギリスからの電報を受け取っていた。その財産には、オーヴァーノートン館、オーヴァーノートン公園、およびオーヴァーノートン村にあるいくつかの家（コテッジ）が含まれていた。この地所は、一七二六年にジェームズ・ドーキンス下院議員（一六九六－一七六六）が買収して、最初にドーキンス一族が手に入れたときには、もっとずっと大きかった。彼はそれを甥、私の曾曾曾曾祖父に当たるヘンリー・ドーキンス下院議員（一七二八－一八一四）に遺した。異なる方角に駆けだした四台のハンサム馬車〔御者・屋根付き二人乗り二輪馬車〕の助けで駆け落ちしたヘンリーの父である。それ以降、この地所は何代にもわたってドーキンス一族に伝えられていった。そのなかには、破滅的なウィリアム・グレゴリー・ドーキンス大佐（一八二五－一九一四）もいた。怒りっぽいクリミア戦争からの退役軍人で、もし彼の方針に賛成しないなら立ち退きさせると借地人を脅かしたと言われているが、その方針というのが——奇妙なことに——リベラルだった。ウィリアム大佐は癇癪持ちで、訴訟好きで、受け継いだ遺産の大半を、彼を侮辱した上級将校を訴えるために散財した。弁護士を除いて——よくあることだが——誰の利益にもならない、長々とつづいた不毛の訴訟だった。どうやら度の過ぎた偏執狂（パラノイア）だったらしく、彼は公然と女王を侮辱し、ロンドン市中で彼の部隊長だったロークビー卿を襲い、最高司令官のケンブリッジ侯爵を訴えた。それよりさらに不幸なことに、幽霊が住んでいると信じ込んで、彼はジョージ王朝様式の美しいオーヴァーノートン館を解体し、一八七四年にヴィクトリア朝様式のものに建て替えた。訴訟のためにますます借金の深みにはまり込んでいった彼は、にっちもさっちもいかなくなり、オーヴァーノートンの地所を担保にすることを強いられ、ブライトンの下宿で、債権者から許された一週間二ポンドで暮らすという貧窮のうちに死んだ。担保は最終的に、二〇世紀の初めに、彼の不運な相続人たちによって支払われたが、土地の大部分を売却することによってのみ可能だったことで、残ったのは、最終的に私の父に渡った小さな中核部だけだった。

　一九四五年には、残った土地の所有者はウィリアム大佐の甥の息子へレウォード・ドーキンス少佐で、ロンドンに住み、その場所へはほとんど行ったことがなかった。へレウォードはウィリアムと同じように独身で、ドーキンスの名前をもつ近親者はいなかった。どうやら彼は遺書を作成するとき、家系図を調べ、生き残っているもっとも年長のドーキンス一族として、私の祖父に目を留めたらしいのだ。彼の弁護士はおそらく一世代飛ばすことを助言し、その結果、彼はずっと年下の「またまた従兄弟」に当たる私の父を、遺産相続人に指名したのだろう。事態が進展してみると、それはすばらしい選択だった。ただし、その時点では、彼は私の父こそ、その土地を保存し、それをうまくやっていくのに理想的なほどふさわしいことを知りえなかったのだが。二人は一度も会ったことがなく、なんの予告もなしにアフリカに電報が届いたとき、父はヘレウォードの存在さえ知らなかったと思う。

一八九九年に、オーヴァーノートン館はデーリー夫人に結婚プレゼントとして、借地契約が与えられた。賃貸料が、ウィリアム大佐の債務支払いの底なし沼に消えたことは疑いない。デーリー夫人は、そこで家族と一緒に、地元の名士やヘイスロップ・ハント（キツネ狩り）の熱烈な支持者たちの中心人物として、豪奢な暮らしをしていた。私の両親は、ヘレウォードからの遺産相続で彼女たちの生活が変わるとはまったく期待していなかった。父は引退するまで（あるいは、実際にそういう羽目になってしまったのだが、あの国がマラウイとして独立するまで）、ニヤサランド農業局における昇進の階段を上っていくつもりだった。

けれども、一九四九年にウムタリ号がイギリスに碇泊したとき、一通の予想外の報せを受け取った。年老いたデーリー夫人が亡くなったというのだ。両親がその場ですぐに考えたのは、別の賃貸人探しに着手しなければならないのではということだった。しかし、アフリカを去って、イギリスで農業をするという可能性が彼らに芽生えはじめ、やがてゆっくりと彼らの心の中で人気を得るようになった。ジーンが危険なタイプのマラリアにかかりやすいというのも一つの理由で、それに、サラと私をイギリスの学校に行かせるという考えにも魅力を感じていたのだろうと私は思う。相談をもちかけられた祖父母たちはアフリカを去ることに反対したし、わが家の弁護士も反対した。ドーキンス方の両親は、ジョンが一族の伝統を守って、ニヤサランドで大英帝国のために働くのが義務だと考えていたが、ジーン方の両親は、大半の人がそうであったような、「農業経営に失敗」するだろうという暗い予感で一杯になっていた。結局、ジーンとジョンはすべての助言に抗って、アフリカを捨ててオーヴァーノートンで暮らし、地所を自ら営む農場として手に入れることを決めた——ここが有閑紳士のための緑地庭園となって二世紀来、はじめてのことである。ジョンは植民地省を退職し、年金を没収され、必要となる新しい技能を習得するためにイギリスの小農民のところを次々回って見習い修業をした。父と母は、オーヴァーノートン館そのものには住まないことに決め、代わりに、もとが取れることを期待して、共同住宅に分割した（弁護士の薦めは、解体して、損失を減らすことだった）。私たち自身は、私有道路の入り口にある小さな家(コテッジ)に住むつもりだったが、かなりの改築が必要だったので、改築作業がおこなわれているあいだ、オーヴァーノートン館の一隅に実際に住んでいた——まあ、住むというよりはキャンプしたというほうが適切だろう。

私はまだドリトル先生に熱中していて、オーヴァーノートン館におけるこの短い幕間のあいだよく抱いた空想は、彼のように人間以外の動物と話せるよう学習することだった。でもぼくはドリトル先生の一つ上を行くだろう。ぼくはテレパシーでそれをするつもりだ。私は周囲何マイルも離れたところにいるすべての動物に、オーヴァーノートン公園、とくに私のもとに集まるよう願い、祈り、欲した。そうすれば、彼らのためにいいことをしてやれるだろう。私はこうした願いを込めた祈りをきわめて頻繁におこなったのであり、私はきっと、何かを十分強く願えば、それを起こさせることができると教えた牧師たちに強く影響されていたにちがいない。必要なのは、願う力、すなわち祈りの力だけなのだ。信じる力が十分に強ければ、山を動かすことができるとさえ、私は信じていた。何人かの牧師は、私に聞こえるところで言ったにちがいなく、彼らは、牧師にはいかにもありがちなことだが、だまされやすい子供に、比喩と現実の違いを明確にすることを忘れていた。実際のところ、彼らはそこに区別があることを認識していないのではないかと、私は時々疑ってしまう。牧師たちの多くは、それがたいした問題であるとは考えていないように思える。

これと同じ時期に、子供の私がしたゲーム類は、SF的なやり方で想像力に富んでいた。友達のジル・ジャクソンと私はオーヴァーノートン館で、宇宙船ごっこをして遊んだ。私たちのベッドのそれぞれが宇宙船で、互いに大げさな演技をしながら、何時間も楽しい時間を過ごした。二人の子供が一緒に座ってプロットを考え出すことなしに、合作の空想のためにどうすれば絵コンテをなんとかまとめることができたのかは興味深い。一人の子供が突然「見てください、船長。トゥルーン・ロケットが左側面を攻撃中です」と言うと、もう一人が、空想の左側面に報せるよりまえに、回避行動を取る。

両親は、このときには私を正式にイーグル校から退学させていて、イギリスで私のための学校を探しはじめていた。ドラゴン校がオックスフォードのすぐ近くにあったので、たぶん私をそこに行かせたかっただろう。そうすれば、「冒険的な」イーグル校での体験と似たようなことをつづけられるからだった。しかし、誕生の時点で志望者名簿に名前を書いておかなければないというのが、ドラゴン校に入学するための条件だった。その代わりに、ソールズベリー（イングランドのソールズベリー。ローデシアの首都ハラレの旧称ソールズベリーはこの名にちなんでつけられた）のチャフィン・グローヴ校に通わせることにした。ここは父も父の二人の弟も通ったところで、それ自体として悪い学校ではない。

チャフィン・グローヴ校とイーグル校はどちらもpreparatory school〔直訳すれば進学予備学校〕、縮めてprep schoolである——このような英国風の秘儀になじみのない人々に説明しておくべきだろう。いったい学校は私たちに何を「予備」させるのか？　答えがさらに混乱するのは「パブリック・スクール」である。そう呼ばれるが、実際には公立ではなく、私立なのである——両親が授業料を払うことができる子供にだけ開かれている。私が住んでいるオックスフォードのすぐ近くにウィッチウッドと呼ばれる学校があるが、この学校は何年にもわたって、校門の外に楽しい看板を掲げている。

　ウィッチウッド女学校（男子生徒については予備学校（プレパラトリー・フォー・ボーイズ））〔（男の子に備える）女学校とも読める〕

いずれにせよ、チャフィン・グローヴ校は進学準備のための私立中等学校であり、私は八歳から一三歳まで送られ、一三歳から一八歳まで通うパブリック・スクールへの入学に備えた。ついでながら、私の両親に、ドーキンス一族が通常入学した寄宿学校以外の種類の学校に行かせるという考えが思い浮かんだとは思わない。お金はかかるが、それだけの犠牲を払う価値がある——それが両親の態度だったはずだ。

ソールズベリーの尖塔の下で

Richard

Dawkins

どんな新しい学校でも、最初はまごつくものである。まさに初日に、私は覚えるべき新しい言葉があることに気づかされた。puce（ピュース）は、私を悩ませた。私はそれが壁に書かれているのを見て、まちがって、pucky（パッキー）と発音されるにちがいないと考えた。最後には、それが軽蔑的な表現で、wet と同義語であることをつきとめた。wet も愛用される言葉で、どちらも「軟弱」を意味した。muscle（マッスル）はその逆を意味した。「私はマッスルなインドで生まれ、アフリカはピュースだ」（この時代には、こういった種類の学校に通う子供の多くは、世界地図にピンクで塗られた大英帝国領のどれか一つの地域の生まれだった）。同じ学校方言の wig は、ペニスを意味した。「君は roundhead〔もとはクロムウェル時代の政治的徒党の円頭派を指したが、ここでは割礼を受けた者という意味〕かそれとも cavalier〔もとは王党派を指したが、ここでは非割礼者の意味〕か？　つまりさ、君の wig はマッシュルーム型、それともナラタケ型のどっちなの？」。そのような解剖学的な詳細は、いずれにせよ内密ではなかった。というのも、私たちは毎朝、冷水浴をするために裸で一列に並ばされたからである。起床のベルが鳴るとただちに、私たちはベッドから飛び出し、パジャマを脱ぎ、タオルをつかんで、よろめきながら浴室へ向かわなければならなかった。浴室では三つの浴槽のうちの一つに、冷たい水が満たされていた。私たちは校長のギャロウェイ先生に監視されながら、飛び込んで、できるかぎり迅速に飛び出した。ときどき火災訓練のために、同じベルが私たちを起こすために真夜中に用いられた。あるとき、あまりに眠くてボーッとしていたため、機械的に朝の目覚めの型通りの行動に入り、パジャマを脱ぎ、まるっきり素っ裸でタオルを持って、火災避難口の最後尾にたどり着いてやっと、自分のまちがいに気づいた——ほかの誰もがパジャマを着て、ガウンとスリッパを身につけていた。幸いこれは夏のことだった。もちろん、私たちは冷水しか浴びなかったわけではない。夕方にはかなり温かい浴槽につかれた（週に何度あったかは忘れてしまった）。このときには私たちは立ったままで寮母に体を洗ってもらうのだが、私たちはこれが大好きで、とくに可愛い見習い寮母のときはそうだった。

耐乏の時代で、終戦はすぐ間近まで迫っていて、多くのものがまだ配給制だった。食べ物は、後から考えてみると、かなり酷いものだった。甘いものは、政府から配給されていた品目の一つだったが、私たちが実際にはそうでなかったときよりも多くの甘いもの（スイーツ）を食べるという逆説的な効果をもたらしていた——おそらくは私たちの歯の損傷にとって。なぜなら、配給の甘いものは、几帳面にもお茶（ティー）のあとに手渡されたからである。私は自分の分のほとんどを人にあげてしまった。いま、それについて私は、なぜ戦時中の甘いものの配給をゼロにしなかったのだろうと思う。Uボートの襲撃を生き延びたなけなしの砂糖をもっと有効に利用することはできなかったのだろうか？

私の足はしょっちゅう冷たくなり、しもやけにひどく苦しめられた。においは、記憶をよみがえらせる悪名高い引き金である。そして母が私にくれたしもやけに塗る薬のユーカリのにおいは、チャフィン・グローヴ校とかゆい足指の苦しさと避けがたく結びついている。夜はベッドのなかでも寒いことが多く、私たちは、ガウンをベッドの上におくことで、寒さを抑えようとした。各人のベッドの下には、夜間に廊下を歩いていかなくてもいいように、しびんが置かれていた。この目的のための北イングランドの言葉、gazunder〔goes under the bed からの転訛、しびんを指す〕をこのときに知っていればと思う（確かにベッドの下に置くのだから）。

たった一人だけ、父の時代からまだチャフィン・グローヴ校に残っている先生がいた。H・M・レッチワース先生で、第一次世界大戦で従軍し、かつては共同校長を務めたことのある親切な、チップス先生のような人物だった。私たちは彼のことをスラッシュ（Slush）と呼んでいたが、面と向かっては言わなかった。なぜなら、チャフィン・グローヴ校はドラゴン校やイーグル校のようなあだ名(ニックネーム)で呼ぶ習慣がなかったからだ。唯一の例外は年一回のスカウト・キャンプのあいだで、このときには、彼はチッピーと呼ばれるのが好きだった。これは古いニックネームで、彼がベーデン＝パウエル〔ボーイスカウトの創設者〕を知っていた頃よりもずっと以前のものだろうと私は思っている。彼はスラッシュという名前が好きではなかった。あるラテン語の授業で、私たちが覚えなければならない語彙のなかに tabes という単語がでてきた。レッチワース先生は私たちをテストしていて、一人の生徒が tabes（私たちが読んでいたテキストの文脈からすれば slush〔ぬかるみ〕だった）を英語に翻訳する番がきたとき、私たち全員がクスクス笑いはじめた。レッチワース先生は悲しそうに、自分のニックネームがローマの歴史家リウィウスのまさにこの一節――〈遠く過ぎ去ったあの日々……まさにあの一文こそ……遠く過ぎ去ったあの日々……〉――に由来するのだと述べた。けれどもその名が彼に結びつけられることになった経緯については、けっして語らなかった。

　校長のマルコム・ギャロウェイは畏怖の念を起こさせる人物（ひょっとしたら、校長はその地位のゆえにそうなるのかもしれないが）で、私たちはギャロウズ〔絞首刑という意味〕と呼んでいた。そのニックネームにふさわしく、極刑を科すことをためらわなかった。チャフィン・グローヴ校の場合、極刑は杖打ち刑だった。イーグル校の定規で「ベーコン切り」するような打ち方とはちがって、ギャロウズの杖打ちは本当に痛い。彼は、スリム・ジムとビッグ・ベンという二本の杖をもっているという評判で、罰は、不品行の重大さによって三回打ちから六回打ちまで変化した。私は、ありがたいことにビッグ・ベンはもらったことがないが、スリム・ジムによる三回打ちは十分に痛く、痣ができた。私たちはよく、その後に共同寝室で、戦いの傷のように、その痣を誇らしげに見せびらかした。痣が消えるまで数週間かかり、その途中で、紫、青、黄色と色が変わっていった。生徒たちは冗談で、打撃を和らげるためにパンツの下に筆記帳を入れようとか話していたが、当然ギャロウズはすぐに見つけ出しただろう。誰も実際に試みはしなかったと、私は確信している。

　今日（こんにち）のイギリスでは、体罰は不法とされるが、後から考えてみると、体罰を採用した教師たちには、残酷さ、あるいはサディズムが疑われる。ギャロウズは、いずれの点でも有罪ではなかったと私は確信している。ここには、習慣や価値観が変わる速さの実例――私が『神は妄想である』で、「道徳に関する時代精神（ツァイトガイスト）の移り変わり」と呼んだものの一側面――がある。この呼び名を使ってはいないが、歴史の非常に長い期間にわたる道徳に関する時代精神の移り変わりは、スティーヴン・ピンカーの『人間の本性のなかのより善き天使たち』に膨大な資料で論証されている。[1]

ギャロウズは大きな思いやりを示すこともあった。彼はよく消灯前に共同寝室をまわり、愛想のいいおじさんのように、私たちを元気づけ、一人ひとりクリスチャンネームで呼びかけた（このときだけで、授業中にはけっしてしなかった）。ある晩、ギャロウズは、私の寝室の棚にあった『ジーヴス選集（オムニバス）』（ウッドハウス作）に気づき、このうちで誰か、P・G・ウッドハウスを知っている者はいるかと私たちに質問した。誰も知らなかったので、ベッドの一つに腰を下ろして、小説の一つを読んでくれた。それは「説教大ハンデ（*The Great Sermon Handicap*）」だった。そして、彼はそれを幾晩かにわたって、通して読み聞かせてくれたと思う。私たちは大喜びした。この本はいまだにジーヴス・シリーズのなかの私のお気に入りの一冊であるし、P・G・ウッドハウスは私のお気に入りの作家となり、何度も読み返し、自分用のパロディをつくりさえした。

毎日曜日の夕べに、ギャロウェイ夫人はよく一家の個人的なリビングで、私たちに本を読んでくれた。私たちは部屋の外で靴を脱いでおかねばならず、全員が床に、湿った靴下がかすかに臭うなかで、胡座を組んで座った。夫人は毎週、一章ないし二章を読み、一学期に一冊の本を読みおわるようにしていた。本はふつう、『ムーンフリート』、『銀塊の海（*Maddon's Rock*）』、あるいは『非情の海（*The Cruel Sea*）』（セックス場面を削除したカデット版）といった感動的な冒険物語だった。あ

（1）Steven Pinker, *The Better Angels of our Nature: Why Violence has Declined* (New York, Viking, 2011).

る日曜日に、ギャロウェイ夫人が外出していたので、ギャロウズが代わりに読んだ。私たちは、『ソロモン王の洞窟（*King Solomon's Mines*）』に少しだけ近づいていたところだった。そこで勇壮なヘルメット帽をかぶった主人公が「シバの乳房」（興味深いのだが、スチュワート・グレンジャーが主演した映画（邦題は『キング・ソロモン』）では、この名が検閲にかかった。この映画版では奇妙なことに、探検隊に女性が一人含まれていた）と呼ばれる双子の山に出会う。ギャロウズは、ここで一息入れて、この山がンゴング丘陵だと説明した（「おい、みんな、こんなに馬鹿げたことってないぞ。ギャロウズはただ自分がケニアに行ったことがあるのをひけらかしているだけだ。ソロモン王の洞窟はケニアにあるなんて設定なんかじゃない。さあ二階の寝室まで走って帰ろうぜ」）。

　夜に激しい雷鳴が轟くときには、ギャロウズは、最年少学年の共同寝室に上がっていって、電灯のスイッチを入れ、恐怖におののいていたかもしれないチビッ子（テディベアが許されるほどに小さかった）たちを安心させた。各学期の中間が過ぎた時点での、両親が息子たちを一日外に連れ出しにやってくる「外出日曜日」にはいつも、迎えの来ない生徒が一人か二人がいた。たぶん、両親が海外に行っているか、病気のためだったのであろう。私にも一度そういうことがあった。ギャロウェイ夫妻は、私を自分たちの子供と一緒に、グレイ・グース（ハイイロガン）と呼んでいた古い大型のツーリングカーと、ジェームズと呼んでいたモーリス8に乗せて連れていってくれた。私たちは堰のそばで、すてきなピクニックをした。そしてそのことを思いだすと、彼ら夫妻が私たちに対してどれほど親切であったか、ほとんど涙が出そうになる。自分たちの子供とだけ水入らずのほうが好ましかったかもしれないことを考えると、なおさらだ。

しかし、教師としてのギャロウズは、怖かった。彼は、あらんかぎりの声を張り上げて怒鳴り、その響き渡る罵声は、学校中の他のすべての教室ではっきりと聞き取ることができ、私たち生徒や他の先生たちのあいだに、ひそやかな笑みを引き起こした。「もし君がラテン語で、ut の後に接続法がきた文に出会ったらどうする？……立ち止まってしっかり考えるのだ！」（とはいえ、考えてみると、このような規則は、言語が実際に機能するやり方ではない）。ラテン語を教えていた数人のなかでミスター・ミルズはもっと怖ろしかった。あまりにもすさまじいので、あだ名がつけられさえした。彼には威圧的な物腰があり、完璧な正確さを断固として主張し、非の打ち所のない文字を書いた。私たちが一箇所でもまちがうと、その文章全体をもう一度書き出さなければならなかった。ミス・ミルズ――親戚でも姻戚でもなかった――は、ぽっちゃりし、優しくて、母性的で、お下げ髪を頭の後ろで、一種の光背のように巻き上げていた。低学年を教えていて、私たちのすべてを「さん（dear）」付けで呼んだ。ミスター・ドーソンは、陽気な、眼鏡をかけた数学教師で、アーニー・ダウ（Ernie Dow）というあだ名がついていた。ある日のこと、彼が一つの詩を読み、最後にその作者の名を告げるまで、私たちは誰一人、「アーニー」の由来を知らなかった。もちろん、その作者はアーネスト・ダウソンである。それがどの詩だったか私は思い出せないのだが、たぶん、「はかなきは、涙と笑い」（「酒とバラの日々」）だった。いずれにせよ、それが私たちには無縁のものであったのは間違いない。アーニー・ダウはいい先生で、かすかに北イングランド訛りで、私が知るべき計算のほとんどを教えてくれた。ミスター・ショーはあだ名がなかったが、彼の十代の娘は「プリティ・ショー」と呼ばれていた。このあだ名には、誰かが「I'm pretty sure（プリティ・シュアー）（確かだよ）」と口にしたらすかさず返ってくる幼稚なダジャレを正当化するという以上の理由はなかった。若い先生の入れ替わりは絶えずあった。彼らはおそらく、大学に進学するのをまっているか、大学から下りてきたばかりの学徒で、私たちはおおむね気にいっていた。たぶん彼らが若いからというだけのことだった。そうした若い先生の一人に、ミスター・ハワード、アンソニー・ハワードがいた。彼はのちに有名なジャーナリスト、そして《ニュー・ステーツマン》の編集者になった。

二学年の最初の学期に私が教わったミス・ロングは、やせて骨ばった、まっすぐな髪に縁なし眼鏡をかけた中年の婦人で、大部分の教師と同じように非常に親切だった。二学年を別にすれば、彼女はおもにピアノを教えていた。じつのところ、私の初めての音楽の授業は彼女から受けたもので、私は両親に、私の進歩が以前より格段に速くなったと自慢した。真実は結局明らかになるに決まっていたのだから、そんな自慢をしてどんな意味があったのか？　自分にもけっしてわからないだろう。

もし私の両親が、南ローデシアのイーグル校の学問的水準に悲観的な見方をしていたのだとしたら、それはまちがいであったことが明らかになった。私はイーグル校では同年代のあいだでは平均でしかなかったが、最初にチャフィン・グローヴ校に着いたとき、自分が他の生徒より先んじていることに気づいた。当惑するほど先んじていたが、学問的な能力は称賛されなかったので、できるかぎり、私は実際に知っていることでも知らないふりをした。たとえば、ラテン語やフランス語の単語の意味を質問されたとき、即座に答えて同級生たちの面子をつぶす危険をおかさずに、ウーンとかエーとか自信なさそうなふりをした。この態度は、翌年の三学年になると、まるっきり理屈に合わなくなった。このとき私は愚かにも、スポーツが得意な筋肉少年たちはたいてい勉強があまり得意でなかったから、私にとってスポーツが得意になるための唯一の方法は、クラスで悪い成績を取ることだと判断したのである。現実には、いまになって考えてみれば、そういう態度はあまりにも馬鹿げていて、いずれにせよ、私がクラスでうまくやっていけるわけがないのは、かなり自明であった。

スポーツが得意だというのが何を意味するのかということについて、私は明らかによくわかっていなかった。大サンプソン、小サンプソン、ちびサンプソンという三人兄弟がいて、すべて成績がよかった。とくに小サンプソンはすべてのスポーツに抜群で、一度など、クリケットの試合開始から、パートナーをアウトにするまでのあいだ「まったくアウトにならずに残った」ことがあり、また「ミッド・オン〔クリケットの守備位置の一つ〕」に近いところでのナイス・キャッチをしたこともあった。馬鹿げたことに、サンプソンという名が聖書にでてくる有名な筋肉男〔サムスン〕と似ているのは、偶然の一致ではありえないという考えが頭に浮かんだ。私の素朴な心は、サンプソン兄弟はその優れたスポーツ能力を、たとえ聖書の英雄その人からでなくとも、その後の、「スミス」や「ミラー」と同じような形で——あるいは、「アームストロング」という姓が、強力な腕をもつ一人の男に付けられたあだ名に由来しているように——その名を得ただれか中世の強健な祖先から遺伝的に受け継いだにちがいないと憶測した。ここで私がまちがっている点は多々あるが、なかでも重大なのは、目立った遺伝的特質が数世代以上にわたってさかのぼるという仮定である——先に触れた『テス』と『バスカヴィル家の犬』の誤りと同じである。

サンプソン兄弟の父親は片眼しかなく——もう一方の眼はサギにえぐりとられていた（あるいは、私たちはそのような信じがたい話を聞かされただけなのか）——、ハンプシャーに農場を所有していて、ここでチャフィン・グローヴ校のスカウト団が、スラッシュの監督のもとに毎年のキャンプを張る。ほかに助っ人としてギャロウズと、ダンボという名の恰幅のいい紳士が参加する。ダンボはこのときにだけ連れてこられるのである。スカウト・キャンプは私にとって一年のハイライトだった。私たちは自分たちのテントを設営し、トイレを掘り、火を焚いておいしいダンパー〔熱い灰で焼くパン〕やツイスト（火の中で焼いたパン生地の塊）を料理するための炉(かまど)をつくった。私たちは、優雅に曲げられたサイザルアサの紐で薪を束ね、マグツリー〔マグカップ立て〕から干し物掛け（clothes horse）まで、あらゆる種類のキャンプ用家具をまにあわせでつくる方法を学んだ。私たちは、キャンプファイアーを囲んで、「ダイはピンポン球のようにずっと先まで飛んでいってしまった」といった特別な歌を歌った。そうした歌はスラッシュとチッピーが教えてくれたもので、覚えるのがそれほど難しくなく、ほとんどは非常に短かった。

ゲイリーは、草地に歩みながら、ロバ（donkey）に向かって歌う
そうするわけは、誰にもわかりゃしない。だって奴は　間抜けなロバ（ass）
イー・オー、イー・オー、イー・オー、イー・オー。

そのうちのいくつかはメロディがなく、歌というよりはむしろ連帯の叫び声だった。

ぼくたちに抜け目はない

ぼくたちに抜け目はない
たかる輩がいるかもしれない
おまえたちの誰かに
でも、ぼくたちに抜け目はない

一番の出し物（Pièce de résistance）は、チッピーが歌う、腐った卵についての壮大な曲だった。それをウェブサイト上の「付録」に再録したが、そうしたのは、キャンプファイアーのまわりで歌われたこの、そうでなければ忘れてしまった歌を歌いたいと思う読者がいるのではないかという感傷的な期待を抱いたから、そして比喩的には、オックスフォード大学修士ヘンリー・マレー・レッチワース、ロイヤル・ダブリン・フュージリア連隊、仮名スラッシュ、仮名チッピー、そしてチャフィン・グローヴ校の穏和で物憂げな悲しさをたたえた〈さよならチップス先生〉的な長老たちの遺灰をかき混ぜたかったからである。二〇〇五年にベリオール・カレッジの学寮長公舎でおこなわれた、私の父の九〇歳の誕生日パーティで、すばらしいソプラノ歌手アン・マッケイとそのピアノ伴奏者に華麗な（ブラヴーラ）演奏をしてもらうために、私は忠実に腐った卵の歌を書き起こした。父は、あまり音程はあっていなかったが、陽気に唱和していた。

スカウト・キャンプで私たちは、斧の使い方、なわ結び、手旗信号、モールス信号などの技能を達成したことに対するバッジを貰った。私は、戦時中のソマリランドで、父が装甲車両から発信してきたときに教わって完璧に身につけた技術が使えたので、モールス信号が得意だった。一つの文字ごとに、その文字で始まる成句を覚える。一音節の単語は短点（トン）（・）で、長い単語は長点（ツー）（——）で表す。たとえばGはGordon Highlanders go（ゴードンハイランダーズ連隊が行く）で、長点、長点、短点（ツーツートン）となる。手旗信号ではそのような記憶術を組み立てることができず、それがたぶん、手旗信号が不得意だった理由だったかもしれない。あるいは私の空間認知能力が低いためかもしれない。私は、空間内で図形を回転させる問題が出てくるまでは、私はＩＱテストに非常にいい成績を修めていたが、この最後の問いで得点が急降下した。

　もう一つの年間のハイライトは、毎年恒例の学校演劇で、いつもオペラで、つねにスラッシュがプロデュースしたが、これは少なくとも私の父の時代から続いている伝統である。のちにビル叔父は、自分は「球根の役のオーディションを受けたが、能力が足りないとわかったんだ」と説明してくれた。主役は歌のうまい生徒に行くが、私はその一人だった。私が最終学年で女主人公を演じた『柳模様（ウィローパターン）の皿』（一幕のコミック・オペラ）がいい例だろう。舞台の背景は有名な青磁皿のデザインの大きな絵だった。塔（パゴダ）は王女の住居で、王女が死に、共和制になる脅威を回避するために、橋の上の小さな三人の男たちは、王女の死を秘密にするべく久しく陰謀を巡らしてきた。彼らの筋書きは、ハンサムなタタールの王子が求婚者として駆けつけているという報せが伝えられて、脅威にさらされた。この時点で、（私が扮する）村の乙女が登場して、舞台、つまり私たちすべてが生きている青磁の世界に向かって、わざとらしい大げさな身振りで、次のように語る、長い曲を歌う。

青（ブルー）は、私のズキズキ痛む頭の上の空

私の疲れた足の下の草は青
青い道の上に生える木も青
永久につづく青の深い影
そして世界のすべては青の衣装(ローブ)をまとっている。
動きを止めることのない海もずっと同じ色のまま。

この最後の行はきわめて機知に富んでおり（もちろん、私たち生徒には通じなかったが）、大人の聴衆から笑いがとれたと私は思いたい。聴衆のほとんどは、献身的で寛容な親たちと、《ソールズベリー・クロニクル》紙の記者（余談だが、私に対して非常に好意的だが、不相応な注目を寄せてくれた）だけから成っていた。

王宮の塔は陽の光にきらめき
上から下へさかさまに伸びた楊の木の枝先に鞠のような綿毛がつき
（この歌は、このほかにもっとたくさんの行があるが、
私の乏しい記憶力では、これで全部だ）

橋の上の三人の小さな男は、このチャンスを捉まえて、死んだ王女になりすまさせるために私を塔に押し込める。まさにその直後、タタールの王子が黒い口髭を顔に描き、刀を鞘から引き抜いて舞台

に飛び出してくる。どんなふうにしてハッピーエンドが達成されたのか、私は思い出せないのだが、王子は消防士担ぎで私を肩に乗せ、タタールまで連れ帰ったのである。

それを思い起こすと記憶の中に痛切な決まりの悪さがいすわり、耳に聞こえるうなり声が喉をついてでる、そんな出来事がある。チャフィン・グローヴ校で私たちは、毎日膝を交えてお茶を飲み、そこでバター付きのパンを食べた。私たちが列に並んで順番に食堂に入っていくあいだに、ときどき、当直の先生が、その日が誕生日の生徒から渡された名前のリストを読み上げた。名前を言われた招待客は列から離れて、食堂ホールの端に誕生日のために用意された特別のテーブルに行く。そこには、誕生日ケーキ、ゼリー、愛する母親が送ってくれたおいしいものがほかにも載っている。私はこの原理を理解し、担当の先生に友達の名前のリストを渡すことも理解した。これは非常に明快だった。私がうっかり見落としたのは、あらかじめ自分の母親にケーキとゼリーを送ってもらうように手配しなければならないという小さな点だった。私の誕生日に、私は友達のリストを書き出して、担当の先生に渡して、先生はそれを大きな声で読み上げた。私が選んだ友人たちは、はやる思いで食堂に入ってきて、空っぽのテーブルを見渡した。……これだけの年月を経た今でさえ、きまりの悪さゆえに、私はこの場面をこれ以上述べることができない。いまだに首をかしげるのは、ケーキがどこから提供されるのかという疑問が、どうして私に思い浮かばなかったのかという点である。ひょっとしたら、漠然と料理人が用意してくれると考えていたのかもしれない。しかしたとえそうだとしても、料理人はその日が私の誕生日だということがどうしてわかるのかと、疑問をもつべきだった。ひょっとしたら私は、枕の下に歯を置いておけば出てくる六ペンスの小銭のように、超自然的な魔法でそれが出現すると考えていたのかもしれない。ゾンバ山でのかくれんぼの話とともに、この出来事は、子供時代の私が批判的ないし懐疑的な思考にまるで無縁であったという残念な欠陥を暴露している。こうした実例に私は恥ずかしさを感じているとはいえ、事柄の信憑性をとことん考え抜く能力の欠如は、関心の対象となるほどひろく見られる人間の一つの特性である。この主題については、あとで立ち戻ることになる。

チャフィン・グローヴ校での最初の数学年、私はなみはずれてだらしない、でたらめな少年だった。私の最初の通信簿には、インクという主題（テーマ）をめぐる事柄が執拗（しつよう）に述べられている。

校長の報告　彼は誇るに値するようないくつかのすぐれた作品をつくってきた。現在のところは非常にインクまみれの少年であり、それが彼の作品を台無しにしがちである。

数学　彼の勉強ぶりは非常にいいが、いつも彼の作品を判読できるわけではない。彼は、インクの目的は塗りたくることではなく、字を書くことであるのを学ぶべきである。

ラテン語　彼は着実な進歩をとげているが、インクを用いるとき、彼の書いた作品は非常にだらしないものになる。

古参のフランス語の先生であるミス・ベンソンは、なんとかインクという示導動機（ライトモチーフ）を省いてくれたが、彼女でさえ、最後にチクリと皮肉をこめていた。

フランス語　才能は豊かである——発音はよく、勉強から逃げるすばらしい能力をもっている。

インクがどうした？　まあ、各人の机に蓋のないはめ込みインク壺を備えつけて、子供に部屋中にインクをはね飛ばすように、あるいは少なくともページ全体にキラキラ光る大きな丸いインク滴を落とすようにデザインされたような付けペンを与えれば、どういうことが起きるか予想がつくはずだ——そのあと私はインク滴をクモの形に引き延ばし、あるいは紙を折りたたんで、ロールシャッハ・テストの染みに変える。ずらりと並んだ洗面台の列に、指についたインクの染みをきれいにするための軽石（pumice stone、私たちはこれを pummy stone つまりプックリした石だと考えていた）が散在していても驚くにあたらない。あちこちいたるところに散らばったインクが、どうかして私の筆記帳の外までひろがってしまっていたのではなかろうか。私は印刷された教科書も汚していたことだろう。私は、ケネディの『簡略ラテン語入門（*Shorter Latin Primer*）』という表題を『ビスケット食べ方入門（*Shortbread Eating Primer*）』と書き換えることについて言っているのではない。もちろん、その書き換えは誰もが自然の成り行きでしていたのだが。私のインクの習癖はそれよりもっと広汎に及んでいた。私は教科書のすべてにいたずら書きをし、文字のあいだをインクで埋めたり、本をパラパラとめくるとき映画のように動くように、各ページの右上隅に小さな漫画を描いたりした。教科書は個人の所有ではなかった。私たちは各学期の終わりには次のグループが受け継げるように返還しなければならなかった。そして、自分のインクだらけの教科書を返還するときがきて、困った事態になることがわかっていた。このことに思い悩んで私は夜も眠れなくなり、とても惨めな気持ちになり、自分の食べ物（確かに、かなり不味くはあったが）を食べる気がしなくなったが、それでもまだ、悪習をつづけていた。このように教科書をおとしめていた子供が長じて、現在の私のような愛書家となったことに意味があることは認めるが、このひねくれた子供の行動は、現在の私の理解を超えている。

　明らかな弱い者いじめのほとんどは、純粋な虚勢だった。無益な脅しの空しさは、呪いの言葉が言う未来の曖昧さで裏づけられる。「よし！　もう許せない。おまえを叩きのめすリストに載せる」というのは、「死んだらおまえは地獄行きだ」と同じくらい漠然とした脅しだ（ただし、嘆かわしいことに、誰もが後者の脅しを漠然としたものとして扱うわけではない）。しかし、本当のいじめも存在し、とくに意地の悪いいじめは、いじめの親分のまわりに集まってへつらう子分どもの徒党が、親分の機嫌をとろうとするものだった。

　チャフィン・グローヴ校の「ペギーおばさん」は、イーグル校であったようなものよりもさらに深刻ないじめを受けた。彼は早熟で頭のいい学生で、体が大きく、不器用で、不格好で、調子外れの、成人前に声変わりした声をもっていて、友達はほとんどいなかった。たまたま彼がこの本を読む機会があり、彼にとってまだ辛い記憶であることを慮（おもんぱか）って、彼の名前は書きたくない。彼は不運なはみ出し者、まちがいなくハクチョウになる運命にあった醜いアヒルの子だった。彼は周囲からの同情を引いてしかるべきだったし、まともなどんな環境においても、同情が起きただろう――しかし、ゴールディング風の運動場のジャングルではそうならなかった。彼の名を冠した「アンチ〇〇〇団」という徒党（ギャング）さえあった。彼の人生を悲惨なものにするということだけを目的とする一団だ。けれど彼の唯一の罪は、不器用で、ひょろ長い体をしていて、ボールを捕るときに運動協調があまりにもうまくとれず、無様に足を引きずって歩くだけで走れないということだけだった——そして、頭は非常によかった。

彼は通学生徒（ディ・ボーイ）で、つまり毎晩、自分の家に逃げて帰れることを意味した——校門を出てからもフェイスブックやツイッターで追っかけられる今日のいじめの犠牲者とちがって。しかし、なんらかの理由で——たぶん両親が海外に行ってしまったのだろう——、彼が寄宿生になる学期が訪れた。それから、からかいが本当に始まった。彼の苦痛は冷水浴に耐えることができないという事実によって、いっそう悪化した。それが冷たい水のせいなのか、それとも裸になることゆえなのか私にはわからないが、しかしほかの生徒たちがそれを楽々とやりとげていることが、彼をメソメソと泣き、悲惨な恐怖におののき、タオルを自分の身にしっかり握りしめ、不安そうに震え、手放すことを拒むという状態に追い込んだ。そこは彼の一〇一号室〔ジョージ・オーウェルの小説『一九八四年』にでてくる拷問・洗脳室で、もっとも怖れる恐怖の対象に晒して政治犯を拷問する〕だった。最終的には、ギャロウズが彼に同情を示し、冷水浴を免除した。これは、当然のことながら、仲間のあいだでのすでにしてどん底だった彼の人気に最悪の影響をもたらした。

人間がどうしてそれほど残忍になれるのか、まるで想像がつかないが、それを止めることができなかったということからだけでも、程度の違いはあれ、私たちも同罪だった。いったいどうして私たちは、それほど他者の気持ちへの理解を欠くことができるのだろう？　オルダス・ハクスリーの『ガザに盲いて』のなかで人々が、彼らの昔の学校の寄宿舎での同じような醜いアヒルの子いじめについて、恥と困惑をもって思いだす場面がある。私が、そしておそらくこのエピソードを覚えているチャフィン・グローヴ校での私の友人のすべてが感じている罪を手がかりにすることで、強制収容所の看守たちにいったいどうしてあんなことができたのか、私たちはほんの少し、理解を進めることができる。ゲシュタポは、子供では正常なある種の心理が大人にまでもちこされ、大人の精神病質を生じたことを意味しているのだろうか？　これはおそらくあまりにも単純すぎるだろうが、大人になった私の自我はいまなお当惑したままである。私に相手の気持ちへの思いやりがなかったというわけではない。ドリトル先生は私に、大部分の人が過剰だとみなす程度にまで、人間以外の動物に共感することを教えてくれた。私が九歳の頃、祖母とムリオン港から沖へ出た船で釣りをしていたとき、運悪くサバを釣り上げた。私はたちまち深い後悔の念でいっぱいになり、涙が出、海に戻してやりたいと願った。願いが許されなかったとき、私は泣き叫んだ。祖母はやさしく私を慰めてくれたが、私が哀れな魚を海に投げ戻すのを許してくれるほどにやさしくはなかった。

私は、当局との厄介事に巻き込まれた学友にも、今度もまたまちがいなく過度に、同情した。彼らを無罪にするために、とんでもなく長い距離——実際、かなり勇気をふるわねばならなかった、無謀なほどの距離だった——を歩いていったのだ。私はこれを共感の証拠とみなさずにはいられない。しかし私は、たったいま述べたばかりのグロテスクないじめを止めさせるために指一本動かさなかった。これは一つには、有力で人気のある人間たちのあいだでの人気を維持したいという願望のためだったと思う。いじめの首謀者の顕著な特質は、忠誠心のある副官の集団をもっていることである。同じことが、インターネット・フォーラムで世界的流行となっている言葉による残忍性といじめのなかにも情け容赦ない形で現れるのが見られる。そこでは虐待者たちが匿名性というさらなる隠れ蓑をもっている。しかし、私は、チャフィン・グローヴ校におけるいじめの犠牲者に対する秘かな憐れみの感情さえ思い出せない。そんなことがどうしてありえるのか？　この矛盾は、後から振り返ったときの強い罪の感情とともに、いまでも私を悩ませる。

ここでもまた私は、インクの場合と同じように、子供とそれから長じた大人とのあいだに折り合いをつけようともがいているのである。そして大部分の人にも同じもがきが生じているものと、私は思う。この見かけ上の矛盾は、子供が大人と同じ「人格」だという考え、すなわち「子供は大人の父である」〔ワーズワースの詩のなかの言葉〕という考えを受け入れるからこそ生じるのである。日々の記憶の連続性、それを拡張して、何十年にわたる連続性からして、たとえ子供の体の物理的な分子で数十年を生き延びるものが一つもないとしても、そう考えるのは自然である。私は日記を付けていなかったので、私がこの本を書けたのも、まさしくその連続性あればこそだ。しかし、もっとも深く考える哲学者の何人か、たとえば、デレク・パーフィットや、彼の『理性と人格』[1]に引用されている他の人々は、興味深い思考実験の助けを借りて、私たちは時間が経過しても自分は同じ自分であると考えるが、それが意味するところはけっして明瞭ではないことを示している。ブルース・フッドなどの心理学者は、同じ問題に別の方向からアプローチしている。ここは哲学的な説明を長々とするところではないので、記憶の連続性ゆえに、自分のアイデンティティが一生を通じてずっと連続しているかのように私は感じるが、同時に、本に落書きをした若者や、共感を示せなかった若者と自分が同じ人格であるというのは信じがたいと感じてもいるという考察を述べるだけで我慢することにしよう。

私は運動下手でもあったが、学校にはスカッシュ・コートがあり、スカッシュには夢中になった。

相手に勝とうとすることを本当に楽しんでいたわけではなかった。私はただ、ボールを自分で壁に打ちつけ、自分がどれだけ長くやりつづけることができるかを知るのが好きだっただけだ。私は学校が休みのあいだスカッシュ禁断症状になった——ボールが壁にぶつかる時の反響する音と、黒いゴムのにおいが恋しかった。そして、農場のどこか、ひょっとしたら廃棄された豚小屋にスカッシュ・コートを自前で造る方法を夢見つづけた。

チャフィン・グローヴ校に戻ると、私は通路からスカッシュのゲームを眺めながら、ゲームが終わって、滑り降りて、自分が練習できるときが来るのをまっていた。ある日、通路には一人の先生が私と一緒にいた。彼は私を膝の上に引き倒して、私のパンツの中に手を入れた。彼はちょっと触る以上のことはしなかったが、それは、きまりが悪いと同時に、ものすごく不愉快だった（挙睾筋反射〔太股の内側を触られると睾丸が一瞬上に挙がるという反射〕は痛くはなかったが、肌をはうようになでまわすやり方が、痛みよりもずっと気持ち悪かった）。体をよじって彼の膝から逃れることができるとすぐに、私は走って友人たちに話をした。友人の多くも私と同じ体験をしていた。彼が私たちのうちの誰かに持続的な被害を与えたとは思わないが、彼は数年後に自殺した。朝のお祈りの席の雰囲気は、ギャロウズが厳しい宣告をする前でさえ、何かがあったことを告げていて、女性教師の一人は泣いていた。何年ものちのオックスフォードで、一人の大柄な司祭がニュー・カレッジの大学食堂の教授用貴賓席（ハイ・テーブル）

（1）Derek Parfit, *Reasons and Persons* (Oxford, Oxford University Press, 1984).〔邦訳『理性と人格』、森村進訳、勁草書房、一九九八年〕

で、私の隣に座った。彼はかつて（ああ私はその頃、はるかに幼かった）セントマークス教会の牧師補をしていたが、チャフィン・グローヴ校では毎日曜日に、その教会まで早朝礼拝のために長い列をなして行進した。だから、彼はまちがいなくこのゴシップに触れていたはずだった。彼は、泣いていた女性教師が自殺した児童虐待癖のある教師にどうしようもないほど恋をしていたのだと教えてくれた。私たちの誰一人として、想像もしていなかった。

日曜日朝の礼拝はセントマークス教会でおこなわれたが、ふだんの日の毎朝と毎晩には、学校の礼拝堂（チャペル）でお祈りをした。ギャロウズははなはだしく信心深かった。私が言っているのは、本当に信心深いという意味で、形だけ信じているというのではなかった。彼は、義務から信じているふりをしている多くの教育者（および聖職者さえ）、そして票が勝ち取れるという（私は誇張されすぎていると思う）圧力のもとにあるがゆえに信じているふりをする政治家たちとちがって、宗教という代物を本気で信じていた。ギャロウズはふつう神を「王（the King）」と呼んだ（彼は「キーング」と発音した。それ以外は標準的な英語の発音で話をしたから、これは驚くべきことだった）。非常に幼かったとき、私は、これが私の心にある種の混乱をもたらしたと考えている。国王ジョージ六世が本当は神ではないことに気づいていなければならなかったのに、私の心の中では、君主と神のあいだにある種の共感覚的な混同があった。これはジョージ六世の死後、彼の娘の戴冠式に入ってもつづき、このときギャロウズは、聖油を塗るといった無意味な儀式について深い畏敬の念を私たちに植え込んだ。私は、一九五三年の戴冠式記念マグカップを見たり、あるいはヘンデルの壮麗な賛歌（アンセム）「司祭ザドク」、ウォルトンの「宝玉と笏杖（しゃくじょう）」（行進曲）、エルガーの「威風堂々」（行進曲）を聴いたりするとき、同じ畏敬の念の反響をいまでも呼び起こすことができる。

毎日曜日の夕べ、私たちは説教を聞かされた。ギャロウズとスラッシュが交代で説教をした。ギャロウズはケンブリッジ大学文学修士のガウンと白いフードを身につけ、スラッシュはオックスフォード大学文学修士のガウンと赤いフードを着た。ある異例な説教が私の記憶にこびりついている。誰が説教したのかは思い出せない。誰が話したにせよ、それは、鉄道の線路のそばで訓練していた兵士の一団の話であった。ある地点で、訓練していた軍曹が注意散漫になって、「回れ右」と叫び忘れた。そのため兵士たちは行進をつづけ――やってくる列車の進路にまっすぐ突っ込んでいったのである。この話が本当であったということはありえないし、上官に対する一切の疑問をさしはさまない服従のゆえに兵士たちを私たちが称賛することになっていた――この説教から私が覚えているように思われるごとく――というのも、いまでは、本当ではありえないと思う。ひょっとしたら、私の記憶違いかもしれない。そうであってほしいと望んでいるのは確かである。エリザベス・ロフタスのような心理学者が示すところでは、誤った記憶を真の記憶から区別するのは不可能だ。たとえそれが、たとえば質の悪いセラピストが苦しんでいる人間に、子供の時に性的に虐待されたにちがいないと思い込ませるため意図的に植え込んだものであったとしても、区別することはできないのだ。

ある日曜日、トム・ステッドマンという若く格好いい先生が、明らかにこれ以上ないというほど嫌がっているのに、説教をするようにおだてられた。彼は明らかにそれを嫌っていた。私は、彼が「天国は何のためにあるのか?」とたびたび繰り返していたのを覚えている。それがブラウニング〔「アンドレア・デル・サルト」という詩〕からの引用であることに私が気づいていれば――ずっと後年ではなく、その時点で――、その意味をもっとはっきり理解できただろう。もう一人の人気のあった若い先生のミスター・ジャクソンは美しいテノールの声をもっていた。ある日彼は、ヘンデルの「ラッパが響いて」〔『メサイア』第三部のアリア〕を歌うように説得されたが、彼もまた極端に嫌がり、明らかに自分の技巧が私たちには無用なことを――正しく――認識していた。

折に触れての外部講演者や来演者もまた、私たちにとっては無用だったが、ただ、私が彼らのことを覚えているという事実については、何か言っておかなければならないことがあるのだと思う。私の記憶に残っているのは、R・キース・ジョップの「まだそこにある」（考古学）、食堂のアップライト・ピアノで演奏したレディ・ハル（シューマンの『謝肉祭の道化』）、シャクルトンの南極探検について語った誰か、シドニー・ウッダーソンを含めて一九二〇年代から三〇年代にかけての運動選手のチラチラする黒白フィルムを見せてくれた誰か、そして、自分たちで小さなステージを設営し、「九ペンスでフィドル〔ヴァイオリン〕を買った。これもアイルランド製だ」を歌った三人組の吟遊詩人である。ある講演者は爆発物について語った。彼はダイナマイト棒だと称するものを一本取りだした。これを落としたら学校全体が吹っ飛ぶだろうと平然と言いながら、それを投げあげてキャッチした。もちろん私たちは彼を信じた。私たちは騙されやすい純真な子供だったのだ。どうして彼を信じないなどということができただろう？　彼は大人で、私たちは人から聞かされたことを信じるように育てられていたのだ。

私たちは大人だけを信じたわけではない。寄宿舎のなかでも騙されやすかった。そこでは、前から住んでいる話し上手が、私たちを毎夜のように騙した。彼は、国王ジョージ六世が自分の叔父だと語った。不運な国王はバッキンガム宮殿に幽閉されており、私たちの寄宿舎にいる話し上手の甥に向けて、サーチライトの暗号で絶望的なメッセージをこっそりと送ってくるのだという。この若き空想家は、壁から頭の上に飛び降り、こめかみにビー玉ほどの大きさのきれいな丸い穴を開け、その穴に毒の包みを入れておまえたちを殺すという怖ろしい昆虫の話をして、私たちを怖がらせた。激しい雷鳴が轟くあいだ、彼は、もし雷に打たれると、一五分のあいだその事実にまったく気づかないだろうと言った。最初の兆候は、両耳から血が滴り落ちるときだろう。そしてまもなく死ぬのだという。私たちは彼を信じ、稲光がするたびに、ハラハラしながら待ち受けていた。なぜなのだ？　どんな理由があって、彼が私たちよりもすこしでも多くのことを知っていると考えなければならないのか？　雷に打たれたあと、一五分間何も感じないだろうという話に、ほんのかすかにさえ、信憑性がありえるだろうか？　またしても、批判的思考の悲しむべき欠如だ。早い年齢から、子供たちは批判的、懐疑的思考を教えられるべきではないだろうか？　私たちはみな、疑い、もっともらしさを秤に掛け、証拠を要求することを教えられるべきではないだろうか？

まあ、たぶんそうすべきだったのだろうが、私たちはしなかった。逆に、どちらかといえば、騙されやすさは積極的に推奨された。ギャロウズは、私たちが学校を卒業する前に英国国教会の堅信〔洗礼を受けた信者がさらに信仰を深めるためにおこなう儀式〕を受けるべきだと極端なほど熱心に説き、私たちのうちのほとんどがそうした。私が思いだすことのできる唯一の例外は、ローマ・カトリック教徒の家庭から来ていた生徒（彼は毎日曜日には、みなに羨ましがられながら、可愛いカトリックの見習い寮母と一緒に別の教会に行った）と、もう一人、無神論者であることを宣言して私たちに畏敬の念をもたらした早熟な生徒がいた——彼は聖書を聖なるたわごとと呼び、私たちは毎日神の怒りの雷が落ちることを期待した（彼の偶像破壊は、自前の論理ではなかったにせよ、幾何学の証明方法にまで及んだ。「三角形ＡＢＣは二等辺三角形のように見える。したがって……」）。

私は残りの仲間と一緒に堅信を申し込んだ。そしてセントマークス教会の教区牧師のハイアム氏が毎週学校の礼拝堂にやってきて、堅信の授業をおこなった。彼は男前で、銀髪、慈愛に溢れた人物で、私たちは彼の話に調子を合わせたが、内容を理解できなかったし、意味をなしているようにも思えなかったが、それは私たちが幼すぎて理解できないせいなのだと考えた。そこには単純になんの意味もないからこそ意味をなさないのだと私が気づいたのは、あとから考えてのことにすぎない。すべてはこしらえられたナンセンス話だ。私は、堅信の際に貰った聖書をまだもっていて、それを参照する機会が頻繁にある。この時の聖書は欽定訳の本物で、今日にいたるもその最良の部分を諳（そら）んじている。とくに「伝道の書（コヘレトの言葉）」と「雅歌（Song of Songs）」（言うまでもないだろうが、ソロモンの歌ではない）である。

最近になって母が、ギャロウェイ氏が個人的に両親に電話をしてきて、私たちを堅信させることにどんなに熱心だったかと語ったことを教えてくれた。彼は、一三歳というのは感化されやすい年齢であり、彼らがパブリック・スクールに行って悪い感化を受ける前に宗教における着実な基盤を与えるために、子供たちを早期に堅信させるのがいい考えなのだと述べた。まあ、純朴な子供の心に及ぼそうとする彼のたくらみについて、彼が正直でなかったとは言えない。

私は、堅信を受けた時期あたりにはますます信仰心が強くなっていった。私は母が教会へ行かないといって教条主義的に非難した。母は非常に冷静に受け止め、そうしてもおかしくなかったのだが、とっとと消え失せろとは言わなかった。私は毎夜祈ったが、ベッドで膝をついてではなく、ベッドの中で胎児の姿勢に丸まって祈った。そうしながら、私が自分に打ち明けていた秘密は、「神とともにいる自分だけの小さな秘密の場所」だった。私は真夜中に礼拝堂の真ん中に忍び込んで、祭壇に跪くことを願っていた(しかしけっして実行はしなかった)。そうすれば、天使の幻が現れるのではないかと、私は信じていた。もちろん、十分熱心に祈ればの話だった。

最終学期にギャロウズは私を監督生〔prefect: 規則に違反した生徒を減点したり、罰したりする権限を与えられる〕にした。これが私をいたく喜ばせた理由はわからないが、この学期のあいだじゅう夢見心地で過ごした。のちの人生で、オックスフォード大学の私の学部の学部長が女王からナイト爵位を授けられ、私はその祝賀会に出席した。私は同僚の一人に、わが教授がこの名誉を喜んでいるかどうかと質問したところ、忘れられない返答が返ってきた。「ペニスが三つあるイヌみたいにね。先輩」。これは、私が監督生にしてもらったときに私が感じたのとほとんど同じだった。鉄道クラブに受け入れられたときもそうだった。

鉄道クラブは、両親が私をチャフィン・グローヴ校に行かせることに決めたときに、私が喜んだ主たる理由だった。このクラブはミスター・K・O・チェトウッド・エイケンによって運営されていたが、彼はドイツ語を選択した生徒がごくまれにやって来る時を除いて、本当は教師ではなかった。悲しげな長い顔をした陰気な人物で、彼の真に愛した、どうやら唯一の道楽はその鉄道部屋だった(ただし、最近になってGoogleで検索して、彼がコーンウォールの画家としても有名だったことを知った）。学校の一室が彼のために取っておかれ、彼はそこに、グレートウェスタン鉄道、ゼロ番ゲージ（Oゲージ）電車のうっとりするような模型をつくった。パディントンとペンザンスという二つの終着駅と、中間に一つエクセター駅があった。それぞれの機関車には、たとえばスーザンとかジョージといった名前が付いていて、二つの小さくて可愛い入れ替え機関車は、どちらもボアネルゲ〔イエスの弟子の一人で、雷の子という意味〕（ボ一号とボ二号）と呼ばれていた。各駅には一揃いの切り替えスイッチがあり、赤のスイッチは上り線、青の線は下り線というふうに、各スイッチは線路の特定の部分だけを活性化した。列車がパディントン駅に到着すると、それを引っ張っていた大きな機関車の連結を外さなければならない。それから小さな入れ替え機関車のうちの一両を待避線から走らせて列車を上り線から下り線へ動かし、つぎに機関車を転車台に送り出して回転させ、列車のそれまでとは逆の先端に連結し、列車を下り線に沿ってペンザンスまで送り返す。ペンザンスでは、またまったく同じ手順が繰り返される。私は電気のスパークから生じるオゾンのにおいが大好きで、それぞれの操作のためにスイッチを入れたり切ったりするのにどういう組み合わせが適切かを計算することに憧れた。そこから得られた喜びは、のちにコンピューターのプログラミング、さらにまた一球ラジオ・セットの配線をはんだ付けしているときに得られるものと同じだった。誰もが鉄道クラブに入りたがり、入った人間はみな、その陰気な態度にもかかわらず、チェトウッド・エイケン氏を深く愛した。あとから振り返って考えると、彼はもうすでに病気が非常に重かったのではないかと思う。というのも、私が卒業してそうたたないうちに彼は癌で亡くなったからである。彼の死後も鉄道部屋が生き残ったかどうか知らないが、あれを手放してしまったのだとすれば、学校は血迷ったとしか言えない。

鉄道クラブと監督生の勉強部屋のドアを勝手に気取って通り抜ける喜びを大いに堪能しているうちに、卒業して別の学校に移り、またいちばん下からスタートしなければならないときがやってきた。私が生後わずか三カ月なのに、父が自分の出身校であるマールボロ校に入学希望者として私の名を登録しようとしたとき、もう遅すぎだと言われた。生まれたときに登録しておかなければならなかったのである（この文章が、文脈を無視して引用されるようになるのに、あとどれくらいかかるだろうか?）。マールボロ校の横柄な手紙は卒業生としての父をいたく傷つけるものだったが、彼はともかくも待機者リストに私の名を登録し、時がくれば、私はマールボロ校に行けるはずだった。けれども、しばらくするうちに、父の考えはもう一つ別の方向に変わった。彼は隣の住人で農場経営者のキャンベル少佐の技術的な技能に感銘を受けた。キャンベルは設備の整った工作場をもつ、熟練の溶接士だった。父は自然な思考として、私が農業をやることになるかもしれず、工作の技能はその仕事に大きな利便を与えるだろうと考えた（もっとも成功した農業経営者の一人であり、わたしが出会ったなかでまちがいなく、もっとも型破りな進取の気性をもつ畏怖すべき英雄、ジョージ・スケールズから私が近頃学んだように[1]）。

キャンベル少佐はその専門的技術を、彼の出身校であるノーサンプトンシャー州のオーンドル校で習得したのだった。オーンドル校は、この地方のどの学校よりもすぐれた工作室をもっており、一九〇一年から一九二二年までの偉大な校長F・W・サンダーソンが、すべての生徒は毎学期のうちの丸

(1) http://old.richarddawkins.net/articles/2127-george-scales-war-hero-and-generous-friend-of-rdfrs.

一週間を、学校のすべての通常の勉強を棚上げにして工作室で過ごすという方式を始めていた。マールボロ校も他のどんな学校も、そのような類(たぐい)の方式をもっていなかった。そこで、私の両親はオーンドル校の入学志願者に私の名を登録し、私はチャフィン・グローヴ校の最終学期に奨学金受給試験を受けた。私は奨学金を受給しなかったが、入学できる十分な成績であり、一九五四年、一三歳のときに私が行ったのは、オーンドル校だった。

ついでながら、私は、キャンベル少佐が、オーンドル校で過ごしたあいだにほかにどれほどのことを身につけたのか知らない。彼の、強情な部下に対する断固たる接し方は、むしろ軍隊時代に身につけたのだろうと私は推測している。彼はちゃちな窃盗（私は工作場の道具一つだったと思うが）の罪で作業員の一人を捕まえ、「五〇ヤード逃がしてやるが、その後、弾を二発打ち込むぞ」という、どこかから丸写ししたような言葉遣いで首にした。もちろん、彼はこの脅しを実行しなかっただろうが、話として面白いし、これは道徳的時代精神の移り変わりのもう一つのみごとな例証である。

「おまえたちのイギリスの
夏はもう終わったのだ」

Richard
Dawkins

もちろん、学校の外にも生活があった。チャフィン・グローヴ校では、私たちは各学期の終わりを待ち焦がれ、私たちのお気に入りの歌は期末の最後の日に歌うもの、すなわちGod be with you till we meet again〔賛美歌「神ともにいまして」。直訳的には「また会う日まで神のご加護がありますように」だが、このGod be with youの短縮形がgood-byで、口語的には「また会う日までさようなら」という意味になる〕だった。それよりもランクは下だったが、私たちは興奮をかきたてる行進曲風の宣教の歌〔「砦を守れ」〕も好きだった。

おーい　仲間たち！　空で振られる信号を見よ
増援部隊がやってくるぞ、勝利は近い。
「砦を守れ、私が行くから」、イエスはまだ信号をだされている。
天に向かって答の信号を送れ、「神の恵みで死守します」。

休みになると、私たちはみな、ある者は学校の列車でロンドンへ、ある者は両親の車で、喜び勇んで帰宅した——俗物的な寄宿学校の生徒は親がジャガーより安い車で姿を見せるときまりの悪さを感じると言われていたが、私の場合はオンボロの古いランドローバーだったにもかかわらず、そんな気持ちはまったく起こらなかった。私はボロボロで、雨漏りがする古い老兵を誇りに思っていた。父はこの車で、使い込まれた参謀本部地図のまっすぐ平行に走る二本の高速道路をつなぐローマ街道があったにちがいないという、子供が喜ぶ理論にもとづいて、下生えのなかを一直線に突き抜けていった。

こういう類（たぐい）の出来事は、私の父に典型的なものだ。自身の父親（私の祖父）と同様に、父は地図が大好きだった。そして二人とも記録を付けるのが好きだった。たとえば気象の記録だ。毎年、父は綿密に日付を入れた、日々の最高気温と最低気温、降水量の測定値でノートを一杯に埋めていた——雨水計におしっこをしていた犬を捉まえたときに、父の情熱はわずかばかりくじかれた。愛犬バンチがこれ以前に何回そういうことをしたか、過去の降水記録が同じようにして水増しされたことが何度あったのか、私たちには知る術（すべ）がなかった。

父はつねになにか、取り憑かれたように熱中しつづける趣味があった。ふつうは、その実践的な創意工夫の才を使うもので、それは相当なものではあったが、キャンベル少佐の旋盤と溶接キットの流儀よりはむしろ、金属くずと赤いバインダー紐を使うものだった。英国王立写真協会は父を、その美しい「溶解する」作品のゆえに会員に選出した。それは、慎重にこしらえられた連続カラー・スライドで、並んだ二つの映写機（プロジェクター）で交互に映していくが、それぞれのスライドは次のスライドのなかに芸術的に溶け込むように姿を消していき、音楽とナレーションも付いていた。いまなら、これらのことはすべてコンピューターでするだろうが、当時は、〝しだいに明るくなる(フェイドイン)〟も〝しだいに暗くなる(フェイドアウト)〟も、一方が開くときに他方が閉まるように逆向きにリンクさせた虹彩絞りでおこなわなければならなかった。父は、二台の映写機の虹彩絞りをボール紙でつくり、二つを木製のレバーで動かす、ゴム紐と赤い糸でできたすごく巧妙なシステムで連結したのである。

一家の伝統が、「dissolving（溶解）」を「drivelling（たわごと）」に変えてしまった。なぜなら、かつて大急ぎで書いたノートの字が、そう読み間違えられたことがあったからである。家族はみな、父の芸術形式を「drivelling」と呼ぶことにあまりにも慣れてしまったために、他の何かをそう呼ぼうとはけっして考えなくなり、この単語はもともとの意味を失ってしまった。あるとき、父がある写真クラブで一般向けの説明（この頃何度もおこなっていたうちの一回）をしていた。たまたまこの説明会はもっぱら、彼が「dissolving」の趣向を始めるより前に撮っていた古い写真を集めたものだった。彼はこの趣向について聴衆に説明することから始めた。彼は可愛らしいほど、たどたどしく、とりとめのない話し方をしたので、聴衆はいくぶん困惑した体(てい)で、説明しはじめた父のこんな言葉に好意を寄せた。「エー、私は実は、実は、エー、ここにある写真のほとんどの日付は、エー、ほとんどは、私がたわごと（drivelling）を始める前の日付に撮ったものです……」。

けっして流暢(りゅうちょう)とはいえない彼の話し方は、以前に母に求愛したときにも現れた。そのとき、父は愛情を込めて彼女の眼を深くのぞき込み、「君の眼は……洗面道具入れ（spongebags）みたいだ」とつぶやいたのだ。奇妙に聞こえても、私はそこに込められた意味らしきものを理解できると思うが、これもまた、虹彩絞りとかかわりがある。洗面道具入れの引き紐は真横から見ると、眼の虹彩の魅力的な特徴である放射状の線にどこか似ているのである。

別の年には、父の趣味は親戚の女性すべてにペンダントをつくることで、それぞれ、波で洗われて丸くなったコーンウォールの蛇紋(じゃもん)岩の小石を革紐に結びつけたものであった。また人生の別の時期に父が取り憑かれたのは、酪農に使う、点滅するカラーの信号灯と攪乳(かくにゅう)器用の天井搬送システムを備えた、自分用の自動低温殺菌装置の設計と建造だった。これは父の使用人の一人で、ブタの管理をしていたリチャード・アダムズ（有名な『ウォーターシップ・ダウンのうさぎたち』の著者ではない）にすてきな詩をつくらせることになった。

　蒸気の雲と、点滅する灯り、この仕掛けは途方もない巨人だ。
　攪乳器が、マイムをする妖精のごとく、ナイロンの吊り紐の上で動き出す

父はたえず、創造的な精神をもちつづけていた。ボロボロの古いライフル部隊の帽子をかぶり、いちばん高い声で賛美歌（「モアブはわたしの足盥(だらい)」。ついでながら、賛美歌を力強く歌ったという事実は、父が信心深かったことを意味しない）を歌いながら、畑を小さな灰色のファーガソン・トラクターで耕すあいだ、考える時間はたっぷりあった。彼は、各列の端で折り返すのに費やされる時間はすべて無駄だと計算した。そこで、浅い転向角で、畑を斜めにジグザグに移動していくという巧妙な仕組みを考案した。これで、通常一回耕すのに要するよりわずかに上回るだけの時間で畑全体を二度耕

すことができた。

トラクターでは工夫は功を奏したが、いつも賢明だったわけではない。あるとき、トラクターのクラッチが戻らなくなった。ギアから外すことができないので、父は戻らなくなった理由を見るためにクラッチの下の地面に寝そべり、最後には外すことに成功した。さて、もしあなたがトラクターのクラッチの下に実際に横たわったなら気づくように、みずから大きな左後輪の前に直接横たわってもいるのだ。トラクターではなく、ファーガソンで幸いだったということだけだ。私に言えるのは、それが今日の巨大なトラクターではなく、ファーガソンは、すべるように意気揚々と進みつづけた。そばに立っていた父の使用人のノーマンは、恐怖で口がきけなくなるほどショックを受け何もできなかった。父は上半身を起こし、はやく追っかけていって止めろとノーマンに言わなければならなかった。ノーマンはあまりにも体がぶるぶる震えて、車で父を病院まで運ぶこともできなかったので、父はそれも自分でしなければならなかった。片脚を牽引するために病院で少しのあいだ過ごしたが、どうやら長びく損傷は受けなかったようである。病院での滞在は、パイプタバコの禁煙を促すという良い副次的効果があった。喫煙にはけっして戻ることはなく、その唯一の遺産は、「まちがいなく、これは昔ながらの気位の高い金持ちが吸うタバコです」というラベルを貼った数百のタバコのブリキ缶だった。このブリキ缶を数十年後にもまだ、仕分けした各種のネジ、ナット、ワッシャーおよび雑多な古くて汚い金属くずを入れるのに使っていた。

F・ニューマン・ターナーと呼ばれる福音派の農業書の著者、およびたぶん、マールボロ校とオックスフォード大学時代の友人で変わり者のヒュー・コーリーの影響を受けて、私の父は、流行になり、チャールズ王子の支援を受けるようになるずっと以前に、有機農業に転向していた。父はけっして無機肥料や除草剤を使わなかった。彼に有機農法を教えた先生たちは、コンバインによる収穫にも反対した。いずれにせよ、わが家の農場はコンバインを導入するにはあまりにも小さかったので、当初私たちは旧式のバインダーで収穫していた。バインダーは小さな灰色のトラクターの後ろから、ガタガタと音をたてながら畑のなかを進んでいき、前方でコムギやオオムギを刈り取り、後方からきれいに結束された麦束を吐き出す（私は結び目をしばる巧みなメカニズムに目を見張った）。それから、本当の仕事が始まる。なぜなら麦束を積み上げなければならないからである。私たちは一団となってバインダーの後ろを歩き、一回に二束をつかみ、交互に積み重ね、六束で一つの小さなウィグワム（麦塚）をつくる。これはきつい仕事で、前腕にはひっかき傷や擦り傷が残り、ときには出血するが、満足感があり、夜はよく眠れる。母は麦塚つくりをしている人のためにアップルサイダー（リンゴ酒）のジョッキを運んできて、いい仲間だという温かい感情が、このハーディ風の牧歌的な場面を満たすことになった。

麦塚をつくる目的は穀粒を乾燥させることで、そのあと麦束はカートで運ばれ、積み上げて山にする。私は子供だったので、熊手（ピッチフォーク）で麦束を高い麦山の天辺にうまく投げ上げるだけの力がなかったが、一生懸命にやろうとし、使用人の誰にも負けない、父の強力な腕とごつごつした手を羨望（せんぼう）した。何週間かのちに、脱穀機を借りてきて、麦山の隣に駐車させた。麦束を手で脱穀機に送り込むと、麦粒が脱穀され、麦わらは梱包された。農場の労働者はすべて、彼らの本職が何であるか――ウシ飼い、ブタ飼い、あるいはなんでもこいのよろず屋その他――にかかわりなく、喜んで参加した。やがて時は移ろい、私たちも近所からコンバインを借りるようになった。

以前の章で私は自分が、真のドーキンス一族の伝統に従って、どんな天候でも外に飛び出す代わりに本を一冊もって寝室に逃れる秘密の読書家であったと述べた。私は秘密の読書家であったかもしれないが、正直なところ、学校の休みに読んでいたのが哲学や生命の意味や、あるいはその他のそうした深い疑問に関するものだったと偽ることはできない。むしろかなり標準的な児童小説だった。すなわち、『ビリー・バンター』〔チャールズ・ハミルトンがフランク・リチャードという筆名で書いた小説〕、『ジャスト・ウィリアム』〔少年ウィリアム・ブラウンを主人公にしたリッチマル・クロンプトン作のシリーズの一冊〕、『ビッグルズ』〔ジェイムズ・ビッグルズワースを主人公にした、W・E・ジョーンズ作のシリーズ〕、『ブルドッグ・ドラモンド』〔H・C・マクニールがサッパーの筆名で書いた冒険小説〕、パーシー・F・ウエスターマンの冒険小説、『紅はこべ』、『宝島』などである。なにかの理由で、私の家族はイーニッド・ブライトン〔日本でもエニッド・ブライトンの表記で多数の翻訳が出ているイギリスの女流児童文学作家〕に反対で、私が彼女の作品を読むことを押しとどめた。コリアー叔父は、アーサー・ランサムの本を次々とくれたが、本当に面白く読めたことはけっしてなかった。私はそれらがあまりにも少女っぽく、くだらないと感じたのだと思う。リッチマル・クロンプトンの『ウィリアム』は、子供だけでなく大人にも訴えかける皮肉があり、いまでも私は本物の文学的美点があると考えている。そして、ほとんどコンピューターで作成されたのではないかと思うほど、あまりにも型にはまった書き方をされている『ビリー・バンター』シリーズでさえ、「古（いにしえ）のモーセのように、あちこちを眺めたが、人間は一人も見えなかった」あるいは「楽園の門前のペリ〔ペルシア神話において、楽園から追放された堕天使の末裔」のように」といった章句には、文学的隠喩にまがうものがある。『ブルドッグ・ドラモンド』は、その時代をまぎれもなく表象するものだが私の純朴（ナイーヴ）な頭上は通り過ぎた、好戦的愛国主義と人種差別主義の偏狭さの深層を極めている。母方の祖父母は『風と共に去りぬ』の本をもっていて、私は一度ならぬ夏休みに、夢中になって何度も読んだが、ずっと大人になるまで、家父長的な人種差別思想に本当の意味で気づくことはけっしてなかった。

　オーヴァーノートンでの家族生活は、ほぼこれ以上はないといえるものだった。両親は、二〇一〇年の一二月に父が九五歳で亡くなるすぐ前に、結婚七〇周年記念日を一緒に祝った仲のいい夫婦だった。私たちはとりわけ豊かな家族ではなかったが、貧しくもなかった。セントラル・ヒーティングもテレビもなかったが、後者は貧しさというよりは選択の問題だった。自家用車は、すでに述べた古い汚れたランドローバーか、クリーム色の小型トラック（バン）で、どちらも贅沢なものではなかったが、しっかり役目を果たしていた。サラと私の学費は高く、私たちを学校に行かせるために両親は生活の別の領域で節約しなければならなかったにちがいない。私たちの子供時代の休暇は、コートダジュールの高級ホテルではなく、雨が叩きつけるウェールズでの軍放出テントの中だった。そうしたキャンプ旅行では、もとはビルマ森林保護局のものだったキャンヴァス地の浴槽のなかで、キャンプファイアーの火で温めた湯で体を洗い、その火で食事も調理した。サラと私は私たちのテントのなかで、父が足を外に出して浴槽に浸かり、瞑想するように自分に思いを巡らしながら、「いやあ、ブーツを履いたまま風呂に入ったことなどなかったよ」というのを聞いていた。

　私の人格形成にとってもっとも重要な三年間に、私には兄に相当する人間がいた。アフリカ時代の私たちの大切な友人であったディックとマーガレットのケトルウェル夫妻はニヤサランドに留まっていた。ディックは異例の若さで農業局の責任者になっていて、その任務において傑出した業績を上げ、のちに、独立にいたるまでの暫定政府の土地・鉱山大臣となった。非常に幼いときの私の遊び友達だった彼らの息子マイケルは、一三歳になって、イギリスのシェルボーン校で寄宿生活を始めた。一世代前の私の父親と同じように、学校が休みの時にどこへ行けばいいのかという疑問が彼に生じた。彼が私たちのところへやってきたとき、私は嬉しかった。歳の差はわずか一年ちょっとだけだったので、私たちはあらゆることを一緒にした。渓谷の凍りつくように冷たい川で泳ぎ、室内では、化学セット、メカーノ、卓球、カナスタ〔カードゲーム〕、バドミントン、ミニチュア・スヌーカー〔ビリヤードの一種〕、各種の子供じみた策謀、ビートの根の酒や洗剤やビタミン剤をつくるためのレシピなどで遊んだ。サラとは、ギャファーズと名づけた子供用の農場事業を営んでいた。父は私たちに一腹の子ブタをくれ、私たちはそれをバレルズ〔樽たち〕と呼んでいた。私たちは毎日餌を与え、彼らの世話をする全面的な責任を負っていた。マイク〔マイケル〕と私は終生の友人でありつづけている。実際、彼はいま私の年上の義弟であり、私の若い親戚の大部分にとっての祖父である。

　けれども、人格形成の時代に年上の兄弟がいることには不都合な点もある。それは、何をするときでも、実際に兄がその動作（オペレーション）をおこない、弟に指示を与えることを意味するからである（マイクはのちに卓越した外科医になったから、この〔オペレーション＝手術という〕比喩は不適切というわけでは

（1）メカーノ社製の組み立て玩具で、米国ではエレクター・セットと呼ばれる。

ない)。叔父のビルは、生涯にわたって「手先が不器用」だという評判を得ていたのに対して、私の父は逆の評判を得ていた。それもたぶん同じ理由からだろう。歳の若い弟は、名匠には決してならず、徒弟になる傾向がある。兄は意思決定者になり、弟は追随者になる傾向があり、幼い頃の性癖はこびりついて抜けない。ビル叔父とちがって、私は不器用だという評判を育むことはなかった。にもかかわらず、私は手先が器用ではなかった(いまでもそうだ)。マイクは、必要もないのに私を助手として、なんでもやってのけたので、父はたぶん、私がまもなくオーンドル校の有名な工作室を実地に体験することを心待ちにしていたのだろう。そこなら、私に遅ればせながらキャンベル少佐の足跡をたどらせることになるはずだ。しかしその工作室は、これから見るように、落胆させられるものであることがわかった。

若きデイヴィッド・アッテンボローと一日を過ごすという稀な特権を与えられたにもかかわらず、私はナチュラリストとしてもたぶん期待はずれだった。その日、私たちはどちらも、ビル叔父さんとダイアナ叔母さんの客だった。デイヴィッドはすでに名は知られていたが、誰でもが知っているというほどまだ有名ではなく、シエラレオネの奥地での撮影旅行の際にビルとダイアナの客人となり、それ以来友だち付き合いを続けていた。二人が英国に帰って、私がたまたま彼らの家に滞在していたとき、デイヴィッドは息子のロバートをつれて訪ねてきたのだった。彼は私たち子供を連れだし、一日中、網と糸の先にジャム瓶をくくりつけたものをもって、小川や池をめぐり歩いた。私たちが何を探していたのか忘れてしまったが——イモリか、オタマジャクシか、あるいはトンボの幼虫(やご)ではないかと思う——、その日のことはけっして忘れなかった。けれども、世界中でもっともカリスマ的な動物学者とのこの体験をもってしても、私を両親のような子供のナチュラリストに変えることはできなかった。そして、オーンドル校が差し招いていた。

「おまえたちのイギリスの夏はもう終わったのだ」

ネーン川沿いの学校

Richard Dawkins

生徒たちのための、生徒たちによる。彼らがいちばんよく知っている。
ろくでなしを追放するのは彼らにまかせろ
かの荒っぽい罰によって、まともな生徒たちは知るのだ。
ジョン・ベッチマン、『鐘の音に呼ばれて』

ジョン・ベッチマンの時代の本当の残酷さを知るには――ありがたいことに――私がイギリスのパブリック・スクール体験をしたのは、あまりにも遅かった。しかし、十分に苛酷な体験だった。「生徒たちのために生徒たちが」考案した馬鹿げたいくつものルールがあった。外すことが許されるジャケットのボタンの数は年齢順にしたがって厳密に定められていて、厳格に強制された。ある年齢レベル以下では、腕をまっすぐ伸ばしたままで本を持ち歩かねばならなかった。なぜだ？　先生たちはこういった類(たぐい)のことがおこなわれているのを知っていたにちがいないが、それを止めさせることは一切しなかった。

上級生が下級生をこき使うシステム（ファギング）はまだ健在だったが、幸いなことに、いまではもうなくなっている。オーンドル校では、それぞれの宿舎の監督生は新入生の一人を個人的な奴隷、すなわちファグとして選ぶ。私は、体に震えをもつためにジターズ〔緊張でビクビクしている状態を指す〕と呼ばれる寮長代理の奴隷に選ばれた。彼は私に親切だったが、それでも私は彼のあらゆる命令を実行しなければならなかった。彼の靴を磨き、軍事教練隊の制服の真鍮（しんちゅう）を磨き、毎日お茶の時間に、彼の学習部屋の灯油ストーブの上で、彼のためにトーストをつくらなければならなかった。どんなときでも、彼の使い走りをする用意をしていなければならなかった。

ファグが性的要求を執拗に突きつけられる心配がないわけではない。四度の別々の機会に私は、夜中に私のベッドにやってきた、自分より体が大きくて力も強い上級生を撃退しなければならなかった。彼らは外部の世界における通常の意味の同性愛や小児性愛に衝（つ）き動かされていたのではないと、私は思う。そうではなく、そこに女の子がいないという単純な事実に衝き動かされていたのだ。思春期前の男の子は、いくぶんとも女の子のように可愛くなりうるもので、私もそうだった。また、生徒が女の子のような魅力を持つ他の男の子に「惚れ込んで」しまうことが、学校中でまかり通っているという伝説もあった。またしても、私は数多くのそうした噂話の犠牲になったが、その実害は（相当の）時間が、つまらないゴシップに費やされることだけだった。

オーンドル校に関する多くの事柄は、チャフィン・グローヴ校の後では、人を脅えさせるものだった。初日に、朝の祈りのために大ホールに行くと、新入生たちはまだ席が割り当てられておらず、私たちはどこにでも、ともかく空いた席を見つけなければならなかった。私は席を見つけ、隣に座っている大きな生徒に、だれかが取っているのかを尋ねた。「いや、おれのみるかぎり、まだだ」というのが、氷のように冷たく丁重な彼の返事だった。そして私は粉々に打ちのめされたような気がした。チャフィン・グローヴ校の甲高い高音のコーラスと足踏み式のハルモニウム〔リード・オルガン〕の後では、オーンドル校の、轟くような音を出す巨大なオルガンの伴奏付きの、低くうなるような賛美歌「来る朝ごとに」は、ただならぬ響きだった。黒い文学修士のガウンをまとった、猫背の校長、ガス・ステインフォースは、ギャロウズとは違う意味で怖ろしかった。鼻にかかった声で、彼は私たちに、三週めまでに「学期の勉強の山の部分をやり終えてしまうよう」にと説いた。学期の勉強というのはおいても、何事にせよ、山の部分をやり終えるのに、どう取りかかればいいのか、私にはよくわからなかった。

4B1クラスにおける私の学級担任、スナッピー・プリーストマンは紳士で、教養があり、(ごくまれに) カッとなったときを除けば優しく、上品だった。カッとなったときでさえ、彼の怒り方にはどこか奇妙に紳士的なところがあった。彼のある授業で、悪さをした一人の生徒を捉まえた。何事も起こらず騒ぎが鎮まったあと、彼は私たちに、自分の内なる憤怒が高まりつつあることを言葉で警告したが、まるで彼自身の内部にいる客観的な観察者のように、きわめて穏やかに語った。

ああ諸君、もう我慢できません。堪忍袋の緒が切れそうです。机の下に身をかがめなさい。警告します。さあ来ます。机の下に身をかがめなさい。

彼の声が徐々に高く上りつめていくにつれて、顔はしだいに赤くなっていき、最後には、手の届く範囲にあるあらゆるもの――チョーク、インク壺、本、木の板で裏打ちされた黒板消し――を摑み上げ、最大限の獰猛さで、悪さをした生徒に向かって投げつけた。翌日、彼は元通りに魅力的で、同じ生徒に、簡単に、しかし潔く謝った。彼は忍耐の限界を超えるところまで激怒しただけの親切な紳士だった――先生という職業に就いていて、誰が怒らずにいられようか？　これは私の問題にもなるわけだが、こんなとき怒らない教師というのはありえないだろう。

スナッピーは私たちにシェイクスピアを読ませたが、彼のおかげで私は、シェイクスピアの卓越した才能にはじめて目を開かせられた。私たちは『ヘンリー四世』（第一部、第二部とも）と『ヘンリー五世』を読み、若くして王位に就いたハル王子を諫める臨終のヘンリー四世を自ら演じた。「ああ息子よ、神がおまえの心に働きかけ、それ［王冠］を取らせたのだ。あっぱれな申し開きをして、汝の父の一層の愛をかちえるように」（『ヘンリー四世』第二部、四幕五場）。彼はウェールズ人（ウィリアムズ）とアイルランド人（ルマリー：「おおルマリー、君は宝だ」）の役ができる志願者を求めた。スナッピーは、りっぱなスコットランド風のアクセントで、キップリングの機関長M'Andrew（正しくはMcAndrew。キップリングは本当にこう綴っている）の賛歌を読んでくれた。「長い道のり（The Long Trail）」の忘れがたくリズミカルな冒頭の数行は、オーヴァーノートンの麦束の山を思いださせて私を切なくし、「全員が無事に集まった」は、初秋の満ち足りた気分にさせた（キップリングのリズムを感じるために、どうか大きな声で読んでいただきたい）。

今年の収穫を刈り取った畑にささやきがわたり、
麦束の山が、陽の光を受けて灰色に立っている。
歌おう、「もう、こっちへおいで、ハチたちもクローバーで蜜を吸うのをやめたし、
おまえたちのイギリスの夏はもう終わったのだ」

There's a whisper down the field where the year has shot her yield,
And the ricks stand grey to the sun
Singing: 'Over then, come over, for the bee has quit the clover
And your English summer's done.'

そして、豊かな実りの時期にぴったりあわせて、プリーストマン先生がキーツを読んでくれた。同じ年の私たちの数学の教師フルートは、目眩の発作をよく起こした。一度など、彼が教室に到着する前に、私たちは天井からぶら下がっているすべての灯りが振れるようにしたのを覚えているように思う。そして、彼が教室に入った瞬間に、その揺れに合わせて私たちも一斉に体を揺らした。次に何が起こったのか思いだすことができない。たぶん、後悔の念が記憶を遮断したのだろう。あるいはひょっとしたら、ほかの生徒たちが彼に対しておこなったことについての学生のあいだに伝わった伝説にもとづく偽りの記憶かもしれない。いずれにせよ、いまの私は、それが子供の悲しむべき残酷さ

――私が自分の学校時代を回顧するときに繰り返しでてくるテーマ――のいま一つの実例であるとみなしている。

私たちはつねにうまくやってのけたわけではなかった。ある時、４Ｂ１クラスの物理学教師のバフティは具合が悪く、授業は上級学年の理科教師のバンジーが代わりにおこなった。私たちがカリキュラムのボイルの法則のところまで来ていることを確かめたあと、彼は、私たちの名前を覚える時間がなかったので、名前を席の番号で識別しながら、授業を進めていった。小さくて、猫背で、年寄りで、私がそれまでに、あるいはそれ以後に出会ったほかの誰よりも強度の近視だったので、私たちは彼をいたぶる格好のカモだと考えた。彼は私たちの傲慢さにほとんど気づいていないように思われた。しかし大間違いだった。彼は強度の近視だったかもしれないが、気づいていた。授業の終わりに、バンジーは今日の午後、全員を居残りさせると、静かに宣告した。私たちは午後に意気消沈して教室に戻り、ノートのきれいなページに、「４Ｂ１クラスの補習授業。授業の目的――４Ｂ１の生徒に正しいマナーとボイルの法則を教えること」と書くように指示された。私はこれが偽りの記憶でないことを確信しているし、少なくとも、私はボイルの法則をけっして忘れたことがないのである。

私たちの教師の一人――私たちがニックネームで呼ぶことを許された唯一の先生――は、可愛い生徒にすぐ惚れてしまう傾向があった。私たちの知る限り、彼は教室で可愛い子の体に腕を回し、猥褻（わいせつ）な言葉をささやく以上のことはけっしてしなかったが、現在なら、おそらく彼は警察――およびタブロイド紙に煽り立てられた自警団――との大変な厄介事にまきこまれる可能性が十分にある。

このタイプのほとんどの学校と同じように、オーンドル校はいくつもの寄宿舎（ハウス）に分かれている。それぞれの生徒は、一一あるハウスのうちのどれか一つで生活し、食事し、ハウスはあらゆる競争的な活動において、住人に忠誠を命じる。私がいたのはローンディマー・ハウスだった。ほかのハウスを訪ねることは止められていたので、内部が同じかどうかはわからないが、どこもほとんど似たようなものだったろうと推測している。けれども興味深いことに、私たちの精神は、すべてのハウスが「個性」をもっていると考える傾向があり、無意識のうちにその個性を、そのハウスにかかわる個々の生徒に結びつけていた。こうしたハウスの「個性」はあまりにも漠然としていて、そのどれか一つについてでも記述してみようという気を起こさせるほどのものは見当たらない。それは、主観的に「感じる」だけのものにすぎなかった。この考察は、人種的偏見やセクト的頑迷のような、他の多くのもっと悪質な敵対行動の背後に横たわっている「部族的な」人間衝動を、周りの世界に広く見られるものよりは、いくぶんか罪のない形で表しているのではないかと思う。私は、個人を独立した存在とみなすよりむしろ、自分の帰属する集団に自己を同一化しようとする人間の性向について言っているのだ。実験心理学によれば、そもそも個人をランダムにいくつかの集団に割り振って、Tシャツの色の違いのような恣意的な標識によって区別しただけの場合でさえ、そういう事態が起こることが示されている。

この効果の特別な実例の一つ——実際には、この場合にはかなり納得できる例——として、私が在学中にオーンドル校にアフリカ人を祖先にもつ生徒が一人いた。彼は当時、いかなる形にせよ人種的偏見に悩まされてはいなかったというのが私の印象である。ひょっとしたら、彼は唯一の黒人だったから、学校内の人種グループとはみなされなかったというのが理由だったかもしれない。しかし彼は所属するハウスと同一視された。ラクストン・ハウスの同級生と一緒に、私たちは、彼を格別に黒いとはまったくみなさず、ラクストンの他の生徒と同じような人格を持つ「ラクストン集団の一人」とみなしていた。のちになって振り返って見ると、ラクストン、あるいは他のどのハウスでも、そこに合理的に結びつけられるような、明確に指摘できる人格があったというのは疑わしい。私の考察は、オーンドル校における生活の実態すべてを述べているわけではなく、人間心理の全般的な特徴、すなわち個人を集団としての標識(ラベル)をつけたものと見るという傾向を述べているだけである。

私がローンディマーを自分のハウスとして選んだのは、そこが入寮の儀式(イニシエーション)の伝統（アメリカの大学の学生がhazing、新入生のしごきと呼んでいるもの）をもたない数少ないハウスの一つだという噂があったからだが、あまり根拠のない噂であったことが明らかになる。実際には、私たち新入生は机の上に立って、歌を歌わなければならなかった。私は甲高い最高音域で、自分の父の歌を歌った。

おお、太陽は輝いていた、キラキラと
これまで一度も輝いたことがないように――これまでは
おお、太陽は輝いていた、とてもキラキラと
私たちが赤ん坊を浜に残してきたとき

そうさ、私たちは赤ん坊を浜に残してきた。
これまで一度もそんなことはしたことがなかった――これまでは

おまえが母親に会ったとき、そっと告げなさい
私たちが赤ん坊を浜に残してきたんだと

これを歌うのは試練だったが、結果的には、私がおそれていたほどひどくはなかった。

オーンドル校では個人的ないじめはそれほど見なかったが、少なくともローンディマーでは、すべての新入生が最初の学期の一週間ないし二週間のあいだ苦しめられる定型化したいじめはあったし、他のハウスでも同じようなことが起こっていたと私は思う。「ベル・ボーイ」になったときは当人にとって恐怖の週である。ベル・ボーイとしての週は、あらゆることの責任を負わされ、なにかうまくいかないことがあると——ふつうはあった——非難された。暖炉の火を起こし、消えないようにしておかなければならない。試練の週の土曜日には、なんでもかんでもの身代わり（スケープゴート）として、すべての勉強部屋をまわって、日曜日の新聞の注文を受け、そのための代金を集めなければならなかった。そして日曜日の朝には、非常に朝早くに起き、町の外れまで歩いていって新聞を買って戻り、すべての勉強部屋に配らなければならなかった。もっともおおっぴらに注目される役割は、一日を通して多数ある締め切り時間を告げる鐘（ベル）を、正しい時に正確に鳴らすことだった。すなわち起床時間、食事時間、就寝時間その他である。そのためには、非常に正確に時刻を知っていなければならない。ベル・ボーイとしての一週間が終わる頃には、私は要領を会得していたが、初日は最悪だった。なにかの理由で、私は五分前の警鐘（ベル）は朝食のゴングより正確に五分前に鳴らさなければならないことを把握していなかった。上級生の多くは、ゴングが鳴るきっかり五分前にベッドから出る習慣があった。そして五分と

いうのは、洗顔して服を着るには十分長いわけではないから、このタイミングは決定的だった。ベル・ボーイとしての初日に、私は「五分前のベル」を鳴らし、ぶらぶらしてから、三〇秒後にゴングを鳴らした。驚愕が一面にひろまり、罵倒が続いた。

ベル・ボーイとファグの義務はこのようなものだったから、私たち新入生が、「学期の勉強の山を越えておく」ことはいわずもがな、そもそもなにかの勉強をやってのけられたのは不思議である。ファギングは現在では、すべてのイギリスの学校で廃止されていると思う。しかし私は、そもそもなぜそれが許されていたのか、そしてなぜ、あれほど長く存続したのか、どう考えていいのか途方に暮れる。一九世紀には、それにある種の教育的価値があるという奇怪な信念があった。それが長らく存続した訳については、「私はそれを耐え抜いたのだから、どうして君にできないわけがある?」という精神構造(メンタリティ)――ちなみにこれは、いまだにイギリスの多くの研修医たちを悩ませているものである――と、たぶんなんらかの関わりがあったのだろう。

まったくの驚きというわけではないが、私の吃音(きつおん)はオーンドル校の初期の学期に再発した。私はDやTといった硬子音に問題を抱えており、不運なことに私の姓がそのうちの一つで始まり、しばしばそれを明瞭に発音する必要があった。授業でテストを受けるとき、私たちは正解にチェックマークをいれ、チェックの数を数え、正解数合計が一〇のうちいくつかを、先生が帳簿に記録できるよう大きな声で叫ばなければならなかった。一〇点全部正解したとき、いつも私は「九つ(ナイン)」と答えることにしていた。「テ、テ、テ、テン」というよりははるかに簡単だったからである。軍事教練隊では、配属将軍の視察を受けることになっていた。私たちは一人ずつ、隊列から離れて行進し、将軍の前で足踏みして、気を付けの姿勢をとり、自分の名前を叫び、敬礼し、すばやく回れ右をして、行進して戻らなければならなかった。「見習い兵ドーキンスであります。サー！」。これが私には怖くて、幾晩も眠れない夜を過ごした。それを自分で実行するのはかまわないが、教練上の衆目の前で叫ばなければならないときはどうなるか？「見習い兵ド、ド、ド、ド、ド……」。結果的には、ドを言う前に長いためらいの間があっただけで、うまく切り抜けることができた。

　軍事教練は、完全な強制というわけではなかった。もしボーイスカウトに加入していれば、この訓練から逃れることができた。あるいは他の逃げ道は、ボギー・カートライトと一緒に土地を耕して時間を費やすことである。以前のある本で、私はミスター・カートライトのことを、「目を見張るような濃い眉毛の男性で、鋤（すき）を鋤だと歯に衣を着せぬ物言いをし、鋤をもたずにいるのを見ることがめったにない」と記述した。ドイツ語を教えることで給料を貰っていたが、ゆっくりとした田舎風のアクセントで彼が実際に私たちに教えていたのは、一種の素朴な農業的エコロジーの知恵だった。彼の黒板には「エコロジー」という単語がつねに書かれたままになっていて、彼が見ていないときに誰かが消せば、彼はただちに無言で書き直した。ドイツ語を黒板に書くときに、文章が「エコロジー」の上にかかってしまう危険性があれば、ドイツ語の文章はそこを飛び越させて書いた。一度彼は、P・G・ウッドハウスの本を読んでいる生徒を捕まえ、ものすごい剣幕でその本を真っ二つに引き裂いた。彼はどうやら、ウッドハウスがホーホー卿〔ウィリアム・ジョイス。ドイツからイギリスに向けてプロパガンダ放送をおこなった〕か、あるいは米国に向けて同じことをした東京ローズに匹敵するドイツの戦時協力者であるという中傷――《デイリー・ミラー》紙のカッサンドラが執拗に仕立て上げた――を真（ま）に受けているらしかった。しかしミスター・カートライトは、話をカッサンドラの悪口よりもさらに訳のわからないものにしていた。「ウッドハウスはかつてドイツ軍大佐を階下に蹴飛ばすチャンスがあったのに、そうしなかった」。こう書くと、彼が怒りっぽい人間のように聞こえる。実際にはそうではなかったが、極端な挑発のもとでは話がちがったわけだ。奇妙なことに、P・G・ウッドハウス（「ウッドハウス」というのが正しいが、彼は「ウォドハウス」と発音していた）が挑発を引き起こしたらしいのである。彼は単に、すばらしく独創的な個性の持ち主で、時代の先を行きすぎた極端なエコロジー思想を抱き、口の重い、文字通りに地に足がついた人間にすぎなかった。

　私は二つの逃げ道のどちらかによって軍事教練隊を逃れるほど、積極的ではなかった。たぶん私は友達にあまりにも影響されすぎていたのだろう——それこそが実際には、オーンドル校における私の生活の梗概だった。最終的には、楽団に入ることによって教練の最悪の部分から逃れた。最初はクラリネットを、そのあとはサキソフォーンを、楽団員下士官の指揮のもとで演奏した。「いいか、ジ・オーレ・マーチの初（しょ）っぱなからいくぞ」。もちろん、楽団員であっても、軍靴を磨く、ベルトを白く塗る、真鍮をデュラグリトやブラッソなどの磨き剤で磨くという毎週の義務から解放されなかった。そして一年に一度、陸軍のキャンプに行き、いずれかの連隊の兵舎（バラック）で生活し、長距離行軍をし、旧式のリー・エンフィールド小銃に空砲を詰めて模擬戦を闘わなければならなかった。また標的に向けての実弾射撃もし、私の小隊の一人の生徒が誤って副官の脚の肉の部分を撃ってしまった。副官は地面に倒れたが、すぐにタバコに火を点つけたのに対し、ブレン軽機関銃をもったままその場にじっとしていた私たちのほうは、強い吐き気を催した。

レスター兵舎に遠征したあるとき、私たちは本当の上級軍曹、ロウで固めた大きな赤毛の口髭を完璧に整えた本物に会わせられた。彼は大声で、「セーーアローーーーーープ・アームズ〔slope arms: 担え銃〕」あるいは「オーディーーーーーーア・アームズ〔order arms: 立て銃＝直れ〕」と怒鳴ったが、いずれの場合も、最初の単語は低音（バス）で引き延ばした怒鳴り声であったのに対して、二つめの単語は歯切れのよい（スタッカート）——そして、べらぼうに高音の——ソプラノの金切り声だった。私たちはモンティ・パイソンの映画『ライフ・オブ・ブライアン』でビガス・ディカス〔英語の big dick（デカイいちもつ）をラテン語風に言った名前〕が登場する場面に居合わせたピラト総督の兵隊たちのように、笑いを押し殺して怯（おび）えた鼻息を漏らした。

私たちはCertificate A（A資格）と呼ばれる試験に合格しなければならなかったが、これには、軍隊知識の丸暗記が含まれていた。すなわち、知性や独創力——歩兵将官たちの集団では評価されない資質——にほんのわずかでも似通ったあらゆるものを抑圧するべく設計された課題である。たとえば、「英国陸軍において、われわれは何種類の木を有しているか？」で、正しい答えは、モミ、ポプラ、天辺が生い茂った木の三つだという（詩人のヘンリー・リードはこのことを詩に取り上げたが、私たちの訓練担当軍曹は彼の皮肉を評価しようとはしなかった）。

生徒間における仲間からの圧力が強力であることはよく知られている。私と友人の多くがその卑劣な犠牲となった。私たちが何かをするときの支配的な動機づけは仲間からの圧力だった。私たちは同輩、ことに、私たちのあいだで影響力をもつ天性のリーダーに受け入れられることを望んでいた。そして、仲間たちの気風（エートス）は——オーンドル校における私の最終学年まで——反知性主義だった。実際にしているより、少なくしか勉強していないふりをしなければならなかった。天性の能力は尊重されたが、猛勉強はそうでなかった。スポーツの領域でも同じだった。どんな場合にも、博識家よりもスポーツマンが称賛された。しかし、練習をせずにスポーツでのすぐれた才能を発揮できれば、そのほうがもっとすばらしい。なぜ、天性の能力のほうが、努力によって得たものより称賛されるのか？ それは逆さまではないのか？ 進化心理学者たちには、この疑問について語るべき興味深い事柄があるのではないだろうか。

しかし、そのために、どれほどの好機を逃がしてしまったことか！ あらゆる種類のわくわくするようなクラブや団体があり、私はそのいずれに加入しても、恩恵を受けることができたことだろう。望遠鏡——おそらく卒業生から寄贈されたもの——を備えた天体観測室があったが、私はそこに決して近づかなかった。なぜかって？ いまの私なら、知識豊かな天文学者の指導を受けて、自分ではけっして設置できないような本物の望遠鏡を使って天体観測をすることに夢中になってしまうだろう。ときどき思うのだが、学生時代は、十代で無駄に浪費されるにはあまりにももったいない。ひょっとすれば、熱心な教師たちは、ブタの前に真珠を投げる代わりに、生徒たちが真珠の美しさを評価できるだけの大人になるよう教える機会を与えられるべきなのかもしれない。

オーンドル校での私については、逸したあらゆる好機のなかで最大のものは、工作室にあった。工作室は、そもそも父が私をこの学校に遣（や）ることに決めた主要な理由だった。責任がすべて私にあったわけではない。工作室に一週間強制的に入らせるというサンダーソンの比類のない新機軸は、なお順調に活動していたし、工作室そのものにはとびきりすぐれた設備が整っていた。私たちは旋盤、フライス盤、およびその他の、外の広い世界で出会うことがなさそうな工作機械の使い方を学んだ。私たちが学ばなかったのはまさに、私の父があれほど上手だったことである。つまり、即席でつくる、設計する、やりくりして対処する、手に入るもの――父の場合、もっぱら赤い結束紐と汚い古鉄くずだった――から間に合わせでモノをつくるというようなことだった。

オーンドル校の工作室で私たちが最初につくったモノは、「罫引(けびき)」だった。私たちは罫引がどういうものかさえ、教えられなかった。講師がせよと言ったことを正確に真似しただけだった。私たちは、作ろうとしていた金属体の木製のひな型をつくった。それを鋳造所にもちこみ、まわりに鋳物砂をたたき込むことによって、木製のひな型から鋳型をつくる。私たちは防御用のゴーグルを着け、真っ赤になった坩堝(るつぼ)から熔けたアルミを鋳型に流し込むのを手伝った。冷めた金属を鋳物砂から掘り出し、それを金属加工の作業場にもっていってヤスリをかけ、穴を開け、仕上げた。そして私たちは完成した罫引を持ち帰ったが、依然としてそれがどういうものかまったく考えもなく、いかなる種類の独創性や想像力を用いることもしなかった。私たちは大量生産工場で働く労働者と同じようなものだった。

この問題の一部は、講師が先生ではなく、工場現場の作業主任たちのなかから採用された――と私は推察している――人たちだったということにあった。彼らが私たちに教えたのは、技術一般を開発する方法ではなく、特定の仕事をおこなう方法だった。私がバンベリーの町で初めて職業的な自動車運転教習を受けたときにも、ふたたびこの問題に遭遇した。私はバンベリーの特定の街角をバックで曲がる方法を教えられたが、そこはたまたま、試験官がこの特定の技能をテストするのに向かうお気に入りの場所だった。「あの街灯柱が後ろの窓(リアウィンドウ)と同じ高さになるまで待って、それから大きくハンドルを切るんだ」。

オーンドル校の工作室における一つの例外、私にとって唯一のサンダーソンの伝統の部分的な保有者は、金属加工作業室の一隅で小さな鍛冶場を受け持つ老齢の引退した鍛冶工だった。私は「工場現場」から離れて、この親切で、尊敬に値する小柄な老人の弟子になった。彼は私に鍛冶の伝統的な技法、ならびにアセチレン溶接を教えてくれ、母はまだ、私が作った火掻き棒をもっていて、渦巻き模様のついたスタンドに立てている。けれども、この老鍛冶工のもとでさえ、私はほとんど言われた通りに正確にやっていただけであり、創造的な問題処理能力を強く発揮して実践したとはいえなかった。

仕事のできない人間は自分の道具――と講師――を悪く言う。まちがいなく私自身の責任だと言えるのは、規定の一週間を除いて、工作室に近寄らなかったことだ。その夕方に出かけていって、私自身が設計したモノをつくるチャンスを生かさなかったのだ。星を見るために天文観測室へ行かなかったのと同じだった。私は余分な時間のほとんどを、同輩たちと同じやり方で、だらだらとし、プリマス・ストーブでトーストを焼き、エルヴィス・プレスリーを聴いていた。それに加えて私の場合、楽器を実際の音楽を演奏するというよりむしろ、ただ鳴らすだけというのがあった。高い金を出して買った第一級の機会をこんなふうに無駄にするのは、ほとんど悲劇といえる。もう一度繰り返すが、学校は十代の子供にはもったいないのではないか?

けれども、私はヨアン・トマスが運営する養蜂クラブに入った。彼はオーンドル校の人を奮起させる若い動物学教師で、蜜蠟と燻煙のにおいは、いまでも幸せな記憶を呼び覚ます。私は頻繁に刺されたという事実にもかかわらず、幸せだった。あるとき（報告するのがちょっとばかり誇らしいが）、私は手に止まったハチを払い落とさず、ハチが手の上でくるくると舞いながら、私の皮膚に刺さった針を「ねじって外す」のを注意深く観察した。ミツバチが哺乳類を刺すとき、ミツバチの針は、狩りバチ類の針とちがって返し（barb）がついている。ハチを払い落とすと、針が後に残って、この返しによって針は皮膚から抜けなくなる。ハチを払い落とすと、針が後に残って、ハチの重要な臓器の一部も引きはがされる。進化論的な観点からすれば、働きバチの個体は利他的に振る舞い、巣全体の利益のために（厳密に言えば、その個体がそうするようにプログラムしている遺伝子の、女王バチと雄バチのなかにあるコピーの利益のために）、自らの命をカミカゼ特攻隊員のように犠牲にしているのである。そのハチは死ぬことになるが、針は犠牲者の体に残り、毒腺はなお毒を排出しつづけ、したがって、想定される巣への侵略者に対するより有効な抑止力として働きつづける。これは進化的には完璧に理に適っているので、このテーマへは、「不滅の遺伝子」の章で立ち戻ることにしよう。不妊であることを考えると、働きバチが子孫を介して自分の遺伝子のコピーを伝えるチャンスはないので、女王と巣の中にいる他の不妊ではないメンバーを介して伝えようと立ち働く。働きバチに私の手から自分の体をねじって外すままにさせたとき、私はこのハチに対して利他的に振る舞っていたのだ——ただし、私の動機はもっぱら好奇心だった。私はトマス先生から聞かされた事の成り行きを自分の目で直接観察したいと思ったのだ。

ヨアン・トマスについては、以前の出版物で触れたことがある。一四歳のときのまさに最初の彼の授業は、感動的だった。詳細は思い出せないが、それはのちに私が『虹の解体』で追い求めたような種類の雰囲気を伝えるものだった。いまなら私が、「現実の詩的表現としての科学」と呼ぶようなものである。彼はサンダーソンに敬服するがゆえに、非常に若い教師としてオーンドル校にやってきたのだが、かの老校長に出会うためにはあまりにも若すぎた。彼が実際に会ったのはサンダーソンの後任、ケネス・フィッシャーであり、サンダーソンが拠としていた精神のいくばくかを示す物語を聞かせてくれた。私はその物語を、二〇〇二年のオーンドル講義の冒頭で再現した。

　ケネス・フィッシャーが、職員会議の議長をつとめていたとき、ドアをおずおずと叩く音がして、小さな生徒が入ってきた。「先生お願いです。ハシグロクロガラアジサシが川に来ています」。「ちょっと待っていてください」とフィッシャーは集まった職員にきっぱりと言った。彼は椅子から立ち上がり、ドアのところから双眼鏡で覗いてから、それをこの小さな鳥類学者に手渡した。そして誰しも、やさしく、血色のいい顔をしたサンダーソンの亡霊が、その後ろにたたずみ、ほほ笑んでいる――という想像を禁じ得ない。そうなのだ、これこそ教育なのだ。あなたの学校別成績一覧表の統計や、事実を詰め込んだ授業概要、そして無限につづく試験日程表などクソくらえだ。……

　サンダーソンの死後およそ三五年めに、私は淡水の止水域（しすいいき）にすむヒドラについての授業を思いだした。トマス先生は、私たちの一人に、「どんな動物がヒドラを食べているのでしょう?」と尋ねた。その子は当てずっぽうを言った。合っているかどうかはっきりさせないままで、トマス先生は次の子供に同じ質問をした。これを全員に、一人一人の名前を呼ぶたびに興奮の度合いを強めながら、「どんな動物がヒドラを食べているのでしょう?　どんな動物がヒドラを食べているのでしょう?」と尋ねていった。そして私たちは一人一人自分なりの推測をした。彼が最後の生徒にたどり着いたときには、私たちは本当の答えを知りたくてうずうずしていた。「先生、先生、どんな動物がヒドラを食べているのですか?」。トマス先生は全員がシーンと静まりかえるまで待っていた。それから、ゆっくりと、一つ一つの単語のあいだを開けながら、はっきりと話したのだった。

「私は知らないんだよ……」（しだいに声を大きくしながら(クレッシェンド)）「私は知らないんだよ……」（もっと声を大きくして(モルト・クレッシェンド)）「それに、コールソン先生も知らないと思うよ」（きわめて強く(フォルティッシモ)）「コールソン先生！　コールソン先生！」

　彼は隣の教室の扉を乱暴に開けて、自分より年長の同僚の授業を劇的に中断させて、自分の教室へ引っ張ってきた。「コールソン先生、どんな動物がヒドラを食べているかご存じですか?」。二人のあいだで何らかの目配(めくば)せがあったのかどうか私にはわからなかったが、コールソン先生はみごとに自分の役割を演じた。知らないと言ったのだ。またしても、父親のようなサンダーソンの影が隅っこでクスクスと笑っていた。そして、私たちの誰一人として、この授業のことは忘れないだろう。問題は事実ではなく、あなたがそれをいかにして発見し、それについてどう考えるかが問題なのだ。真の意味の教育は、今日の評価に狂奔(きょうほん)する試験文化とは非常に異なったものなのである。

　私がずっと以前に死んだ校長の幽霊を空想として思い浮かべることになった、この二つの事例は、私がある意味で超自然主義者であったにちがいないことを示す証拠として持ちだされてきた。もちろん、これはそうした類のことを示すものではない。このような想像力は、おそらく詩的と呼ぶべきものだろう。それを文字通りに理解すべきでないことが明らかである限り、筋は通っている。私は、ここに示した二つの引用の文脈が、誤解を未然に防ぐだけ十分に明快なものであることを願っている。こうした比喩的な言葉遣いを、（とりわけて）神学者が自分たちもしていることだという認識なしに、さらには比喩と現実――似た事柄について言う場合――のあいだに区別があるという認識さえなしに用いるとき、問題が生じる。「イエスが五〇〇〇人に食べ物を与えたかどうかは重要でない。大事なのは、この物語のどの思想(アイデア)が私たちに意味をもつかである」。実際は、それは重要である。なぜなら何百万という敬虔な人々は、聖書が文字通り真実だと本当に信じているからである。トマス先生の授業で片隅にサンダーソンが微笑みながら立っていたと私が信じていると思う読者が一人もいないことを願うし、そこは信頼してもいる。

　ヒドラについての私たちの授業は、いささか当惑させられる場面ではあったが、あえて語ったのは、それが啓発的かもしれないからだ。トマス先生は私たちに、以前にヒドラを見たことのある人が誰かいるかと尋ねた。確か、手を挙げた生徒は私だけだったと思う。私の父は古い真鍮製の顕微鏡をもっていて、二、三年前のある素晴らしい天気の日に、大きく拡大された池の生物を眺めたことがあった。ほとんどはケンミジンコ、ミジンコ、カイミジンコなどの甲殻類だったが、ヒドラもいた。私は、ゆっくりと波打つだけでほとんど植物のようなヒドラを、多数の脚をもち、活発に跳びまわる甲殻類と比較して、かなり鈍重だとみなした。ヒドラには、その記念すべき日のなかでもっともワクワクしない記憶しかなかったので、その授業でヒドラに向けた注目のすべてを、俗物根性で見下していた。そこで、先生から以前のヒドラとの出会いの詳細について尋ねられたとき、私は「ぼくはそういう種類の動物は全部見ました」と答えた。もちろん、トマス先生にとって、ケンミジンコ、ミジンコ、カイミジンコはヒドラのような動物と同じ種類ではまったくなかったが、私にとってはそうだった。なぜなら、私はそれらをすべて同じ日に父と見たので、全部を一緒くたにまとめてしまったからである。トマス先生は、おそらく私がヒドラを見ていないのではないかと疑ったのであろう、私に細かく反対尋問をした。残念ながら、これが私にそれこそ悪い効果を及ぼしたと言わなければならない。ひょっとしたら私は、先生の反対尋問を父に対するある種の非難として受け取ったのかもしれない。父は、「すべてのそうした種類の動物」と紹介して、それぞれのラテン語学名を教えてくれたのだ。私は頑なに、一歩も譲らず、私は実際にヒドラを見たのだと、明確にきっぱりと（そして正直に）言い、「そういう種類の動物全部」からヒドラを分離することを拒否しつづけた。思いだすだけできまりが悪い。啓発的？　ひょっとしたらそうかもしれないが、何を啓発するのか、私にはわからない。たぶん、ファーガソン・トラクター（「汚れた古いフォードソン」！）であれ、ジャージー種の雌牛（「フリーシアンたちは乳を出さずに、水を出す」）であれ、私の両親に結びつくあらゆる事柄に対して私が感じていた強い忠誠心と関連していたのであろう。

トマス先生は私に養蜂技術を紹介し、父の風変わりなかつての級友ヒュー・コーリーがミツバチの群れを一つくれたので、学校が休みの時にも趣味として続けることができた。この群れは驚くほどおとなしい系統で、文字通りけっして刺すことがなく、私はよく面布や手袋なしで作業した。残念なことに、この群れは隣の畑から風で飛ばされてきた殺虫剤に汚染された。コーリー氏は情熱的な有機農法家で、初期のエコ戦士で、憤慨して私にもう一つのミツバチの群れをくれた。運の悪いことに、この群れは反対の極端にまでいっており――疑いもなく遺伝的相違――、動くものならなんでも刺した。しかし、そうして子供時代に何度も刺されたことが、後年におけるハチ刺されへの感受性を高めたのではないかと私は考えている。私は大人になってからたった二回しか刺されたことがないのだが、一度は四十代、もう一度は五十代だった。どちらの場合も、私は奇妙な反応を示した――私が活発に養蜂をおこなっていたときにはけっして起こらなかったような形の反応だった。片方の眼のまわりが巨大に膨れあがり、ほとんどモノが見えなくなった。刺されたのは、それぞれ手と足だったことを考えると、なぜ眼なのか？　そして、なぜとくに片方の眼だけだったのか？

トマス先生との養蜂を別にすれば、オーンドル校における私の少しは建設的な余暇のたしなみは音楽を演奏することだったと思う。私は多くの時間を音楽教室で過ごしたが、そこでさえ、多大の好機を無駄にしたことを告白しなければならない。ごく幼いときから、どんな種類の楽器も磁石のように私を引きつけたし、窓にヴァイオリン、トランペット、あるいはオーボエを飾ってある店から私を離すには引きずっていかなければならなかった。今でさえ、ガーデン・パーティや結婚式で弦楽四重奏団やジャズ・バンドの演奏が予定されていれば、私は自分の社会的義務をないがしろにし、音楽家のまわりをうろつき、彼らの指先を見つめ、演奏の合間に、もっている楽器について話をするだろう。私は最初の妻のマリアンのように絶対音感をもっておらず、現在の妻のララとちがって、和声的なセンスも乏しい。ララはどんなメロディに対しても苦もなく対旋律（デスカント）を即興でつくることができる。しかし私は天性のメロディ能力をもっていて、これは歌ったり口笛を吹いたりするのと同じほど簡単に、曲を演奏することができるという意味である。遺憾ながら、音楽教室における私の時間の過ごし方の一つは、私のものでない楽器を不法に手に取り、我流で曲を演奏することだったと言わなければならない。あるとき私は、上級生のかなり高価なトロンボーンで「聖者が町にやってくる」を演奏しているところを捕まり、面倒なことになってしまった。なぜなら、のちにそのトロンボーンに傷がついているのが見つかったからである。私は自分が傷をつけたのではないと心底から信じていたが、私は非難された（楽器の持ち主自身からではない。持ち主はその件についてむしろ好意的だった）。

私の安直なメロディの才は、少なくとも私のような怠惰な子供にとっては、喜ぶべきことよりもむしろ災いのもとであることが明らかになった。耳で聞いて演奏することが私にはあまりにも容易だったので、読譜や創造的な即興演奏といった他の重要な技巧をないがしろにすることになった。これは怠惰よりも悪かった。しばらくのあいだ、私は俗物根性で、楽譜を読むことが「必要な」音楽家たちを見下していた。即興演奏はすぐれた技巧だと思っていたが、いずれにせよ私は即興演奏が得意ではないということが判明した。学校のジャズ・バンドに参加するよう誘われたときに、私はすぐにそのことに気づいた。どんな曲でもまちがいなく演奏することができたが、それに即興を加える能力を絶対的に欠いていたのである。私は音階練習が非常にいいかげんだった。非常に薄弱な、不完全な言い訳をさせてもらえば、誰も私に音階が何のためにあるかを教えてくれたことがない、というのは事実だ。大人の科学者としてあとから振り返って考えてみると、私はその理由をつなぎあわせることができる。人は、あらゆる調（キー）に完全に習熟するために音階を弾く。そうして、五線紙の冒頭に記された調号をいったん読み取ると、指が自動的に、努力せずにその調に入っていけるようになるのである。

私が音楽教室で過ごした時間は、演奏というよりはむしろ音を鳴らしていたという表現が最適である。私はクラリネットとサキソフォーンで、正しく楽譜を読むことを実際に学んだ。しかし、ピアノでは――ピアノではふつう同時に二つ以上の音（ノート）を演奏できなければならない――、私は耐えられないほど遅かった。それは、ちょうど読むことを覚えている子供が、一時に文章全体を流暢に読むのではなく、単語をひと文字ずつ苦労して綴っていくのに似ていた。親切な音楽教師のデヴィソン先生は、私の生得的なメロディ能力を認めていて、私に、左手で和音を付け加えるための初歩的な規則を教えてくれた。しかし、私はそれをすぐに覚えたものの、Cメジャー〔ハ長調〕とAマイナー〔イ短調〕（黒鍵の数が最小になる）のキーでしかできず、私の左手による和音叩きはかなり単調だった――しかし、素人の聴衆は、リクエストに即座に応えて演奏する私の能力に感心した。

私は、非常に大きな声というのではなかったが、本物の純粋な高音域の歌声をもっていて、オーンドル校のかなり少人数の選り抜きの内陣聖歌隊に早くから採用された。私はそれを大いに喜んだ。指揮者のミラー先生のもとでの定期的なリハーサルは、私の一週間のハイライトだった。それはかなりいい聖歌隊で、イギリスの代表的な大聖堂聖歌隊と肩を並べるものだったと思う。そして、私たちが半ば巻き舌のr――どちらかといえばdのように聞こえる――という気取った音を使うことなしに歌ったということを付け加える誘惑にあらがえない。このrは、少なくとも私の偏見に満ちた耳には、「母はマリヤ、イエス・キリストは小さな子であった」〔賛美歌「ダビデの村に」〕のマリヤがマッディに、キリストがクディストに「朝日は昇り、子ジカは走り、オルガンは鳴り響き、歌声楽し……」〔賛美歌「ひいらぎとつた」〕のrising〔昇る〕がdisingに、running〔走り〕がdunningに、merry〔楽し〕

がmeddyに聞こえる。余談だが、私が気むずかしいふりをしているときに使うジョン・マコーマックの年季の入ったテノールの偽イタリア風のrはもっと悪い。「ある日、オレガン〔正しくはオルガンだが巻き舌のためにこう聞こえる〕の前に座って……」〔アーサー・サリヴァン作曲の「失われた和音」The Lost Chord という歌〕。

私たちは日曜日ごとに、聖歌（アンセム）を歌った。スタンフォード、ブラームス、モーツアルト、パリー、またはジョン・アイアランドのもの。あるいはタリス、バード、ボイスなどのもう少し前の作曲家のものだった。私たちは指揮者をもたなかったが、バスの二人が後列で内陣の両側で対面する位置にいて、無言の頭の動きで、指揮者の役割を果たしていた。そのバスの一人、C・E・S・パトリックは、聴く者を魅了する美しい声――訓練を受けていないがゆえによかったのだろうと思われる――をもっていた。私は彼と話をしたことがなかったが（他のハウスにすむ上級生で出会うことがなかった）、彼を男性聖歌隊のスターとして英雄崇拝していた。この男性聖歌隊は、もう一人の有能な音楽教師、ドナルド・ペインの指揮のもとで、学校のコンサートで演奏した。残念ながら私は、男性聖歌隊に加入を誘われることはなかった。声変わりしたとき、私の声の高さも質も下落してしまったのだ。

オーンドル校には、毎年恒例のオラトリオに全校生徒を参加させるという伝統――これまたサンダーソンによって創設された――があった。楽曲の選択は、すべての生徒が五年間の在学中にヘンデルの『メサイア』とバッハの『ミサ曲ロ短調』を体験するような方法でなされた。中間の年には多様な作品が提供された。最初の学期に、私たちはバッハのカンタータ一四〇番『目覚めよと呼ぶ声あり』と、ハイドンの『皇帝ミサ曲』をやったが、私はどちらも大好きで、とくにバッハは、ゆっくりとした歌によるコラールがオーケストラの跳躍進行する対位法的な旋律の背景に巧妙に配されていた。これは、それまで私がまったく知らなかった種類の、魔術的な体験だった。本番演奏の大切な日が来るまで毎朝、お祈りの後の五分間、背が高く細身のミラー先生が足早に前進し、全校生徒に、一回に二、三ページ分だけリハーサルをした。プロの独唱者(ソリスト)たちがロンドンから到着した。豊満なソプラノ歌手とコントラルト歌手は長いドレスを着ていた。テノール歌手とバス歌手はばりっとした燕尾服を着ていた。ミラー先生は彼らを大いなる敬意をもって遇した。彼らが「その名に値しない聖歌隊」のかすれたわめき声をどう思ったかは誰にもわからない。しかし、若々しいアマチュアの私の意見では、ソリストたちのうちに、男性聖歌隊のC・E・S・パトリックに匹敵するものは誰もいなかった。

私が経験した時代のイギリスのパブリック・スクールの雰囲気を伝えることは難しい。リンゼイ・アンダーソンはその映画『If もしも……』で、それをよく捉えていた。もちろん私は、この映画の結末の大虐殺のことを言っているのではないし、鞭打ち刑も誇張されていた。ひょっとしたら、もっと以前の残虐な時代には、軍人用ステッキをもち刺繡飾りのついたチョッキを着た監督生が鞭打ちをやっていたのかもしれないが、私の時代にはそういうことは起こらなかったと断言できる。実際には、私がオーンドル校にいたあいだ、誰かが鞭打ちの刑を受けたという話はまったく知らなかったが、ごく最近、それが本当にあったことを（犠牲者から）聞いた。

『If もしも……』は、女生徒のいない学校で可愛い生徒をとりまいて急激に高まる性的関心もみごとに捉えている。糊のきいた大きな帽子を被った寮母による性器の懐中電灯視診はほんのわずかしか誇張されていない。私たちの視診は校医によっておこなわれ、『If もしも……』の寮母のような好色なのぞき込み方はしなかった。私たちの穏やかな校医は、彼女がしたように、「ファイト、ファイト、ファイト」と叫びながら、ラグビー場のタッチラインに近づくということもしなかった。しかし、リンゼイ・アンダーソンが完璧に捉えていたのは、私たちがおもに生活し、勉強し、トーストを焼き、ジャズやエルヴィスを聴き、ふざけあった勉強部屋のごったがえした陽気さだった。彼は、取っ組みあう子犬たち――肉体的な取っ組み合いではなく、奇妙な自分たちだけしか理解できない、学期ごとに成長し、進化していくおかしなあだ名（ニックネーム）による言葉の取っ組み合い――のように十代の友達どうしを結びつけるヒステリックな笑い声をよく捉えていた。

あだ名の進化（および、おそらくは一般的なミーム論的な突然変異）の一つの例証として、私の友人の一人は、その個性に軍隊的な要素はほんのかすかにさえないにもかかわらず、「カーネル（大佐）」と呼ばれていた。「どっかでカーネルを見た?」ここに進化的な歴史がある。何年か前に、そのときには学校を卒業していた先輩が、私の友人に恋心を抱いていると噂されていた。その先輩のあだ名がシュキン（skinからの転訛で、それが何に由来するかは誰も知らない――ひょっとしたら、foreskin〔包皮〕となんらかの関係があるかもしれないが、この名は私が入学する前に進化していたのだろう）だった。そこで、私の友人はかつての秘かな崇拝者からシュキンを受け継ぎ、シュキンはティン（Thynne）と韻を踏む。そしてこの時点で、ロンドンの押韻俗語に似たものが入り込んできた。BBCラジオのグーン・ショーという番組にカーネル・グリッテ・ピッペ・ティンという登場人物がいた。そこから私の友人はカーネル・グリッテ・ピッペ・シュキンとなり、のちには省略されて「カーネル」となったのだ。私たちはグーン・ショーが大好きで、競いあって互いに、登場人物たちの声の物真似をしあった（同じ時代に同じような学校に行っていたチャールズ皇太子もしたように）。ブルーボトル、エックルズ、メジャー・デニス・ブラッドノック、ヘンリー・クラン、カウント・ジム・モリアーティなどだ。そして私たちは「カーネル」や「カウント（伯爵）」というふうに、グーンからの他のあだ名を互いに付けあった。

体の汚れにかんする事柄で、今日なら保健衛生検査に通りそうにないことがあった。ラグビーをしたあと、私たちは「シャワー」を浴びた。私の仮説では、過去のある時点ではそれは本当にシャワーだったのだろうし、学校の別のハウスではたぶん、まだちゃんとしたシャワーを浴びていたのだろう。しかしローンディマー・ハウスでは、シャワーの名残は陶製の正方形の台座だけで、私たちはそこに湯を満たした。それは二人の生徒が膝を顎まで上げて対面して座れるだけの大きさしかなかった。私たちは列に並んで「シャワー」に入り、一五人すべてのラグビー選手がそこを通過するころには、「湯」はもはや水というよりは、薄めた泥水だった。奇妙なのは、私たちは最後の二人になることを気にしていたようには思わないことだ。最後は、順番を待って並んでいる人を進めるために大急ぎで出るかわりに、温かさのなかで居座ることができるという利点があった。他の一四人の人間が浴びた泥だらけの湯に浸かっているという事実を気にしたという記憶が私にはないし、他の裸の男と非常に狭い浴槽に入るということも同様に気にはならなかった――どちらの事態も、今の私は激しく嫌悪するだろう。これもまた、私たちがかつての私たちと同じ人間ではないことのもう一つの証左ではないかと思っている。

オーンドル校は本当の意味で私の両親の期待に応えはしなかった。評判の工作室は、少なくとも私に関するかぎりは失敗だった。ラグビー・チームはあまりにも誇大な称賛を受けていたし、知性や学識、あるいは実際にはサンダーソンが養い育てた資質のいずれに対しても、あまりにも過小な敬意しか払われていなかった。しかし、少なくとも私の最終学年では、私の同級生の一団も最終的にその精神を理解しはじめた。明晰な若い歴史の先生が、第六学年生（シックス・フォーマーズ）のあいだでの知的論戦のためのコロキウム（会議）という名のクラブをつくった。この会合で起こったことについて私は思いだすことができない。ひょっとしたら、私たちは真面目な大学生のように「論文を読む」ことさえしていたのかもしれない。同じように大真面目に、この会合の外でも私たちはお互いの知性を、ジョン・ベッチマンの二行連句によって思い起こされるようなものと似ていなくもない、取り澄ました格好づけの雰囲気のなかで評価しあったのだろう。

客観的にみれば、我らの相部屋は小さなアテナイ国のごとくだった……
ルイスを除けば〔C・W・ルイスのこと〕。悪くはないが、あれが第一等だとは思うまい？

私と同じハウスの二人の友人は、最終学年において戦闘的な反宗教主義者になった。一七歳のときだった。私たちは礼拝堂で跪(ひざまず)くことを拒否し、腕組みし、唇を結んで座り、まるでお辞儀しボソボソつぶやいている頭の海から突き出た誇り高い火山島のごとく、挑戦的に突っ立っていた。イギリス国教会では予想される通り、学校のお偉方は寛大で、けっして文句を言わなかった。私が礼拝堂へ行くのをまるっきりサボったときでさえそうだった。しかし私はここで後戻りして、私が信仰を失うにいたった経緯をたどる必要がある。

私はオーンドル校に確固たる国教会信徒として入学し、初年度には数回、聖餐式に出席さえした。私は朝早く起き、クロウタドリやツグミの鳴き声を聞きながら、陽光を浴びた教会の庭を通り抜けて歩くのを楽しみにし、そのあとの朝食を待つ心地よい空腹感に浸った。詩人のアルフレッド・ノイズ（一八八〇－一九五八）は、次のように書いている。「たとえもし私が宗教の根本的な実在性になんらかの疑問をもったとしても、つねに一つの記憶――早朝の聖餐式から帰ってきたときの父の顔に浮かんだ輝き――でそれを払拭することができるだろう」。それは大人にとっては、見事なほど馬鹿馬鹿しい論法だが、一四歳だった私にはそれで十分だった。

私が、以前の不信へ戻るまでにそれほど時間がかからなかったと言えるのは嬉しい。最初に不信を植え付けられたのは九歳頃で、キリスト教が唯一の宗教ではなく、他の宗教と互いに矛盾があることを母から教わったときだった。さまざまな宗教がすべて正しいということはありえない。それなら、なぜそのなかの一つだけを信じるのか、たまたま私が、そのように育てられるべく生まれたというだけのことで。オーンドル校では、聖餐式に通った短い期間の後は、私はキリスト教に特異的なあらゆることを信じるのを止め、さらには、特定の宗教すべてを軽蔑するようにさえなった。とりわけ、私たちはみな「惨めな罪人」ですと全生徒が声を揃えてつぶやく「総告白」の偽善が頭に来た。翌週にも、そのまた次の週にも、そして残りの生涯を通じてずっと繰り返すよう（そして一六六二年以来ずっとそれが繰り返されていた）、まったく同じ言葉が書き記されていたというまさにその事実が、私たちが未来においても惨めな罪人以外の何かになるつもりがないという明確な信号を発していた。実のところ、「罪」への強迫観念とすべての人間はアダム（困ったことに彼が実在しなかったことを聖パウロは知らなかった）から受け継いだ罪をもって生まれるというパウロ信仰は、キリスト教のもっとも悪質な一面である。

しかし私は、ある種の不特定の創造主への強い信仰は持ち続けていたが、それはほとんど、生物の世界の美しさとデザインのような見かけに感銘を受けていたがゆえであり、また——他の大勢と同じように——デザインの出現には設計者（デザイナー）が必要だと信じるよう自らを欺いていた。私がまだ、この議論の根本的欠陥を解決する段階に達していなかったことを認めるのはまことに恥ずかしい。その欠陥とは、宇宙をデザインすることができるいかなる神も、自分自身をデザインする誰かを必要としたはずだということである。もし、デザイナーが何もないところから出てきたという推測を許すつもりなら、なぜ、同じ恣意（しい）的な扱いを、創造主がデザインしたと想定されているものに適用して、いわばこの仲介者を切り捨てることをしないのか？　もちろん、いずれにせよ、生物学的なデザインに関してダーウィンが途方もなく強力な代案を提供し、今日ではそれが真実であることがわかっている。ダーウィンの説明は、太古の単純さから出発して、ゆっくりと、徐々に段階を昇っていき、あらゆる生物体にあまねく見られる驚くほどの複雑さに至るという、大きな利点をもっていた。

しかし、この当時には、「それはあまりにも美しい、設計者がいるにちがいない」という主張が私を惑わしていた。私の信念は、こともあろうにエルヴィス・プレスリーによって、さらに強められた。エルヴィスについては、友人の大部分と同じく、私は目眩がするほど熱狂的なファンだった。私は彼のレコードを発売されるとすぐに買った。「ハートブレイク・ホテル」、「ハウンド・ドッグ」、「ブルー・ムーン」、「恋にしびれて」、「冷たくしないで」、「ベイビー・アイ・ドント・ケア」、その他多数である。私の心のなかでは、そのサウンドは私たちの多くが思春期のニキビと闘うのに用いたエスカメル軟膏のかすかな硫黄臭と分かちがたく結びついている――今ではもうきわめて当たり前のように思えるが。私は一度、家には自分一人しかいないと考えて、聞こえる範囲に父がいるとは知らずに「ブルー・スエード・シューズ」を大声で歌っていて、ばつの悪い思いをした。「おれを殴り倒してもいいぜ／顔を踏んづけてもいいぜ／おれのことを悪く言ってもいいぜ／そこいらじゅうで」。この歌でエルヴィスを正しく真似するためには、現代のラップ歌手のように、しゃがれ声で、言葉に一種の毒をまぶさなければならない。しまったと後悔しながら、しばらくして、自分は感情の激発のようなもの、あるいはトゥレット症候群をもってはいないことを父に伝えた。

というわけで、私はエルヴィスを崇拝し、無宗派の創造神を強く信じていた。そして、故郷のチッピング・ノートンの町のある店の窓の前を通りかかり、「私は信じます」という歌を呼び物にした『谷間の静けさ』というエルヴィスのアルバムを見たとき、すべてが一体となった。私は立ちすくんだ。エルヴィスは信心深いのだ！　興奮で錯乱状態になって私は店に飛び込み、それを買った。大急ぎで家に帰り、ジャケットからレコードを抜き出し、ターンテーブルにのせた。私は喜びにふるえて聴きいった――なぜなら、私のヒーローは身のまわりの自然の世界に驚異を見るたびに、みずからの信仰がより深まると歌っていたのだ。まさに私の気持ちそのものだった！　これはきっと、天からのサインだ。エルヴィスが信心深いことになぜ驚いたのか、いまとなっては理解できない。彼はアメリカ南部の教育のない労働者階級の出身だった。彼がどうして、信心深くないということがありえただろう？　にもかかわらず、私はそのときには驚き、このエルヴィスの思いがけないレコードは、個人的に私に話しかけ、人々に創造神について語ることに生涯を捧げるよう呼びかけていた――その仕事は、もし私が父のような生物学者になれば、私はそれをするためのとりわけすぐれた資質をもっているにちがいない。これは私の天職のように思え、そしてその呼びかけは、ほかならぬ半ば神のようなエルヴィスからのものだった。

私はこの時期の宗教的熱狂を誇りに思っているわけではないし、ありがたいことに、それは長続きしなかった。しだいに私は、生命の美しさとデザインされたような見かけの説明として、私の創造神よりもダーウィン主義的な進化のほうがより強力に適用できる代案であることを理解するようになった。まず手始めにダーウィン主義について最初に説明してくれたのは父だったが、原理は理解したものの、私はそれがそれほどの大仕事のできる理論だとは思っていなかった。私は学校の図書館でバーナード・ショーの『メトセラへ還れ』の序文を読むことで、反ダーウィン主義的な偏見をもっていた。ショーは雄弁だが支離滅裂な論法で、ラマルク主義的（より目的に導かれた）進化に肩入れし、ダーウィン主義的（より機械論的）進化を嫌っていた。私はその雄弁によって支離滅裂のほうに心を惑わされた。その仕事をなすために必要な自然淘汰の力を疑う時期を私は経験していた。しかし最終的には一人の友人――どちらも生物学者ではないが、のちに彼らと連れだって、礼拝堂で跪くことを拒否した二人のうちの一人――が、ダーウィンの明晰な考えがもつ真の威力を私に納得させてくれ、私はたぶん一六歳頃に、有神論を信じる心の最後の痕跡を脱ぎ捨てた。それから私が強く、かつ断固とした無神論者になるのに、長くはかからなかった。

学校のお偉方は、私が跪くのを拒んだことについて、寛容な国教会員として見て見ぬ振りをしたと言った。しかしそれは、お偉方のうちの少なくとも二人については、まったくの真実ではなかったかもしれない。一人めは当時の私の英語の先生、フロッシー・ペインで、傘を持ち上げ、高い位置にハンドルのついた自転車に背筋を伸ばして乗っている姿でよく知られていた。フロッシーは、礼拝堂で跪くことに反対するという反乱の先頭に立った理由を説明せよと、教室の皆の目の前で私に食ってかかった。私は自分がきちんとした説明ができないのではないかと不安だった。この機会を捉えてクラスの全員を同じ方向に導いていくというにはほど遠く、私は惨めに口ごもりながら、英語の授業はそのことを議論するにふさわしい場ではないということを言って、自分の殻のなかに引きこもってしまった。

二人めは、つい最近に知ったことなのだが、私の寄宿舎の寮長であるピーター・リング（実際にはいい人で、ただあまりにも国教徒的な順応主義者で、慣習的にすぎただけだった）が、私の動物学の教師であるヨアン・トマスに電話をして、私についての懸念を伝えたという。最近もらった手紙でトマス先生は、リング先生に「彼のような人間に、日曜日に一日に二回も礼拝堂に行くよう要求するのは、意図してその人間を傷つけることになりますよ」と警告したら、何も言わずに電話が切れたという報告をくださった。

リング先生は〝礼拝堂における私の反抗的な振る舞いについて、お茶を飲みながら腹を割って話しましょう〟と、私の両親を呼び出しもした。当時私はこのことについて何一つ知らず、母がこの事件について語ってくれただけだった。リング先生は両親に、私が態度を変えるよう説得を試みてほしいと頼んだ。父は次のように答えた（母の記憶による概略）。「そういう種類のことについてあの子をコントロールするのは私たちの仕事ではありません。こういった種類のことはあなた方の問題です。申し訳ありませんが、先生のご要望にお応えすることはできません」。この事件全体に関する私の両親の態度は、そんなことはたいした問題ではないというものだった。

リング先生は、すでに述べたように、それなりに寛大な人だった。同年代で、同じハウスにすんでいた私の友人の一人が、最近次のようななかなかいい話を語ってくれた。彼はその日の日中、そこにいるべきでない時刻に共同寝室にメイドの一人を連れ込んで、キスをしていた。階段から重い足音が登ってくるのを聞いたとき、彼らはパニックに陥り、友人は大慌てで若い女性を窓の敷居の上に追いやり、立っている彼女の姿を隠すためにカーテンを引いた。リング先生は部屋へ入ってきて、三つの窓のうち一つだけにカーテンが閉まっていることに気づいたにちがいなかった。もっと悪いことに、友人はその女性の足がカーテンの下から突き出していて、はっきり見えるのに気づいて、恐怖におののいた。彼は、リング先生は何が起こっていたかに気づいたにちがいないが、気づかないふりをしたのだと、堅く信じている。それはひょっとしたら、「男の子はどうしたって男の子」という諺が理由だったかもしれない。「こんな時間に君は共同寝室に上がって何をしているんだ?」「ちょっと靴下を取り替えにきたんです」「ああそうか、さあ、急いで下に下りなさい」。すばらしいですリング先生！　この生徒は彼の世代ではもっとも成功したオーンドル校の卒業生で、世界最大の国際的企業の最高経営責任者（ナイトにも叙勲された）となり、学校への気前のいい後援者となり、いろいろ貢献したなかでも、ピーター・リング奨学金を寄贈した。

大きな学校の校長というのは、近寄りがたく、畏怖の念を引き起こさせる人物である。猫背のガス・ステインフォースは、私が教わったのは一学期のみ――神学――だったが、私たちは彼に恐れおののいた。私たちは『天路歴程』を読み、このどちらかといえば楽しくない本について、その内容の想像図を作製しなければならなかった。所定の任期の半ばで、ガスは自らの出身校であるウェリントンに引き抜かれて去り、ディック・ナイトが後任のオーンドル校長となった。ナイトは大柄で、フィールドの外へと打球を叩き込む能力で（ウィルトシャー代表でクリケットの試合にでたことがあった）尊敬を勝ち取っていたスポーツマンであり、ついでながら、毎年恒例のオラトリオでは「聖歌隊なしで」歌った。彼は大型のロールスロイスに乗っていたが、チンチンした犬のようなそのスタイルから推測するに一九二〇年代のヴィンテージものだったろう――数十年後の静かな音を立てる流線型のものとは非常にちがっていた。私ともう一人の生徒がオックスフォード大学の入学試験を受け、それぞれどのカレッジを選ぶのか面接をされていたのと同じ頃、彼はたまたま仕事でオックスフォードを訪れていた。私たちの選択のことを聞いたとき、ナイト夫妻は親切に、私たちを年代物のロールスロイスでオーンドル校まで送ろうと申し出た。そして道中で彼は、キリスト教に対する私の反逆の問題を、慎重に持ち出した。国教会のもっとも寛容な態度を体現した、穏和で、人間的で、知的なキリスト教徒と話しあうのは、一種の啓示だった。彼は本当に私の動機に関心があり、責めるつもりは毛頭ないように思われた。何年ものちの死亡記事で、彼が若い頃有名なスポーツ選手であると同時に、傑出した古典学者であったことを知っても私は驚かなかった。引退後、彼は通信制の大学で数学の学位を取った。サンダーソン校長は、きっと彼のことが気にいったことだろう。

私の父と祖父は、オーンドル校を卒業した後の私に関して、オックスフォード大学のベリオール・カレッジ以外の進路をまったく考慮していなかった。その当時、ベリオールは学校別成績一覧表のトップ、きら星のごとき著名な卒業生——作家、学者、政治家、世界中の首相および大統領——の母校として、オックスフォード大学の最高のカレッジだという評判をまだ保っていた。両親は私の可能性について知るために、ヨアン・トマスのところへ赴いた。トマス先生は率直な現実的意見を述べた。「そうですね。彼はオックスフォードには辛うじて入れるかもしれませんが、ベリオールはたぶん望みが高すぎるでしょう」。

トマス先生は、私がベリオールに入れるほどできるということに疑いをもっていたかもしれないが、ここが彼の偉大な教師であるゆえんだが、私が全力を尽せるようにすべきだと決意した。先生は定期的に私を夕方に自宅に呼んで、補習授業（もちろん無料で。彼はまさしくそういう教師だった）をしてくれ、なにかの奇跡で、私をベリオール・カレッジに入れてくれた。もっと重要なことは、それは私がオックスフォード大学に入ったことを意味した。そして、今日の私をかくあらしめるに与（あずか）ったものが何かというかぎりにおいて、オックスフォード大学こそそれだった。

夢みる尖塔

Richard
Dawkins

「ミスター・ドーキンス？　ここにサインして。私はあなたの三人の兄さんを覚えているけれど、そのうちの一人は非常にすばらしいウィングだった。あなたもラグビーをやりませんか？」

「申し訳ないけど、やりません。それと、実際は私に兄弟はいません。きっと私の父と二人の叔父のことをかん違いしておられるのにちがいありません」

「ああそうだね。すばらしい青年紳士どの。ここにサインしてください。あなたの階段室は一一で、部屋番号は三、ミスター・ジョーンズと相部屋ですよ。次は誰？」

　ほぼこのような形で会話が進行した。これはそのときに書きとどめたものではない。ベリオール・カレッジの管理人（ポーター）は、山高帽をかぶった職種に特有の、不朽なものの見方をした。若い紳士がやって来ては去っていくが、カレッジは永遠に続くだろう、というものだ。実際、私がそこにいたあいだに、カレッジは七〇〇周年記念日を迎えることになっていた。この忠実で、古い歴史をもつ山高帽をかぶる職業のことについて語るとき、私は現在いるニュー・カレッジ（まあ、一三七九年には、ここも新しかったのだ）の管理責任者がもっと最近に教えてくれた逸話を語る誘惑に抗しえない。ある経験不足の新入りの管理人が、管理事件簿の扱い方がわからず、それが何のためのものかも、まだ呑み込んでいなかった。一時間ごとになされた彼の最初の宿直日誌への書き込みは、次のようなものだった（大略で、細部は間違っているかもしれない）。

午後八時　雨が降っている。
午後九時　まだ降っている。
午後一〇時　雨はさらに強く降っている。
午後一一時　まだ強く降っている。巡回するときに山高帽に雨が打ちつける音が聞こえる。

まず説明しておくべきは、オックスフォード大学がカレッジ〝連邦制〟の大学だということである。三〇ばかりのカレッジ連合体のなかで、ベリオールは、最古だと主張する三つのカレッジのうちの一つである。新しいカレッジを別にすれば、それぞれのカレッジは一連の四角い中庭のまわりに建てられている。こうした古くて美しい建物のほとんどは、ホテルや邸宅のホールのように、通路の片側ないし両側に部屋がある水平に走る廊下をもっていない。その代わりに、中庭から各ドアに至る多数の階段室があり、それぞれの階段室から、三階ないし四階までのいくつかの部屋に行くことができる。したがって、各部屋は階段室番号とその階段室内の部屋番号によって呼ばれる。近くの隣人を訪ねる場合には、たぶんいったん中庭に出て、それから別の階段室の入り口から入らなければならないだろう。私のいた時代には、階段室ごとに一つ浴室があり、もはやガウンを着て寒い外に出なくともよかった。現在では、それぞれの部屋に寝室と続きになった浴室がある可能性が高い。父なら「おそろしくモーリーだな」（軟弱で、女々しいという意味）と言うだろう。浴室を取り付けた動機の大きな部分は、オックスフォード大学とケンブリッジ大学のすべてのカレッジが学期外に精を出している、儲かる会議場商売の要求を満たすためだろうと、私は推測している。

オックスフォード大学とケンブリッジ大学の各カレッジは、財政的には自立独立した機関である。オックスフォード大学のセント・ジョンズ・カレッジやケンブリッジ大学のトリニティ・カレッジのような一部のカレッジは非常に裕福である。余談ながら、トリニティ・カレッジは金だけでなく、業績の点でも飛び抜けて豊かである。ケンブリッジのこの一つのカレッジだけで、米国、英国（当然だが）、ドイツ、フランスを除く世界のどの一国よりも多くのノーベル賞受賞者を誇っている。オックスフォード大学も同じ自慢をすることができるが、単一のカレッジではケンブリッジ大学のトリニティ・カレッジには遠く及ばないし、オックスフォード大学のなかでカレッジ別ノーベル賞受賞者リストのトップにくるベリオールでさえそうだ。最近になって気がついたが、私の父は、オックスフォード大学のベリオール・カレッジとケンブリッジ大学のトリニティ・カレッジの両方で学んだ数少ない人間のうちの一人なのだ。

オックスフォード大学とケンブリッジ大学のどちらも、カレッジと大学の関係は、米国の連邦政府と州政府のあいだの関係のように不安定な緊張関係にある。科学の興隆は「連邦政府」（大学）の権力と重要性を増大させてきた。なぜなら、科学はそれぞれのカレッジが個別に扱える営みとしては

（一九世紀には、一、二のカレッジが単独でやろうと試みはしたが）あまりにも巨大だからである。科学部門は大学に所属し、オックスフォード大学では、私の生活に支配を及ぼしていたのは、カレッジよりもむしろ動物学教室だった。

かの管理人は私を「ミスター・ドーキンス」（「サー」はとんでもないが）と呼んだ――私を大人として扱った――最初の人間の一人であったにちがいないが、私はその呼び方に慣れなかった。自分が実際よりも大人に見えるようにかなり意識過剰に振る舞うというのが、私たちの世代の大学生の特徴だったと思う。のちの世代の大学生はその逆に向かう傾向があり、みすぼらしい服装でフードや野球帽を被り、リュックをだらしなく背負い、時にはもっとだらしなくジーンズをズリ下げてはいたりする。しかし私の世代は、皮の肘当てがついたツイードの上着に、洗練されたチョッキ、コールテンのズボン、トリルビー帽、口髭、ネクタイ、蝶ネクタイまでをも好んだ。一部の学生は（私は、父親という手本があったにもかかわらずしなかった）、パイプ煙草を吸うことで、このイメージの最後の仕上げの一筆を加えた。こうした紳士気取りは、私と同級の新入生の多くが二歳年上だったことで助長されたきらいがあるかもしれない。というのも、私の学生仲間は兵役に招集されないほとんど最初の戦後世代だったからである。一九五九年に、私たちのように学校（スクール）からストレートで来た者はまだ子供で、軍隊で訓練を受けた男たちと講義、中庭、食堂を共有することで、早く成長して、一人前の大人とみなされたいという願望があるいは高められたのであろう。私たちはエルヴィスにさよならし、バッハやモダン・ジャズ・カルテットを聴いた。私たちは互いに、キーツ、オーデン、マーヴェルをおごそかに朗唱した。蔣彝（ショウウィ）は、ほんの少し前の時代に出版された魅力的な本『オックスフォードの物言わぬ旅行者』[1]において、カレッジの階段を一度に二段ずつ飛び跳ねて昇っていく一組の新入生を優雅な中国風の文体で描いたが、そうした雰囲気がよく捉えられていた。彼が挿絵に付した鋭くも興味深いキャプションにはこう書かれている。「私には彼らが新入生であると判別できた。なぜなら、一方が他方に対して〝シェリーをたくさん読んだかい?〟と言ったからだ」。

兵役が子供を大人にするという主張は、ウォダム・カレッジの伝説の学寮長モーリス・バウラをめぐるあるすてきなエピソードの核をなすものだ(バウラに関する逸話は無数にあり、避けたほうがいいのだが、これはとりわけ魅力的な話である)。戦争直後、彼はカレッジに出願しようと思っている一人の若者の面接をしていた。

「先生、私は戦争に行っておりまして、正直に申しますが、ラテン語をすっかり忘れてしまいました。入学資格を得るためのラテン語の試験に合格できません」

「いや、そんなことを心配する必要はないよ、君。戦争はラテン語とみなすから。戦争はラテン語とみなすから」

一九五九年に兵役から戻ってきた年長の同級生は、バウラの入学志願者のような、文字通りの「歴戦の勇者」ではなかったが、私にはない形で、世間を知る大人だという紛れもない空気を漂わせていた。やはり、パイプ煙草、蝶ネクタイ、きっちりと整えた口髭を好んだ私の世代は、退役軍人たちと張りあおうと必死にあがいていたのかもしれないと思う。現在の大学生たちが正反対の方向、幼児化

(1) Chiang Yee, *The Silent Traveller in Oxford* (London, Methuen, 1944).

を志向しているのではないかという私の推測は正しいのだろうか？　大学一年生になった最初の日に、現在のカレッジの掲示板には、つぎのようなことを告げる掲示の張られていることがよくある。「新入生諸君、孤独を感じている？　迷っている？　ママが恋しい？　ちょっと立ち寄ってコーヒーとおしゃべりはいかが。来店おまちしています」。このような人を甘やかす誘いの文句は、私の最初の学期の掲示板にはありえなかっただろう。そこには、いかにも私が大人の世界にやってきたのだと感じさせてくれそうな掲示が掲載されていた可能性がずっと高かった。曰く、「私の傘を〈拝借していった〉〈紳士〉はいないか……」。

私は生化学の専攻に応募した。私を面接したチューター（個別指導教官）は、のちにトリニティの学寮長となった親切なサンディ・オグストンで、彼は私を生化学者として仲間入りさせることを拒んだ——ありがたいことだった——（ひょっとしたら、彼自身が生化学者で、私を教えなければならなくなるからだったかもしれない）が、代わりに動物学を専攻する機会を私に提示してくれた。私は喜んで申し出を受け、それが私にとって申し分のない科目であることが判明した。生化学は、動物学のように熱狂的に私の興味を捉えることはなかった。オグストン博士は、その立派な顎髭からうかがえる通りに賢明だった。

ベリオールには動物学のチューターがいなかったので、私はカレッジの外、動物学教室のすばらしく愉快なピーター・ブルネットのもとに送り出された。彼が私の指導を引き受けるか、あるいは他の教官による個人指導を手配してくれるはずだった。ブルネット博士による初期の個別指導においては、学校での学習態度から脱却して、大学での学習に適した態度へ向かう始まりを記すものと言えそうな、一つの出来事があった。私はブルネット博士に、発生学に関する一つの質問をした。「私は知らない」彼はパイプを吸いながら考えにふけった。「面白い質問だ。フィッシュベルクに尋ねて、その結果を報告しよう」。フィッシュベルク博士は教室の年長の発生学者だったから、これはまったく当然の対応だった。けれどもその当時、私はブルネット博士の態度に非常に感動したので、両親にそのことについて手紙を書いた。私のチューターはある質問に関する答えを知らなかったので、専門の同僚に尋ねて、その結果を私に報告してくれたのです！と。私は大人(ビッグ・ボーイ)の仲間入りをしたのだと感じていた。

ミヒャエル・フィッシュベルクはスイスの出身で、非常に強いスイス・ドイツ語訛りのアクセントがあった。彼は講義で「tonk bar」と呼ばれるものについて頻繁に触れ、私は、ほとんどの学生が講義ノートにtonk barと書いていたと思うのだが、そのうちにこの語句がどう綴られるのかを目にする機会がやって来た。それはtongue barで、ある発生段階の胚に出現する特徴的な構造を指すものだった。うれしいことにオックスフォードにいるあいだにフィッシュベルクはわがイギリスの国技であるクリケットへの大きな熱狂を教室内で醸成し、動物学教室チームを創設して、キャプテンを務めた。彼はきわめて特異な投球動作をもっていた。野球のピッチャーと違って、クリケットの投手は腕をまっすぐ伸ばしたままで投球しなければならない。スローイングは厳密に禁じられている。肘を曲げてはならないのである。この制約を考えると、スピードをつけたボールを投げる唯一の方法は、走って、走りながらボールを放すことである。おそるべきジェフ・トムソン（「トンモ」）のような世界最速の投手は時速一〇〇マイル〔時速一六〇キロ〕（肘を曲げて投げる野球のピッチャーに匹敵する）もの球速を達成しているが、彼らは猛スピードで走りながら、その走りと優雅に調和させつつ、腕をまっすぐ伸ばしたままの上手投げでボールを放すことによって、それをする。しかしフィッシュベルク博士は違った。彼は打者（バッツマン）に注意を向けてじっと動かずに立ち、まっすぐに伸ばした腕を水平に持ち上げ、ウィケット（三柱門）に慎重に狙いを定めてから、腕を一回だけ上に振り上げ、その頂点でボールを手放すのである。

私はどうしようもないほどクリケットが下手だったが、ほかにもっとましな選手がみつからず、本当に困り果てたときに、丸め込まれて動物学チームでプレイすることはあった。けれど、クリケットの試合を見るのはとても楽しく、キャプテンが打者（バッツマン）のまわりに野手（フィールダー）を配する——チェスの名人がキングのまわりを取り囲んで駒（ピース）を配置するように——戦略に魅了された。オックスフォード大学競技場でプレイしているのを見たなかで最高のクリケット選手は、パタウディのナワブ（「タイガー」）、オックスフォード・チームのキャプテンで、ベリオールでのまぎれもない私の同級生だった。打者としての、野手の裏をかくようにボールを楽々と操る技は絶妙だった。しかし私がとりわけ感銘を受けたのは、野手としての彼だった。あるとき、打者がボールを打ち、まちがいなく簡単に点が入りそうな当たりだぞという叫びが上がった。そのとき、彼はボールに向かって突進しているのがタイガー・パタウディであることに気づき、パートナー［二人一組の打者のうち、打っていないほうで、野球の走者に当たる］に対してクリース［打者線のことで、クリース内が野球の塁に当たる］まで戻るように必死になって叫んだ。悲しいことに、タイガーはのちに自動車事故で片眼を失い、単眼で打つためにスタンスを変えなければならなくなったが、それでも十分、インド・チームのキャプテンをつとめるほどうまかった。

オックスフォード大学が私をつくりあげたと書いたが、本当は私をつくりあげたのはその個別指導（チュートリアル）システムであり、これはたまたま、オックスフォード大学とケンブリッジ大学に特有のものだった。オックスフォードの動物学課程には講義や実験室での実習ももちろんあったが、それらは他のどこの大学と比べてとりわけ驚くようなものではなかった。いい講義もあれば、よくない講義もあったが、私にとってはほとんど大差がなかった。というのも、私はまだ講義に出ることの意味がわかっていなかったからである。それは情報を受け入れるということではないはずで、したがって、私がそれまでしていたこと（そして事実上すべての大学生がいまでもしていること）、つまり考えるための配慮がまったく残されないまま奴隷のようにノートを取ることには、なんの意味もない。この習慣から私が離れることができた唯一の機会は、かつてペンを持ってくるのを忘れてきたときだった。隣に座っている女子にペンを借りるのは、恥ずかしすぎてできなかった（男子だけの学校で過ごしてきたのと、へまをするのが恥ずかしいのとで、この当時の私は、すべての女子に対して男の子じみた恐れを感じていて、私があまりにもおどおどとしすぎてペンを借りることができなかったほどであれば、それよりもっと興味深い他のことのために思い切って彼女たちにアプローチすることがいったい何度できたか、想像がつくだろう）。そこで、その一回の講義については私はノートを取らず、ただ聴く——そして考える——だけにした。それはとりわけいい講義ではなかったが、私は、そこから他の講義——なかにはもっとずっといい講義もあった——よりもずっと多くを得た。なぜなら、ペンがないことが、私に聴いて考える自由を与えてくれたからだ。しかし私は自らの教訓を学び取り、以後の講義でノートを取るのを止めるだけの分別はなかった。

理屈のうえでは、講義ノートを取るのは試験勉強のために使うためのはずだが、私は自分のノートを見返すことはけっしてなかったし、同級生のほとんどもそうしていなかったのではないかと思う。講義の目的は情報を伝えることではないはずだ。そのためには書籍や図書館があり、今日ではインターネットもある。講義は刺激を与え、思考を呼び起こすべきである。あなたは、優れた講師が目の前で独り言を言い、思考に触手を伸ばし、高名な歴史学者A・J・P・テイラーのように、何もないところから何かを摑むのを観察しているのだ。独り言を言い、内省し、熟考し、明晰にするために言い換え、ためらい、それから把握し、ペースを変え、考えるために休む優れた講師は、問題を考える方法、それについての情熱を伝える方法に関して、一つの役割モデルになりうる。もし講師が、だらだら読むように情報を伝えるのなら、聴き手はそれを読んでいるのと同じことだろう――たぶん、講師自身の本で。

ノートを取るなという私の忠告は、少しばかり誇張しすぎだ。もし、講師が独創的な考え、あなたに考えさせるような衝撃的なことを言ったのなら、そのときはぜひとも、後でそれについて考える、あるいは何かを探すために、メモを書いておくべきだ。しかし、講師の言ったあらゆる文章の一言一句を記録しようともがく――私がしようと試みてきたことだ――のは、学生にとって意味がなく、講師にとってはやる気をくじくものだ。近頃、学生を相手に講義しているとき私の目につくのは、ノートの上にかがみ込んだ頭の海だけだ。私は、文字通りのお祭り（フェスティバル）、記念講演に来る一般人の聴衆が好きで、あるいは、学生が来るにしても履修科目にあるからでなく、望んだから来る大学での客演講義といったものが好ましい。そうした公開講演では、講師はかがみ込んだ頭と文字を書く手ではなく、真剣な顔や微笑み、心に留めた理解――あるいはその逆――を見ることになる。アメリカで講演をするとき、一部の教授が学生たちに、「単位」のために私の講義に出席するよう要求していたという話を耳にすると、私はきわめて不機嫌になる。せいぜい譲ったとして、私は「単位」という考え方自体に気乗りがしないし、私の話を聞きにくることで学生が単位を得ているという考えには積極的に嫌悪を覚える。

ニコ・ティンバーゲンは、軟体動物に関する講義の先生として、私の人生に入りこんできた。彼はカキが好きだということを除けば、この動物群にとくに愛着はないと広言したが、各講義者に一つの門を、多少ともランダムに分配する教室の伝統に沿ってふるまっていたのだ。そうした講義から、私はニコの板書のすばやさを思いだす。彼の太い声（小柄な男にしては驚くほど太い）にはオランダ訛りがあったが、それほど顕著ではなかった。そして彼の優しい微笑み（年長者の慈愛に溢れていると当時は思ったが、きっと彼は今の私よりも若かったにちがいない）。翌年、彼はふたたび私たちに講義したが、今度は動物行動学についてで、慈愛に溢れた微笑みは、自分自身のテーマに対する熱狂のゆえにさらにひろがっていた。カンバーランド地方のレーヴングラスのカモメのコロニーを対象とする彼の研究グループの絶頂期には、ユリカモメによる卵殻の除去を映した彼の映像に私は魅了された。私は彼のプロット図をつくる方法――テント用の棒をグラフの軸として配置し、データ点として卵殻を戦略的に置く――が、とりわけ好きだった。まさにニコだ。まさに非パワーポイント的だ。

それぞれの講義が終わると、実験室での実習があった。私は実践的な仕事に対する意欲がなかったので、そして——私はあまりにも若くて、未熟だった——講義におけるよりも実験室におけるほうが、ずっと異性に気を散らされた。本当のところ、私を教育したのは個別指導システムだけであり、私はこの比類のない贈り物——少なくとも、科学的な教科に関する限りは比類のないものだったから——に関して永久に感謝しつづけるだろう。この点に関してはケンブリッジ大学でさえオックスフォードに及ばないと、私は思う。ケンブリッジ大学の大学課程の最初の二年間を占める自然科学トライポス〔学位取得のための筆記試験〕の Part I〔一般分野〕はみごとに幅広いが、その結果、オックスフォード大学でやっているような、特定の（確かに非常に狭いものだが）分野における世界的な権威になろうと学生を鼓舞するような経験を与えることができない——文字通り、ほんのわずかだけ足りないという意味である——のである。このことについて私は、あちこちで活字になったが『オックスフォードの個別指導（チユートリアル）——ありがとう。君が考え方を教えてくれた[1]』と題する本に決定版として収録されたある文章で論じたことがある。以下の数節は、その記事をもとにしたものだ。

この記事で私は、わがオックスフォード大学の課程は、多くの大学生が好むような、講義で直接触れられた話題について、そしてその話題のみについて試験をされるべきだという形での「講義主導」の研究方針をとってはいないことを強調した。その反対に、私が大学生のときには、動物学のすべての教科が公平に、試験の対象だった。唯一の制約は、ある年の試験は前年の試験の全般的な先例から不当に離れるべきではないという不文の慣例だけである。そして、個別指導もまた、「講義主導」（今日ではそうなっているのではないかと私が怖れるように）ではなかった。それは動物学主導だった。

私の最後から一つ前の学期に、ピーター・ブルネットは私のために、ニコ・ティンバーゲンその人に個別指導を受けるという稀な特権をなんとかして確保してくれた。動物行動に関する講義はすべて彼が一人だけで受け持っていたから、ティンバーゲン博士は「講義主導」の個別指導をしてもまったくおかしくなかった。しかし、言うまでもなく、彼はそんな指導をしたりはしなかった。毎週、私に与えられた個別指導の課題はDPhil（博士論文についてのオックスフォード大学流の言い方）を一篇読むことだった。私の小論文は、論文審査員の報告、その論文が収まる教科の歴史についての総説、およびその論文が提起する問題についての理論的・哲学的議論が混ざり合ったものだった。チューターと生徒のどちらも、この課題がなにかの試験問題に答えるのに直接的に役に立つのかどうかというような疑念は、ほんの一瞬たりともよぎらなかった。

また別の学期にはピーター・ブルネットが、私の生物学における偏向が自分の専門に比べてより哲学的であることを認めて、私がアーサー・ケインの個別指導を受けられるよう手配してくれた。アーサー・ケインは、やがてマンチェスター大学、さらにのちにはリヴァプール大学の動物学教授となる、この教室で売り出し中の才気煥発なスターだった。ケインによる個別指導も、私たちの課程のいずれかの講義によって主導されたというにはほど遠いものだった。ケイン博士は、私に歴史と哲学に関す

（1）'Evolution in biology tutoring?', in David Palfreyman, ed., *The Oxford Tutorial: Thanks, you taught me how to think* (Oxford Centre for Higher Education Policy Studies, 2001; 2nd edn 2008). この小論が最初に発表されたとき（*The Oxford Magazine*, No. 112, Eighth Week, Michaelmas Term 1994）、それは、私が批判していた「講義主導の」教授法の反省という意味で、「個別指導主導」という「わざと目立たない」タイトルをつけてあった。

る書物以外は何も読ませなかった。動物学と読んでいる本の関連を考え出すのは私しだいだった。私はそれをし、そうすることが好きだった。生物学の哲学に関する私の未熟な小論文がちょっとしたものだった――後からふりかえって考えてみると、大したものではなかった――などと言うつもりはないが、私がそれを書いているときの心のたかぶり、あるいは図書館で本を読みながら抱いた自分が本物の学者だという感情をけっして忘れることはないだろう、ということは言える。

　同じことは、標準的な動物学の話題についての、私にとってより本流の小論文についても言える。私はヒトデの水管系についての講義を受けたかどうか記憶がない。たぶん受けたのだろうが、その事実について、私のチューターはこの話題についての小論文を指定するうえで何の配慮もしなかった。ヒトデの水管系は、動物における高度に専門的な、多岐にわたる話題のなかの一つで、私がそれを思い出せるのは昔も今も同じ理由による――それについて小論文を書いたことがあったからだ。ヒトデは赤い血をもっていない。その代わりに、海水をパイプで送り、複雑に配管された管システムのなかをたえず循環させている。このシステムはヒトデの中心を取り巻く環を形成し、そこから五本の腕のそれぞれに枝管が伸びている。パイプで送られる海水は、五本の腕に沿って並ぶ無数の小さな管足を操作する独特な水圧システムとして用いられる。それぞれの管足は小さなものをつかめる吸盤で終わっており、それが呼応して前後に動くことで、ヒトデを特定の方向に引っ張っていく。管足は一緒に揃って動くわけではないが、半自律的に動き、もし管足に命令を与える口の周りの環状神経が引き裂かれるような機会があると、異なる腕の管足が反対方向に動き、ヒトデの体を真っ二つにすることができる。

私はヒトデの配管についての最低限の事実は覚えているが、問題なのは事実ではない。問題は、それを発見するよう私たちに仕向ける方法なのだ。私たちがしたのは、教科書をくわしく勉強するだけではなかった。図書館に行って新旧の書物を調べ、その話題について自分が世界の権威に可能な限り近づくまで、もとの研究論文の軌跡を一週間でたどっていった（現在なら、この作業の多くをインターネットでするだろう）。毎週の個別指導で刺激を与えられる以上、ヒトデの水力学について、あるいはどんな話題についてであれ、単に本を読むだけですむことはないのである。その一週間、私は寝て、食べて、ヒトデの水力学の夢を見ていたことを思いだす。管足が私の瞼の下を行進し、水圧で動く叉棘（さきょく）が探り、海水が朦朧とした私の脳の中を脈動していった。小論文を書くのは心の浄化（カタルシス）であり、このまるまる一週間を正当化するのが、この個別指導なのだ。そしてまた次の週には新しい話題が出され、新しいイメージの祭りが図書館で呼び起こされるだろう。私たちは教育されつつあった……。そして私は、今日自分にいささかでも文才が備わっているとみなされるならば、その大半がこの週ごとに課された訓練の賜（たまもの）であると信じている。

ヒトデについての小論文を書いて提出したチューターはデイヴィッド・ニコルズで、彼はエクセター大学の動物学教授になった。私を若き動物学者に仕立て上げてくれたもう一人のすぐれたチューターは、のちにヨーク大学の動物学教授となったジョン・カリーである。彼はいろいろ教えてくれたが、なかでも彼の――そして今では私の――お気に入りの、動物における考えるヒントになる不都合な「デザイン」の実例、すなわち反回神経を紹介してくれた。『進化の存在証明』で説明したように、この神経は脳からその終末器官である喉頭へ直接に向かわずに遠回りし（キリンの場合、目を見張るほど長い迂回路をたどる)、まず胸にまで下がり、大動脈を迂回してから、首をさかのぼって喉頭に至る。これはおそろしく不都合なデザインの歴然たる例だが、デザインのことを忘れ、その代わりに進化史という観点で考えはじめた瞬間に、完璧に説明可能となる。人類の遠い昔の祖先がまだ魚であったときは、この神経の最短ルートは、その古い時代には鰓(えら)の一つに血液を供給していた動脈に相当するものの後方にあった。魚には首がなかった。魚が陸に上がって首が長くなりはじめたとき、その動脈は徐々に頭に対して相対的に後方に動き、進化的な時間の経過につれて、一歩ずつ脳および喉頭から遠ざかっていった。神経は、遅れをとらない――どちらかといえば文字通りの意味で――ようにするが、最初はごく短い回り道をするだけでよかったものの、やがて進化が進むにつれて回り道はどんどん長くなり、ついに現生のキリンになると、迂回(うかい)ルートの長さは数メートルという規模になる。ほんの数年前、私はテレビのドキュメンタリー番組の一部で、数日前に死んだばかりのキリンの反回神経の解剖を手助けするという特典に恵まれたことがある。

私の遺伝学のチューターだったロバート・クリードは、変わり者で女性嫌いの唯美主義者、E・B・フォードの生徒であり、フォード自身は偉大なR・A・フィッシャーから大きな影響を受けていて、私たちはみなフォードから、フィッシャーに戻れと教えられた。私はこうしたチューターから、そしてフォード博士自身の講義から、遺伝子は体に及ぼす影響に関しては、原子のように孤立しているのではないことを学んだ。むしろ、一つの遺伝子の効果は、ゲノム内の他の遺伝子から成る「背景」によって条件づけられているのである。つまり、遺伝子は互いの効果を修正しあっているのである。のちに私自身がチューターになったとき、私はこのことを生徒たちに説明するために一つのアナロジーを考えついた。体は、天井に並んだフックに取り付けた無数の紐によってほぼ水平に吊された一枚のベッド・シーツの形によって表される。それぞれ一本の紐は一つの遺伝子を表す。遺伝子の突然変異は、天井に取り付けられた紐の張り具合で表される。しかし——ここがこのアナロジーの重要な部分だが——、それぞれの紐は、下に吊されたシーツに孤立して取り付けられているわけではない。むしろ、それは複雑なあやとりのように、多数の他の紐と絡まり合っている。このことは、どれか一つの「遺伝子」に突然変異（天井のフックへの取り付け方における張り具合の変化）が起きたとき、その紐に絡んでいる他のすべての紐の張り具合にも、あやとり全体に及ぶ一連の連鎖反応によって、同時に変化が起こる。そして結果としてシーツ（体）の形は、各遺伝子がシーツの「自分の」小さな単一の部分に個別に作用することによってではなく、すべての遺伝子の相互作用によって影響を受ける。体は肉屋の各部名称の図のように、対応する特定の遺伝子に「切り分け」できるようなものではない。むしろ、一つの遺伝子が、他の遺伝子との相互作用によって体全体に影響を与えうるのである。この喩え話を精巧にしたいなら、あやとりを横から引っ張ることによる環境的——非遺伝的な——影響を取り込めばいい。

私は先に触れたアーサー・ケインから、動物間の類似と差異の数学的計量によって動物を分類する方式（数量分類学）についてのいまなお盛んに加えられている中傷に反対することを学んだ。それとはまったく別に、私はケイン博士から、完璧きわまりない適応をつくりだすことができる——先ほど触れたばかりの反回神経のような、重要で興味深い例外があるにもかかわらず——自然淘汰がもつ力に感銘を受けることも学んだ。これら二つの教訓は、現在でも動物学の世界で支配的なある種の正統説に対して、いくぶんとも私を対立させることになった。アーサーはまた、私に「単なる（mere）」という単語の使用を控えることも教えてくれた――これはそれ以来ずっと私が続けている、意識高揚のための訓練になっている。「人間は化学物質の単なる袋ではない……」。まあ、もちろん、そうではないのだが、こんなことを言っても、興味深いことを何も言わなかったのと同然で、「単なる」という単語は無用な付け足しである。「人間は単なる動物ではない……」。これで、陳腐な言い草以上の何を言ったことになるのだ？　この文章に、「単なる」がどんな重みを与えるというのだ？　動物に関して「単なる」とはなんのことだ？　意味のあること以外言うべきではない。もし何かを言いたいのであれば、それを言えばいいのだ。

アーサーはまた、ガリレオについてけっして忘れられない話をしてくれたが、それはルネサンス科学のどこが新しいかを要約するものだった。ガリレオは一人の学識者に、自分の望遠鏡を通して天文学的現象を見せていた。その紳士は概略、次のようなことを言ったとされる。「先生、あなたの望遠鏡による実演は非常に説得力がありますから、もしアリストテレスが積極的に逆のことを言っているのでなければ、私はあなたを信じます」。現在なら、誰か権威と考えられている人間がただ断言しただけのことのほうが好ましいからと言って、実際の観察によるあるいは実験による証拠を、きっぱりと退けることのできる人間が誰かいれば、きっと驚くだろう――あるいは驚くべきだ。しかし、これが要点なのだ。変わったのはそこだった。

歴史、英文学、あるいは法律を専攻している大学生とちがって、私たち動物学の学生の場合、個別指導が自分のカレッジで、あるいは実際には他のどのカレッジでもおこなわれることはけっしてなかった。ほとんどすべてが大学博物館に建て増しされた、曲がりくねった階段を昇って下る動物学教室でおこなわれた。すでに述べたように、私の存在の中心地はこのいくつもの部屋と廊下が入り組んだ迷路だった。これは、非理科系の教科を専攻しているオックスフォード大生の典型的な経験とは非常に違っている。彼らにとって、存在の中心地はカレッジだった。昔ながらのカレッジのチューターは、カレッジ外での個別指導は一種の次善の策でしかないと考える。私の経験はまさに正反対である。学期ごとに違ったチューターがいるのは目新しさで活力を回復させてくれる。その理由を挙げるのは、私にとってあまりにも明らかで馬鹿馬鹿しく思える。

私はベリオールで実際に数人の友人をもっていたが、そのほとんどは非理科系の科目を専攻していた。ニコラス・タイク（彼とはのちに下宿をシェアしたことがあり、また彼はのちにロンドン大学ユニヴァーシティ・カレッジの歴史学教授となった）とアラン・ライアン（彼は著名な政治哲学者となり、ニュー・カレッジの学寮長になった）は私と同じ階段室だった。たまたま、数人の私の友人がカレッジの演劇同好会に入っていて、アマチュア劇の上演を観に行かせられた。私が経験したなかでもっとも感動的な劇場の夕べの一つは、ベリオール・カレッジ演劇協会演出の、一九五六年のハンガリー革命を扱ったロバート・アードリー（のちに生物学啓蒙書の著者として有名になる）の『影の英雄たち』だった。もっと気楽なのはベリオール役者団で、毎年、アリストファネスの喜劇の模倣作品を上演する巡業劇団だった。一九二〇年代に彼らがこの役者団を始めたときには、アリストファネス劇をそのまま、ギリシア語さえを使って上演していたと思う。しかし伝統が変わり、私がいた頃には、アリストファネスが現代政治を風刺するバラエティ・ショーに書き換えられていた。私の時代の役者団の代表的指導者はピーター・スノウで、彼はテレビでおなじみの顔になった。またジョン・オルベリーは、有名な演劇の名門一族の機知に富んだ有能な一員だったが、のちにオックスフォード大学ユニヴァーシティ・カレッジの学寮長になった。ジョン・オルベリーはすばらしいモントゴメリー将軍を演じ（「神は言われた――そして私は神に同意する〔原文は agree がなまったらしい agwee となっている〕……」）、ピーター・スノウは同じように特筆すべきド・ゴール将軍を演じた。「栄光……、勝利……、歴史……、そして叔母の（ラ・プルーム）……羽ペン（ド・マ・タン）」。ジェレミー・グールドは、「我が誕生記念叙勲のリストにはまちがいなく含まれている……そして数々の大英帝国勲章受章者が」と歌うハロルド・マクミランを演じるのに、ほとんど芝居をする必要がなかった。それは大英帝国の衰退期で、役者たちはおそらくジョン・オルベリーによって書かれたと思われるこのすてきな告別の歌を歌った。五行だけしか覚えていないが、それはこんな歌だった。

日没と宵の明星
アデンからザンジバルまで
帝国の絆はばらばらに切り離されていき
そして最後の礼砲が轟きつつある。
そして人は流離（さすら）うことを止めないだろう……

同じ演劇グループが私をヴィクトリア協会に紹介してくれ、彼らとともに、私はベリオールでもっとも幸せな時間のいくらかを過ごしたのである。私たちは一学期に一度か二度集まって、ポートワインをちびりちびりとやりながら、ピアノの伴奏に合わせてミュージック・ホール曲を歌った。セレモニーの主宰者は独唱者の名を一人ずつ呼んでそれぞれの特別な歌を歌わせ、私たち全員が合唱に加わった。ほとんどは元気のいい、背伸びした歌で（「どこでその帽子を手に入れた?」、「もう飲んじゃだめよ、ミセス・ムーア」、「ここではそれはしっこなし」、「おれはヘネリー八世だ（『ヘンリー八世君』）」、「お父さんが言ったの、ヴァンの後についてこいって」）、感傷的なお涙頂戴の歌（「彼女はただの、金メッキの籠のなかの鳥」、「金髪に交じった銀の糸（『白銀の糸』）」）がちりばめられていた。涙に対しては、クリネックス・ティッシュが渡された。そして、歌の夕べは、やみくもな愛国主義（「女王の兵士たち」、「戦いは望まないが、やるときには本気でやる……露助にコンスタンチノープルは渡さない」）で終わる。もし、ベリオールの日々で、私が心から喜んで思いだしたい体験が一つあるとすれば、ヴィクトリア協会の夕べだろう。

私の人生のはるかにのちのことだが、こうした思い出にもっとも近い出来事が、オックスフォードからすぐ近くのウートンの村にあるキリングワース・キャッスル・パブで定期的におこなわれる金曜夜の歌の集まりで起こった。ここへは私の二番めの妻で、私の愛娘ジュリエットの母親であるイヴに紹介された。音楽はミュージック・ホール曲ではなく、英国「民謡」で、飲み物はポートワインではなくビールだったが、ここでヴィクトリア協会での雰囲気のいくらかがよみがえってきた。お酒によってよりも、音楽とグループによってかもしだされる温かな陽気さだ。こうした金曜日の夜には、独唱者と楽器奏者（ギター、アコーディオン、ペニー・ホイッスル〔小さなブリキ製の縦笛〕）は、四つないし五つの定期的な演者あるいはグループが持ち回りをした。それぞれちがったよさを備え、イヴと私を含めた常連合唱団も知っているような歌のレパートリーを個々にもっていた。いくつかの歌にはきわめて洗練された追走曲(カノン)と対旋律(デスカント)がつくられた。そして——ヴィクトリア協会でと同じように——合唱はつねに規律があり、心地よいテンポを保ち、通常の酔っぱらいの哀歌「ただの黄昏時の歌」とは大ちがいだった。なかでもより傑出したメンバーについては、私たちはイヴが与えた個人的なあだ名を用いて呼んでいた。「二パイント」(大きな、顎髭をたくわえた若者で、ビールを持ち上げるその腕と同じくらいマッチョな太いバス声をもち、音楽家たちのために拠金を集めていた)、「ビッグ・ダディ」(快いテノール声をもつおじいさんのような人物で、ときに、主な独唱者が歌い終わった後に、志願してソロで「クックロビン」を歌った)、「メイナード・スミス」(眼鏡をかけた快活な人で、あだ名は顔がかの高名な科学者と似ているところから)、「超人ハルク」(音程を外して歌う数少ない人間のうちの一人)、その他である。

大学生時代に話を戻すと、ベリオールの友人と私は頻繁に映画を観たが、ふつうはウォルトン通りのスカラ座に行った。イングマール・ベルイマン、ジャン・コクトー、アンジェイ・ワイダ、あるいはその他の大陸の監督による知的な映画だった。私は、イングマール・ベルイマンの『野いちご』や『第七の封印』の暗いモノクロームの映像や、『夏の遊び』の悲劇に転じる前の叙情的なラブシーンにとくに心を動かされた。こういった種類の映画や父が紹介してくれた詩人——ルパート・ブルック、A・E・ハウスマン、そして誰よりも初期のW・B・イエーツ——は、若い私の自我を非現実的で、実際には妄想に近い、ロマンチックな空想の脇道へ向かわせた。多くの純朴な一九歳と同じように、私は恋に落ちた――特定の女の子に対するというよりは、恋をしているという考えに対して。まあ、実際に女の子がいて、たまたまスウェーデン人だったので、それがベルイマンに導かれた私の空想と一致した。しかし、私が愛したのは、自分に悲劇のロミオという役を振り当てた恋という考えそれ自体だった。彼女がスウェーデンに帰国してしまってから馬鹿馬鹿しいほど長いあいだ、私は彼女を想って落ち込んでいたが、彼女のほうは――まちがいなく――、私との束の間の夏の遊びなど、とっくに忘れてしまっていただろう。

ずっとのちまで、二二歳というかなり奥手の年齢まで、最終的に童貞を失うことがなかった。相手はロンドンにすむ綺麗なチェリストで、彼女のワン・ルーム・マンションで、私に演奏を聴かせるためにスカートを脱いだ（タイトスカートを履いてチェロは弾けない）――そしてそのあと、その他一切を脱ぎ捨てた。自分のそうした初体験を悪し様に言うのが当世風なのかもしれないが、そんなつもりはない。それはすばらしかった。私がおもに覚えているのは、先祖返り的な達成感である。「そうだ。もちろん。これこそ、つねに感じられているものなのだ。これが、歴史が始まって以来、ずっとやられてきたやり方なのだ」。一生物学者としては、性交を生命がつねに提供できる最高の体験の一つにするような形で神経系が進化した理由を説明するのは難しくない。しかし、説明できるからといって、そのすばらしさがいささかでも減じるわけではない――ニュートンの鮮やかな解明によって、虹のすばらしさが決して色あせないのと同じである。そして、一生を通じてどれだけ多くの虹を見るかどうかは問題ではない。すばらしさはあらためて再発見され、その都度、心は躍る。しかし、この話題については、これ以上何も言わず、秘密を漏らすつもりはない。本書はそうした類の自伝ではない。

たまたま、虹の美しさを讃えたワーズワースは私のお気に入りの詩人ではけっしてなかったが、若者としての私を感動させた詩のいくつかの断片をここで引用しておきたい。これらの詩句は、現在の私を形成するうえで重要な役割を果たしたもので、すべて完全に暗記していた（いくつかは今でも覚えている）。

息を殺して、ぼくらは風の吹きすさぶ丘の上に我が身を投げ飛ばす
陽のもとで笑い、愛らしい草に口づけした。
君は言った。「ぼくらは栄光と恍惚を経験する。
風と太陽、そして大地はそのままで、鳥はまださえずる
ぼくらが年老いて、年老いて……」「そして死ぬとき
ぼくたちのものはすべて終わり、命は燃えつづける
他の恋人たち、他の唇を通して」私は言った。
「心の奥底から、天国はいま、勝ち取られた！」
「ぼくらはこの世で最高、彼女の教訓をここで学んだ。
命はぼくらの叫び。ぼくらは信義を貫いた！」ぼくらは言う。
「ぼくらは、ためらうことなき足取りで下る
薔薇の冠をいただいて、闇のなかに！……ぼくらは誇るべき、

そして笑われるのか、そのような大胆な真実を述べて
——そして、それから君は突然叫び、背を向けた。

ルパート・ブルック

ここでは語らないで、何も言うにはおよばない
魅惑的な女は、なんという調べを奏でるのか。
おだやかな九月の余韻のなかで
あるいは、白くなった山査子（さんざし）の花の下で
彼女と私は長い知り合いなのだから
そして私は、彼女のことをすべて知っている。

A・E・ハウスマン

私は夢を見た。私は谷間にたたずみ、ため息ばかりついていた。
幸せな恋人たちが、私の立つ側を、つぎつぎと通り過ぎていくからだ。
そして私は、失った恋人がひそやかに森から出てくるのを夢見た。
夢でかすんだ眼にかかるくぐもった薄青色の瞼
私は夢の中で叫ぶ。おお女たちよ、横たわるよう男たちに告げよ
頭をあなたの膝に乗せ、彼らの眼をあなたの手で覆ってほしい

そうすれば、彼らが他のどんな顔も美しいと認めないことを彼女らに思いださせるだろう。
この世のすべての谷間が廃れさってしまうまで

W・B・イェーツ

たたずみながら、心と心をしっかり堅く結びあい、「あそこをごらん」と、
彼はささやいたか？　「花から前の海を見てごらん。
薔薇の花が萎れたとき、波の花が持ちこたえているのだから。
山査子の花を少しばかり愛した男は死ぬかもしれぬ――けれど私たちは？」
そして同じ風が歌い、同じ波が白く砕け、
そして、あるいは、庭の最後の花びらの一枚が落ちたときからずっと。
ささやいた唇のなかで、輝いていた瞳のなかで
愛は死んだのだ。

A・C・スウィンバーン

私の父は一冊のルーズリーフ帳をもっていて、そこにお気に入りの詩を大量に綴じていたが、すべて自分の手で書き写したものだった。私の詩の好みは、この個人的な詩集（アンソロジー）に強く影響を受けたが、これはいまでも母がもっている。この詩集が二十代の初めに、父が大学院生として研究していたケンブリッジ大学から、母への手紙という形で始まったもので、手紙を一通書くたびに詩が同封されてい

て、それを母が保存しておいたのだということを聞いて、心を打たれた。

しかし、私自身の大学生時代と次に何が起こるべきかについての思索になると、父と一緒に農業をやろうと、私が真面目に考えたことがあったとは思わない。しだいに私はオックスフォード大学に残って、学位研究をしたいと思うようになっていた。その後どうするか、あるいは自分がどういう種類の研究をやりたいと思っているかについて確固たるイメージをもっていたわけではなかった。ピーター・ブルネットは生化学的な研究プロジェクトを私に提示し、私は喜んでそれにサインし、それほど熱心にではないが、関連する研究文献を調べた。しかしそのあと、動物行動についてのニコ・ティンバーゲンの個別指導を受けにいき、私の人生は変わった。ここには本当に自分が考えることができるテーマ、哲学的な意味合いをもつテーマがあった。ニコはどうやら私にいい印象をもったようで、私のカレッジへの彼の期末報告で、自分がこれまで指導した中で最高の大学生だと述べていた――この評定は、彼があまり大学生の個別指導をしたことがないという事実を考えれば、割り引かなければならない。いずれにせよ、それが私の勇気を奮い起こさせ、私を研究生〔日本の大学院生に相当する〕として取る気があるかどうかを質問させるに至り、彼はイエスと言ってくれ、私の喜びは長く続いた。私の将来は、少なくとも次の三年間は保証された。そして今にして思い返せば、私の残りの人生全体が保証されたのだった。

仕事のやり方を学ぶ

Richard
Dawkins

ひょっとしたら、すべての科学者は自分の大学院生時代をのどかなものとして思いだすのかもしれない。しかし確かに、一九六〇年代初めのティンバーゲン・グループは、いくつかの研究環境においてほかよりものどかであり、そこには何か特別なものがあったと思う。ハンス・クルークは、その愛情はこもっているが聖人伝的ではない伝記、『ニコの天性〔ニコにとっての自然という意味もある〕』[1]において、その雰囲気をよく捉えている。彼や私は、デズモンド・モリス、オーブリー・マニングその他が描いているような英雄的「本格（ハードコア）」期には遅れてやってきたが、私たちの時代も似たようなものだったと思う――ただ、ニコ自身の姿はあまり見かけなかった。なぜなら、彼の部屋は動物学教室の本館にあったのに、それ以外の私たちは、ベヴィントン通り一三にある別館にいたからである。そこは、

（1）Hans Kruuk, *Niko's Nature: The Life of Niko Tinbergen and his Science of Animal Behaviour* (Oxford, Oxford University Press, 2003).

北オックスフォードにある高くて細い建物で、パークス通りの大学博物館に付け足された動物学教室本館からは半マイル〔約八〇〇メートル〕ほど離れていた。

ベヴィントン通り一三の長老はマイク・カレンで、おそらく私の人生においてもっとも重要な師であるが、動物行動研究グループ（ＡＢＲＧ）の私と同時代の者のほとんどがそれに同意してくれると信じている。この卓越した人物に私たちが負っている恩恵を説明するための試みとして、二〇〇一年にオックスフォード大学のウォダム・カレッジでおこなわれた彼の追悼会で私が述べた弔辞の結びの言葉を引用するに如くはない。

彼は自分自身で多数の論文を発表したわけではありませんが、教育・研究の両面において、なみはずれて熱心に仕事をされました。彼はおそらく、動物学教室全体のなかでももっとも人気のあるチューターでした。それ以外の残りの時間――彼はつねにせわしなく、きわめて長時間働いていました――を、研究に捧げていました。しかしそれは彼自身の研究であることはめったにありませんでした。彼を知っているあらゆる人が同じ話をするでしょう。すべての死亡記事がそのことを、目を見張るほど同じような言葉で語っていました。

あなたが自分の研究である問題を抱えていたとしましょう。あなたはどこに助けを求めにいけばいいかきっちりわかっていて、そこへ行けば彼があなたの役に立ってくれました。私は、この場面が昨日のことのように眼に浮かびます。ベヴィントン通りの混みあった小さな食堂での昼食の会話、赤いセーターを着た、痩せてはいるが逞しい少年のような人物が、強い知的エネルギーによってゼンマイを巻かれたように少し背を丸め、ときどき、集中しながら体を前後に揺すっていました。深い知性をたたえた眼は、言葉が発せられる前に、あなたが言わんとすることを理解しています。説明のために使われた封筒の裏、乱れた髪の下で時おり、懐疑的でいぶかしげに動く眉毛。やがて彼は飛んでいかねば――彼はいつもいろんなところへ急いで行きました――なりません、ひょっとしたら個別指導のためかもしれません。そして彼は、ごつごつした手にビスケットの缶を握って、姿を消すでしょう。しかし、翌朝になると、あなたの問題に対する答えが届くでしょう。二ページほどの便箋に、マイクの小さな独特の手書き文字で書かれた答えには、しばしばいくつかの代数計算、図表、主要な参照文献が付き、時には彼自身がつくった適切な詩、あるいはラテン語ないしギリシア語古典の断片が添えられていて、いつも励ましを与えてくれました。

私たちは感謝していますが、十分に感謝をつくせてはいません。この事態をよくよく考えてみますと、彼が私の研究の数学的モデルを夜通しずっと考えていたということに気づいたことでしょう。彼がそうしてくれるのは、私のためだけではありません。ベヴィントン通りにいるあらゆる人間が同じ扱いを受けます。しかも単に自分の学生だけではありません。私は公式にはニコの学生で、マイクの学生ではなかったのです。私の研究がニコの扱う範囲よりも数学的なものになったとき、マイクは無償で、正式な承認なしに私を引き受けてくれました。私が学位論文を書く段になると、それを読み、批判し、すべての行を完全なものにするよう助けてくれたのは、マイク・カレンでした。このすべてを、自分の正式な学生たちに同じことをしながら、やってくれたのです。

いったいいつ（私たち全員がいぶかってしかるべきだ）彼は、ふつうの家族生活を営む時間をつくっているのだろう？　いったいいつ自分の研究時間をえているのだろう？　彼がめったに論文を発表できなかったのは何の不思議もありません。彼が動物のコミュニケーションに関する長く待ち望まれた本を書けなかったのは何の不思議もありません。本当を言えば、この黄金時代を通じて、ベヴィントン通り一三から発表された数百篇のほとんどどの一つについても、彼が共著者になっているべきだったのです。実際には、彼の名前は、そのどの一つにも出ていません――謝辞の項を除けば……。

科学者の世間的な成功――売り込みや名誉のための――は、発表した論文数によって判断されます。この指標に基づけば、マイクは高い評価をされません。しかしマイクが、自分があまり貢献していない論文に名前を載せることを現代の指導教官たちが安易に求めるような形で、学生たちの発表論文に彼の名前を加えることに同意していれば、彼は社会的慣習上、成功した科学者とみなされ、大きな栄誉を与えられたことでしょう。実際は、彼はずっと深い、より真の意味で、みごとに成功した科学者だったのです。そして、私たちは本当に称賛すべきなのがどういった種類の科学者であるかをわきまえているものと、私は思います。

残念なことに、オックスフォード大学は彼をオーストラリアに去らせてしまいました。何年かのちに、私はメルボルンで、客員講師としての私のためのパーティで、手に飲み物をもって、おそらくはかなりぎくしゃくして立っていました。そのとき突然、見慣れた人物が、いつものように大急ぎで、部屋に飛び込んできました。私たち他の人間はみなスーツを着ていたのに、このおなじみの人だけはちがいました。年月は消え去り、すべては昔と同じで――ただし、彼はもう六十代に入ってかなりたっていたにちがいないのに、まだ三十代のように見えました――、少年のような熱意の輝き、そして赤いセーターさえも。翌日、彼の愛するペンギンたちを見せるために、海岸まで私を車で連れていってくれ、途中で、何フィートもある巨大なミミズを眺めるために停車したりしました。私たちはおしゃべりをしてうんざりするほど日の光を浴びました――昔のことや古い友人たちについてではなく、野心や研究費の獲得や、《ネイチャー》に載る論文のことでは絶対になく、新しい科学や新しいアイデアについて。それは申し分のない一日で、そして私が彼と会った最後の日でした。

マイク・カレンのような知性に溢れた科学者を私たちはほかに知っているかもしれません――そうはいないでしょうが。惜しみなく救いの手をさしのべるほかの科学者を知っているかもしれません――ほとんどいないに等しいでしょうが。しかし私は、これほど多くを与え、与えることにこれほどまで惜しみなさを兼ね備えた人を、ほかに誰も知らないと断言したい。

ウォダム礼拝堂でこの弔辞を読みながら、私はほとんど泣きそうになったが、たったいま一二年後にこれを読み返しながら、またもや、ほとんど泣きそうになった。

ベヴィントン通り一三の仲間たちの友情が例外的なものだったのか、あるいは大学院生のすべてのグループは似たような団結心（esprit de corps）をもつものか、私にはわからない。大きな大学の建物内よりもむしろ切り離された別館にすんでいることが、社会的な力関係にいいほうに働くのではないかと、私は推測している。ＡＢＲＧ（およびデイヴィッド・ラックのエドワード・グレイ野外鳥類学研究所やチャールズ・エルトンの動物個体群研究所など他の分離施設）が最終的に、現在のサウス・パーク通りのコンクリートの巨大なマンモスビルに移ったときに、何かが失われたと、私は信じている。しかしそれは、その頃には私はずっと年を食い、責任の重さに苦しめられるようになっていたというだけのことかもしれない。理由が何であれ、私はベヴィントン通り一三と、金曜日の夕方のセミナーやランチ・ルーム、あるいは〈ローズ・アンド・クラウン〉亭のバー・ビリヤード台に集まった当時の私の仲間たちに忠実な愛着を持ち続けている。その伝染性のユーモア感覚を、のちに彼の『恐竜の飼いかた教えます』[1]に寄せた序文で思いだしたロバート・マッシュ。チェーン・スモーカーで大酒飲みなのに、信じがたいほど敬虔だと噂されていたディック・ブラウン。とびきり風変わりな頭の切れ味で、人を楽しませることを止めなかったホアン・デリウス。超常的なほど楽しいホアンの妻のウタは私にドイツ語を教えてくれた。長身で金髪のオランダ人で、のちにニコの伝記を書いたハンス・クルーク。スコットランド人のイアン・パターソン。カツオドリ屋で、私がいた最初の六カ月間は、彼の部屋のドアに貼られた謎の掲示、「ネルソンはバスロック〔エディンバラ沖にある岩礁で、十数万羽のカツオドリが生息する〕におります」でしか知らなかったブライアン・ネルソン。顎髭のクリフ・ヘンティ、最終的にニコの後継者となったデイヴィッド・マクファーランドは、心理学教室に本拠をおいていたが、彼の元気のいい妻のジルがホアンの研究助手で、毎日夫婦でベヴィントン通りにランチを食べにきていたので、われわれのグループの名誉会員だった。ヴィヴィアン・ベンジーは、ランチ・グループの別の名誉会員となった明るいニュージーランド娘であるリン・マケクニーとアン・ジェーミソンを紹介した。ルー・ガーはもう一人のにこやかなニュージーランド人だった。ロビン・ライリー。陽気なナチュラリストのマイケル・ロビンソン。のちに私とアパートをシェアしたマイケル・ハンセル。私と共著論文を書いたモニカ・イムペコーフェン。私と結婚したマリアン・スタンプ。ヒーザー・マクラナハン、ロバート・マーチン、ケン・ウィルツ。ケニアでコンサルティングの共同事業をおこしたマイケル・ノートン゠グリフィスとハーヴィー・クローズ。のちに私と三篇の共著論文を書いたジョン・クレブス。ゾウについての学位論文執筆中に心ならずもアフリカから追放された命知らずのイアン・ダグラス゠ハミルトン。カラ類の最適採餌についての論文を一緒に書いたジェイミー・スミス。イモリ屋のティム・ハリディ。きれいに修復したラゴンダ〔高級スポーツカー〕に乗り、漫画を描く才能のあったショーン・ニール。写真の名人ラリー・シェイファー。ほかに書き忘れた友人があったら、お詫びする。

金曜日の夕方のセミナーはティンバーゲン・グループの一週間のハイライトだった。二時間は続き、しばしば次の金曜日までこぼれだしたが、時間はあっというまに過ぎ去った。なぜなら、一人の話題提供者の声を一時間も聞くのに費やして、最後に質問の時間がくるという眠気を誘うような常套的なやり方とちがって、私たちの二時間は、終始議論で燃え上がっていたからである。ニコは、話題提供

（1）Robert Mash, *How to Keep Dinosaurs* (London, Orion, 2005).〔邦訳『新版　恐竜の飼いかた教えます』、新妻昭夫・山下恵子訳、平凡社、二〇〇九年〕

者が最初の一文を言い終わる前に、「うん、うん、しかし君は何を言いたいのかね……？」と口を挟んで、基調を定める。これは、字づらから予想されるほどイライラさせられるものではなかった。ニコの遮りは、いつも明快にすることを目的とし、たいていは必要なことだった。マイク・カレンの質問はもっと突き刺すようなもので、情報に富み、より怖いものだった。その他の特筆すべき貢献者――それぞれ独特の形において才気にあふれた――として、ホアン・デリウスとデイヴィッド・マクファーランドがいたが、残りの私たちも、そこに出席したほとんど最初の日から、遠慮なしに割り込んだ。ニコはそうすることを奨励した。彼は、研究で追求しようとしている問いについて絶対的な明晰さを要求した。ケンブリッジ大学のマディングリーにある姉妹研究グループを訪問したとき、大学院生の一人が自分の研究について、「私のしていることは」という言葉で説明しはじめようとするのを聞いて、どれほど衝撃を受けたかを思いだす。私は、「うん、うん、それで君の問いは何なんだ？」とニコの声を真似るのを自制しなければならなかった。何年かのちに、マディングリーで研究セミナーを開いたときに、この話をした。憤慨したふりをしたロバート・ハインドにその人間の名を明かすことは断ったが、マディングリー・グループのおそろしい知力をもつカリスマ的指導者であるハインドは、のちにケンブリッジ大学のセント・ジョンズ・カレッジの学寮長になったので、今日まで私の唇は封印されたままである。

ニコが私に提示した問いは、しばしば、『テンペスト』〔四幕一場〕に由来する決まり文句「氏（うじ）か育ちか」という言い方でくくられる問いの変形だった。

悪魔、生まれながらの悪魔め、その本性には
いかなる育ちも身につかぬ

以来数世紀にわたって、哲学者たちはこの問いを熟考してきた。私たちが知っていることのどれほどが、生まれつき備わったものなのか、どこまで幼子(おさなご)の心は、ジョン・ロックが信じていたように、文字が書かれるのをまちのぞむ真っ白な石版なのか？

ニコ自身は、コンラート・ローレンツ（彼とともに、ニコは科学としてのエソロジーの創設者とされている）と同じく、早くから、「生まれつき」学派と結びつきがあった。彼のもっとも有名な『本能の研究』[1]——のちにニコはこの著作のかなりの部分を否定することになるのだが——では、「生得的行動」の同義語として「本能」を使い、「学習過程によって変化しない行動」と定義していた。エソロジーは動物行動の生物学的研究である。心理学のさまざまな学派も動物行動を研究していたが、力点の置き方が違っていた。心理学者は歴史的に、人間の代用としてラット、ハト、あるいはサルのような動物を研究する傾向があった。エソロジストは歴史的に、なにかの代用品としてではない、動物それ自体に関心があった。その結果として、エソロジストはつねにずっと広範囲の種を研究し、その種の自然環境下における行動の役割に力点を置く傾向があった。エソロジストたちはまた、すでに

（1）N. Tinbergen, *The Study of Instinct* (Oxford, Clarendon Press, 1951).〔邦訳『本能の研究』、永野為武訳、三共出版、一九七五年〕

述べたように、歴史的に「生得的」行動を重視したのに対して、心理学者たちは学習により強い関心を示した。

一九五〇年代に、アメリカの心理学者たちがエソロジストの研究に関心を寄せはじめた。なかでも特筆すべき人物はダニエル・S・レーマンで、心理学だけでなく自然史についても深い知識をもつ大人物であり、そこそこのドイツ語をしゃべることもできたので、動物行動に対する二つのアプローチのあいだに有効な架け橋を築くことができた。

一九五三年にレーマンは、伝統的なエソロジー的アプローチに対する非常に影響力の大きな批判を書いた。彼は、生得的行動という概念全体を強く批判した。その理由は彼がすべては学習されると考えていた（彼が引用した何人かの心理学者は実際にそう考えていたが）からではなく、生得的行動は原理的に定義不可能だと彼が考えていたからである。つまり、どんな特定の行動断片であれ、それが生得的なものであると実証するような実験を考案することは不可能だというのだ。理論的には、明らかなやり方として、「剝奪実験」がある。もし人間が交接の仕方について言葉による指示を一切受けず、他の種を観察する機会もない――最小限のほのめかしさえ受けない――と想像してみてほしい。その機会が最終的に到来したとき、彼らはそのやり方がわかるだろうか？　それは興味深い問いであり、ひょっとしたら、過保護に世間から隔離された、純朴なヴィクトリア朝時代のカップルについて、有益な逸話があるのかもしれない。しかし人間以外の動物については実験をすることができる。つまり剝奪実験である。

もしあなたが、経験する機会を与えない剝奪条件で幼動物を育て、それでもなお正しい振る舞い方をするなら、それは、その行動が生得的、生まれつき、本能的なものであることを意味しているにちがいない。違うだろうか？　しかし、レーマンは、幼動物からすべて——光、食物、空気、その他——を剝奪することはできず、生得性の規準を満たすためにどれほどの剝奪が必要かは、けっして自明ではないと異論を唱えた。

レーマンとローレンツの論争は個人批判にまで及んだ。ユダヤ人であるという家系的背景をもつレーマンは、ローレンツの戦争中のナチに傾倒した疑いのある著作を見つけ出し、その有名な批判においてそのことに言及するのをためらわなかった。ローレンツは、批判が発表されたあとのレーマンとの最初の出会いで、（概略）次のように言った。「私はあなたが書かれたものから、あなたは背が低く、貧弱で、しなびた小男にちがいないと思っていました。しかしいまお目にかかって、あなたは大人物［レーマンは実際に非常な大男だった］だとわかりました。私たちは友達になれます」。この友情の公言は、ローレンツが、パリで運転していた巨大なアメリカ車でレーマンをほとんどなぎ倒さんばかりにして脅すという試みを思いとどまらせることはなかった——デズモンド・モリスはこの話を自らが車のなかから見た目撃談として語っている。

しかし氏と育ちを巡る論争に話を戻せば、スゲヨシキリの雄（ほんの一例を挙げれば）は、複雑で手の込んださえずりをもっているが、一羽だけ隔離して育てて、他のスゲヨシキリの鳴き声を一度も聞いたことがなくとも、さえずることができる。したがって、ローレンツ＝ティンバーゲン学派は、それが「生得的」にちがいないと言ってきた。しかし、レーマンは発達過程の複雑さを強調し、学習過程がなにかもっと目立たないやり方でかかわっているのではないかと、つねに疑っていた。レーマンにとって、幼動物が剥奪条件下で育てられるだけでは十分ではなかった。彼にとっては、問題は「何を剥奪したか？」だった。

レーマンの批判が発表されてからエソロジストたちは、スゲヨシキリを含む多数の小鳥の幼鳥が隔離して育てても、自分の不完全なさえずりに耳を傾け、いいものを繰り返し、悪いものを捨てることで自分の属する種の正しいさえずりを学習することを発見した。こうなると、結局育ちがすべてのように見える。しかしこのケースでは、ローレンツやティンバーゲンなら、幼鳥はいかにして自分の不完全なさえずりのうちのどれがよくてどれが悪いかを知るのかと返すだろう。まちがいなくその「知識」――自分の属する種のさえずりはどのように聞こえるべきであるかの鋳型（テンプレート）についての――は生得的でなければならないのでは？　学習がおこなっていることのすべては、脳の感覚領域からのさえずりパターン（つくりつけられた鋳型）を運動の領域（さえずりをする実際の技巧）に移し替えることである。

ついでに言えば、ミヤマシトドのような他の種も、この「不完全なさえずりを磨く」というやり方でさえずりを独習するが、生まれてから早い時期に同種個体のさえずりを聞いておく必要がある。それはあたかも、幼鳥がさえずりができる前に「テープ録音」を採り、それを使ってさえずり方の独習の鋳型として使うかのようである。そして、のちの学習のための鋳型としての「学習されたテープ録音」と「生得的テープ録音」のあいだには中間型が存在する。

これが、一九六二年にニコ・ティンバーゲンが私を放り出した哲学的な地雷原であった。ニコはローレンツとの認知されていた連携から身を引きたいと考えていて、私をレーマン陣営に向けての架け

橋とみなしたのではないかと、私は考えている。私の実験的なテーマは鳴き鳥ではなく、ヒヨコのつつきだった。私は一連のいくつかの実験をおこなったが、ここでは、その一つにだけ触れる。

ヒヨコは、卵から出てすぐに小さな物体をつつきはじめるが、おそらく食べ物を探しているのだろう。しかし、彼らは何をつつけばいいかということをどうして知るのだろう？ 一つの極端な考え方は、いかなる経験にも先立って、脳の中に麦粒の鋳型の像が生まれつきの性質（氏）として授けられているというものだろう。これは非現実的だし、とりわけ雑食性の鳥ではありえない。麦粒とミールワームと大麦粒と粟粒と甲虫の幼虫は、つまらないものや食べられないものではないことを示す印や染みとして、共通するものを何かもっているだろうか？ そう、もっているのだ。たった一つ、それらはすべて中実（中身が詰まった固形のもの）だということ。

何かが中実であると、どのようにして認識するのだろう？ 一つの方法は表面の影によってである。上の月のクレーターの写真を見てほしい。両方とも同じ写真だが、一方は他方に対して一八〇度回転させてある。私の推測では、左の写真では凹んだ中空のクレーターが見え、右の写真では中実な、頂上が平らな丘に見えるだろうと思う——そして本の天地をひっくり返すと逆に見える。この錯覚はずいぶん昔から知られてきた。この錯覚は、光がどこからやってくるかについての先入観に依拠している。実際には、太陽の位置についての先入観である。中実の物体は太陽に近い側が明るくなる傾向をもつので、ふつうはそちらがほぼ上にあたる。したがって中実な物体の写真を上下逆にすれば、中空に見ることができ、その逆もまたしかりである。

太陽が直接に頭上から射すことはめったにないが、太陽の光の一般的な方向は、下からよりも上からである可能性が高い。したがって、餌になりそうなものとして中実な物体を探すとき、どんな捕食者もこの仮定にもとづいて、表面の影という手がかりを使うことができる。そして、捕食者と餌動物のあいだの軍拡競争の反対側の側面では、自然淘汰は、自らの中実性を「カウンターシェイディング」によってどうにかして隠そうとする餌動物を選り好みするということが十分に考えられる。魚の多くの種は上が濃く、下が薄い体色をしている。これが、上から来る傾向をもつ太陽光を中和して、体がより扁平に見えるようにする。「サカサナマズ」という魚は、まぎれもない「規則を証明する例外」である。この魚は腹を上にして泳ぐ習性があるのだが、案の定、この魚の体色は逆カウンターシェイド、つまり腹のほうが背よりも色が濃いのである。

レーン・デ・ルイターという名のティンバーゲンの学生であったオランダ人が、逆さまになって休息する習性をもつ、逆カウンターシェイドのガの幼虫についていくつかの巧妙な実験をおこなっている。次に掲げた上の写真は、正常な位置におけるモクメシャチホコの一種（*Cerura vinula*）を示し

ている。平らで、目立たない。下の写真はルイターが枝を天地逆さまにしたときにどう見えたかを示している。私の眼にはずっと目立って見えるし、――もっと重大なことに――ルイターが実験で捕食者として使ったカケスの眼には、ずっと目立ったということである。

しかし、これらの事実のどれ一つとして、太陽がふつうは上から射すという知識が――カケスにおいてもヒトにおいても――生得的なのかそれとも学習によるのかどうかについては、何も言っていないのである。中実物体の影の錯覚は、剝奪実験に生まれたばかりのヒヨコを使うことによって、この問いを検証するいい機会を提供するものだと、私には思えた。

まず、ヒヨコは錯覚を起こすのか？　どうやらそうらしい。私は半分に割ったピンポン球を一方の側から撮り、それを、食欲をそそる穀粒や種子とほぼ同じ大きさに印刷した。この写真を光の当たった側を上にして見ると、私にはこの半球が中実に見えたが、逆さまにするとそうは見えなかった。ヒヨコに二つの向きのどちらか一方を選択させると、どうやら中実に見えるらしい写真、つまり上から光を当てたほうを強く選んでつついた。このことは、ヒヨコは私たちと同じ、太陽が頭上から射すという「先入観」をもっているということを示唆していた。

ここまではいい。しかし、これらのヒヨコは幼くはあるが、完全にうぶというわけではない。それらは孵化後三日めのヒナで、その期間は正常な、頭上から射す光の中で餌を与えられていたからである。頭上から照らされた中実の物体の外見を学習する時間があったかもしれないのだ。

これを検証するために、私は決定的な実験をおこなった。私は下から光を当ててヒヨコを飼い、同じ条件のもとでテストした。それゆえ、テストの時点では、彼らは頭上からの光を受ける経験をしたことがけっしてなかった。これらのヒヨコに関するかぎり、彼らが孵化してでてきた世界は太陽が下にある世界だった。彼らが見たことのあるあらゆる中実の物体は、食べ物であれ、他のヒヨコの体の一部であれ、上よりも下のほうが明るかった。半分に割ったピンポン球の写真でテストしたとき、私は彼らが下から光を当てたほうを好んでつつくのではないかと、予測していた。

しかし、それが誤りであることが証明されて私は喜んだ。ヒヨコたちは圧倒的に、上から光の当たった写真をつついたのである。もし私の解釈を受け入れるならば、このことは、ヒヨコたちは自然淘汰によって「先回り情報」に相当するもの、つまり、彼らが生きることになる世界では、太陽は通常、上から射してくるという情報を遺伝的に備えていることを意味する。私の実験は、逆のことを教え込もうとする積極的な試みによっても逆転しない生得的情報の、真の実例を厳密に示したのである。

下からの明かりだけで習慣的に暮らしている人類の集団がいるとは考えられないが、もし存在すれば、私がヒヨコでやったのと同じ方法でテストしてみたら面白いだろう。それがどういう結果になるかに関して直感的な推測を提示するということを考えてはみたが、正直なところ賭けをするのは好きでない。人間もまた生得的に錯覚を起こすとしたら、魅惑的ではないだろうか？　ヒヨコですでに驚かされていたので、ヒトが同じことをしたとしても、驚きがほんのわずか強まるだけだろう。答えはけっしてわからないかもしれないが、非常に幼いヒトの赤ん坊で実験する方法はありそうだ。赤ん坊はつつかないが、興味のある物体はじっと見るので、それを測定することができる。発達心理学者が赤ん坊に、私のピンポン球写真の変形版のようなものを提示して、二枚の写真のうちどちらをより長く見つめているかを測ることはできないだろうか？　私にはできない理由が思いつかないが、現代の

「倫理委員会」がどう判定するかは、知るよしもない。

結局、「氏か育ちか」に関する私の研究は、私の博士研究[1]のごくわずかな部分を占めただけで、学位論文の付録に格下げされた。私の学位論文の主要な部分は、こちらにもヒヨコのつつきがかかわっていることを除けば、この研究とはほとんど関係なかった。これもまた、哲学的に――哲学の別の領域からとってきたものではあるが――重要な点を明らかにしようという試みであった。それは、つつきを記録するための技術的な改良を通じて可能になった。

ベヴィントン通り、そして、北方の大型カモメ営巣地（コロニー）にある付置研究所（サテライト）はとくに、「奴隷」――大学へ行く前にティンバーゲン流の実験をちょっと体験したいと思う若い無給のボランティアたち――システムを採用していた。そうしたボランティアのなかに、フリッツ・フォルラート（彼はのちにオックスフォード大学に戻り、クモの行動を研究する活発なグループの指導者となった。彼とはいまでも親密な友人である）と（同じくドイツ出身の）ヤン・アダムがいた。ヤンと私は会うとすぐに意気投合し、一緒に研究した。彼は目を見張るような工作の技能――私の父とキャンベル少佐の非常に異なった長所を併せた――をもち、そして幸いなことに、私たちの身を守り、私たちの自発的活動を弱らせるために安全衛生規則が干渉するようになる以前の時代だった。ヤンと私は、教室の工作室――旋盤、フライス盤、帯鋸、その他なんでも――を自由に使うことができた。私たち（つまり、ヤンとやる気のある徒弟としての私――これも弟症候群の一つではないかと思う）は、鋭敏なマイクロ・スイッチ付きの、蝶番で繊細に取り付けた小さなつつき用のキー（ヤンが一から精巧につくった）を使って、ヒヨコのつつきの回数を自動的に数える装置をこしらえた。それまでは、表面の陰影がもたらす錯覚について研究するとき、つつきの回数を手で数えていたのだが、いまや私は膨大な量のデータを機械的に集められるようになっていた。このことが、まったく違う種類の研究の扉を開くことになった。その動機づけとなったのは、私がピーター・メダワーから教わったカール・ポパーの科学哲学という、別の哲学だった。

すでに説明したように、私は父を通して早くからピーター・メダワーのことを知っていた。父はメダワーの学友だった。英国生物学のスター的な知識人として、メダワーは私が大学生だったときに母校オックスフォードの教室に客員講義をしにやってきた。この背が高く、ハンサムで、優雅な人物の到着を待つ満員の聴衆の興奮したざわめきを、私は覚えている（のちの批評家は、「この講演者は生まれてこの方、品格に欠けるという批判からは無縁であった」と述べている）。この講義に促されて、私はのちに『解決可能な技法』や『プルトンの国家』という本[2]にまとめられたメダワーのエッセイ集を読みはじめ、そこから私はカール・ポパーについて学んだのである。

私は、科学を二段階過程とみなすポパーの考え方に興味をそそられた。すなわち、最初に仮説あるいは「モデル」を構想する創造的――ほとんど審美的な――な過程があり、その後に、そこから演繹

（1）R. Dawkins, 'The ontogeny of a pecking preference in domestic chicks,' *Zeitschrift für Tierpsychologie*, 25 (1968), pp. 170-86.

（2）Peter Medawar, *The Art of the Soluble: Creativity and Originality in Science* (London, Methuen, 1967); *Pluto's Republic: Incorporating The Art of the Soluble and Induction and Intuition in Scientific Thought* (Oxford, Oxford University Press, 1982).

される予測を反証する試みがくるというのである。私は典型的なポパー流の実験をやりたいと願った。つまり、真実であるかそうでないかはわからないとしても、そこから厳密な数学的予測が演繹でき、その予測を実験室で反証できるような仮説を構想したいと思ったのだ。それには、測定値XはYより大きいという予測では不十分である。私はXの厳密な値を計算できるようなモデルを望んでいた。そして、こういった種類の厳密な予測は大量のデータを必要とする。膨大なつつきの回数を数えることができるヤンの装置が、その機会を与えてくれた。私の使ったヒヨコたちはピンポン球の写真の代わりに、ヤンの蝶番で取り付けた窓の上に据え付けた小さな色つきの半球をつつき、それがマイクロ・スイッチの引き金になっていた。ヒヨコたちは緑よりも赤、赤よりも青を好んだが、そのこと自体はどうでもよかった。私が知りたいと願っていたのは、個々のつつきがどんな色に向けられるにせよ、何がその決定を支配しているかである。そしてこれは、当然のことながら、任意の動物が任意の時間にどのようにして意思決定をするのかという、より一般的な疑問の一つの標本にすぎなかった。

メダワーは別のところで、科学的な研究は最終的に発表される「物語」とは異なり、正しい順序で発展していくわけではないことを強調していた。実際の人生はもっとごちゃごちゃしたものだ。私自身の場合でいえば、あまりにもごちゃごちゃしていて、私の「ポパー流の」実験を思いつかせたのが何だったのか思い出せない。私が覚えているのは、メダワーなら予想したように、最終的な物語が信じられないほど小ぎれいな印象を与えるということだけである。

最終的な物語は、ヒヨコが選択できる標的のうちのどれを選ぶかを意思決定するとき、ヒヨコの頭の内部で何が起こっているのかについての想像上の「モデル」を構想し、そのモデルから厳密で定量

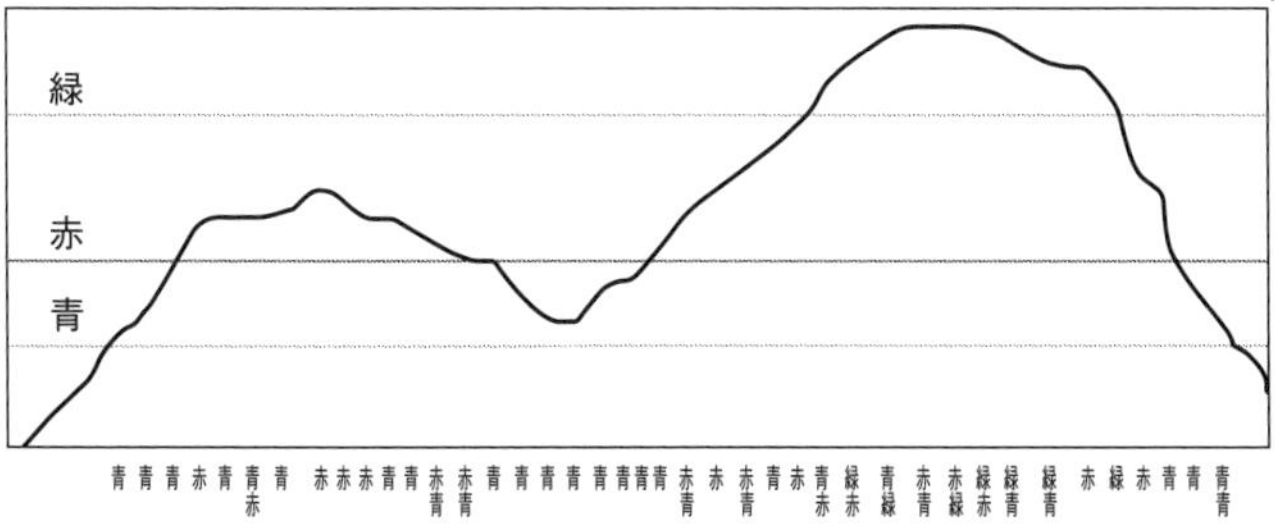

波状の線が衝動を示す。衝動が青の閾値だけを超えるときには、すべてのつつきは青に向けられる。赤の閾値を超えるときには、自動的に青の閾値も超えるので、２つの色のうちからランダムに選ばれる。緑の閾値を超えたときには、３色すべての閾値を越えているので、３色のうちからランダムに選ばれる。

的な予測を演繹するためのいくつかの代数計算をし、それを実験室で検証したというものである。このモデルそのものは、「衝動／閾値（いきち）」モデルだった。私はヒヨコの頭にはある変数（つつきの「衝動」）があると想定し、そのグラフは衝動が強まる、あるいは弱まる（ひょっとしたらランダムにかもしれない。それは問題ではない）につれ、たえず小刻みに上がり下がりする。衝動がたまたまある色の閾値を超えるところまで高まれば、ヒヨコはその色をつつくことができる（つつきのタイミングを決める別の問題があり、それについては後述する別のモデルを考案して、テストした）。好まれる色である青は、緑よりも低い閾値をもっていた。しかし、もし衝動が緑の閾値以上に高まれば、自動的に青の閾値も超えているにちがいない。ヒヨコはどうするのだろうか？　私は、二つの色はどちらも閾値を超えられているのだから、両者のあいだに差はない、したがってヒヨコはどちらかに決めるためのコイントスをおこなうだろうと仮定した。そこでモデルは、〝長い期間で見れば、ヒヨコの選択は好みの色だけをつつく期間と、そのあいだに散在する両者をランダムにつつく期間によって構成されるだろう〟と予測した。好みでない色のほうを一貫して積極的につつく期間はないだろう。

私は最初、つつきの継起系列を直接に調べはしなかった。それをするのは、私がカリフォルニア大学に移ってのちのことになる。最初に継起系列をテストしなかったのは、ヤンの装置がつつきの回数を数えることはできるが、つつきの厳密な順序を記録できないという冴えない事情のせいだったと思う。そしてヤン自身はもうドイツに帰ってしまっていたので、装置の改変はできなかった。また私は、何かほかの計測値からなんらかの計測値を予測するような数学的公式を導くポパー流の優雅さに魅せられていただけだったのだとも思う。

ヒヨコはたまたま、緑よりも赤、赤よりも青を好んだ。私は、青と緑、青と赤、そして赤と緑を提示して、それぞれの場合に、好みの色がつつかれる割合Pを数える実験を思い描いた。これは三つの数値（$P_{\text{最善/最悪}}$、$P_{\text{最善/中間}}$、$P_{\text{中間/最悪}}$）を与えてくれるだろう。$P_{\text{最善/最悪}}$が他の二つのどちらよりも大きくなるだろうということが予想されるだけだ。しかし、このモデルによって、どれくらい大きいかを厳密に予想することはできるだろうか？　このモデルから、$P_{\text{最善/中間}}$と$P_{\text{中間/最悪}}$を入力すれば、$P_{\text{最善/最悪}}$が厳密にどうなるかを予測するような公式を導くことができるだろうか？　できた。それこそまさに私がやってみて成功したことだった。私は、学校の代数でやった（アーニー・ダウに教えられたような連立方程式）ように、未知の変数を消すために、さまざまな閾値間で衝動によって費やされる時間を表す代数記号を定義した。そして、計算を連ねたページの最後で、単純で、厳密で、定量的な予測が出てきたときには、かなり嬉しかった。衝動／閾値モデルは、

$$P_{最善/最悪} = 2\left(P_{最善/中間} + P_{中間/最悪} - P_{最善/中間} \cdot P_{中間/最悪}\right) - 1$$

と予測する。

私はこれを予測1と呼んだ。予測1について私がもっぱら気にしたのは、それが定量的に厳密だということだった。

そこで今度はそれをテストすることになる。ヒヨコはこの予測に従うだろうか。従うのだ。私にとって嬉しくかつ驚くべきことに、おこなった八回の実験のうち七回で非常によく似た結果が得られた。八つめの実験は、あまりにもかけはなれていたので、非常に困ったことに、《動物行動学（*Animal Behaviour*）》誌に発表された私の論文の一つで、[1] 印刷担当者が当該の点は版の汚れにちがいないと考えて取り除いてしまった！　幸いなことに、この問題のデータは、そこに添えた表にはっきりと残っていた。さもなければ、私は不正をおこなったと非難されていたことだろう。私はヒヨコでもう一組の別の種類の実験もおこなったが、それはつつきではなく、違った色の光で照明された部屋に歩いて入るかを見るものだった。次ページに示したグラフは、二組の実験を合体させたもので、——すべての実験について、予想されたパーセンテージの直線の上に、観察された値が四角い点でプロットされている。

（1）R. Dawkins, 'A threshold model of choice behaviour,' *Animal Behaviour*, 17 (1969), pp. 120-33.

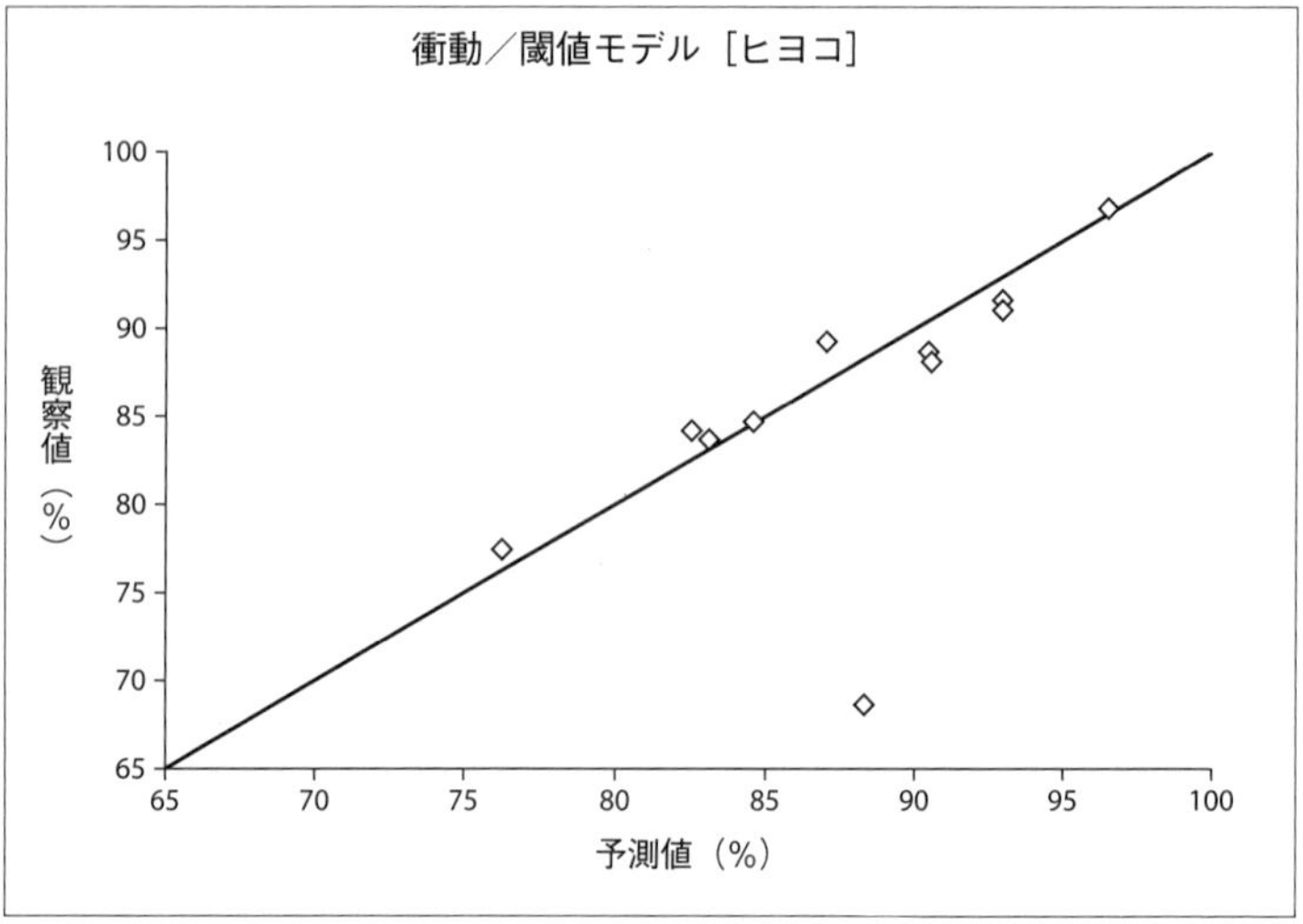

もしモデルの予測が完璧ならば、各点はすべてぴったり直線に沿って並んでいるはずだ。前述した実験8という例外はあるが、この衝動／閾値モデルは、動物の行動実験においておよそ期待しうるどんなものよりも、はるかにいい仕事をしている（物理学者は、測定における統計学的誤差がはるかに小さいがゆえに、もっと高い厳密さを期待する）。

私はまた、同じデータをまるごと用いて、別の代替モデルの予測をテストすることもしてみた。このモデルは単純に、それぞれの色が動物にとって一つの「価値」をもち、動物は色の価値に比例する形で選択を割り振る、というものだった。二つのモデルは似たような予測を与える。したがって、一方が正しければ、他方もほぼ正しいものにならざるをえない。しかし、観察された結果の予測において、衝動／閾値モデルのほうが一貫してより厳密であった。「色価値」モデルは一貫して$P_{最善/最悪}$を過大に計算した。「色価値」モデルは反証されたのだ。衝動／

閾値モデルは反証するという試みにおいて勝利して生き残ったのであり、その予測は（一つの実験を例外として）非常に厳密だった。

　このモデルのこのような好成績は、ヒヨコの頭の中に「閾値」を上回ったり下回ったりという変動を示す「衝動」値のような何かがあり、二つ以上の色において衝動が閾値を上回ったときに硬貨投げ（コイントス）的な何かが起こっていることを本当に意味するのだろうか？　まあ、ポパーなら、このモデルは反証しようとする強力な試みを生き残ったが、「衝動」や「閾値」が、神経やシナプスの言葉で実際に何に対応しているのかについては何も語っていないと言うだろう。少なくとも、〝頭を切り開くことなく、頭の内部で進行中の事柄を推測できる〟というのは興味深い考え方である。

　一つのモデルを思い描き、その予測をテストするというこれと同じ方法は、科学の多くの分野できわめて生産的であることが立証されている。たとえば遺伝学では、顕微鏡をのぞき込まなくとも、交雑実験のデータのみを使って、遺伝暗号の一次元的な直線的配列としての染色体の存在を推理することができる。どういうケースがあり得るかを想像し、交雑実験でその予測をテストするだけで、染色体に沿って並んでいる遺伝子の順序と、遺伝子どうしが互いにどれくらい離れているかを解明することさえできる。中実性（ソリディティ）と陰影に関する実験と合わせて、私は自分の衝動／閾値モデルが、ヒヨコの頭の内部で実際に起こっていることの決定的な発見というよりはむしろ、モデルを使ってどういう種類のことができるかの説明に有効な実例だと考えている。

　私は衝動／閾値モデルをさまざまに方向性を違えた精緻なものに仕上げ（このこともまた、ポパー流哲学にしたがえばそうなることになる事柄だ）、九つの予測すべてについてテストし、結果はうまくいった。モデルの精緻化の一つとして、すでに述べたが、つつきの厳密なタイミングを説明するということを試みてみた（「閾値」に対する「衝動」の相対的な地位の「サンプリング」）。このモデルの予測は、スイスから客員研究生としてベヴィントン通りに来ていた、私の同僚で親友でもあるモニカ・イムペコーフェンのユリカモメの雛で得られたデータに非常に有効だった。私たちはこの研究について、共著論文を発表した(1)。

このモデルのもう一つの精緻化として、私は「注目／閾値モデル(2)」を発表したが、これはもとの衝動／閾値モデルの「コイントス」をより深く探ろうとする試みだった。つまり二つ以上の閾値を超えたときの標的の無差別な選択について調べたのである。簡単に言うと、〝ヒヨコはいちどきには一つの次元――色、形、大きさ、感触その他――に注意を向ける、しかも決まった順序で〟というのが私の主張だった。こうした注意向けシステムのそれぞれが、独自の型（ヴァージョン）の衝動／閾値モデルをもっている。ヒヨコはまずある一つの次元――たとえば色――に注意を向ける。もし色のシステムの衝動／閾値モデルが一つの選択に落ち着けば、ヒヨコは好みの色、たとえば青に向かっていく。しかし、色システムの判定が「コイントス」になるなら、ヒヨコは注目を他の次元、たとえば形に切り替え、色は無視される。色システムの視点からすれば〝形で選ぶ〟というのはランダムに選んでいるのと同じことだ。しかし、形システムの視点からすれば、それはもちろんランダムではない。この滴下過程（トリクルダウン）は、すべての注目システム全体を通して続く。もし他のすべてが失敗すると、「コイントス」に相当するものは、「もっとも手近なものを選ぶ」のに似たものになる。注目／閾値モデルはさらなる一連の予測をもたらしたが、私はそれをテストし、成功した。

またしても、中実陰影実験の場合と同じように、衝動／閾値モデルの変形版をヒトに適用することは可能だろうか？　私は科学文献を探し、何人かの心理学者が人間で二択の選好テストをおこなっていることを発見した。彼らの動機づけは私のものとは異なっていたが、彼らが公表している結果を利用することはできた。心理学者が多様な選択を、可能なすべての二択の組み合わせにして提示するのには、さまざまな理由がある。たとえば、投票理論のある考え方をテストするためである。世論調査専門家は、勝者独り勝ち投票であれ順位決定投票であれ、保守、リベラル、社会主義者のあいだの三択を提示するかわりに、二択テストの有益性を調査しているのかもしれない。すなわち、（もしほかに選択肢がないとすれば）「保守派とリベラル派の、（他に選択肢がないとして）リベラル派と社会主義者の、そして最後に保守派と社会主義者の、どちらに投票しますか？」と質問するのである。そんなわけで、理由はともあれ心理学者はあらゆる二択の組み合わせを人間に提示してきた。したがって私は、最善対中間、中間対最悪についての彼らの計測値を私の数式に入力し、最善対最悪についての私の予測をテストすることができた。データは以下のような多様な一連の研究からとった。アメリカの学生の手書きサンプル選択調査、アメリカの学生の野菜選択調査、アメリカの学生の苦味／甘味嗜好選択、中国の学生の色選択などである。加えてとりわけ嬉しいことに、ボストン交響楽団、フィ

（1）R. Dawkins, M. Impekoven, 'The peck/no-peck decision-maker in the black-headed gull chick,' *Animal Behaviour*, 17(1969), 243-51.

（2）R. Dawkins, 'The attention threshold model,' *Animal Behaviour*, 17 (1969), pp. 134-41.

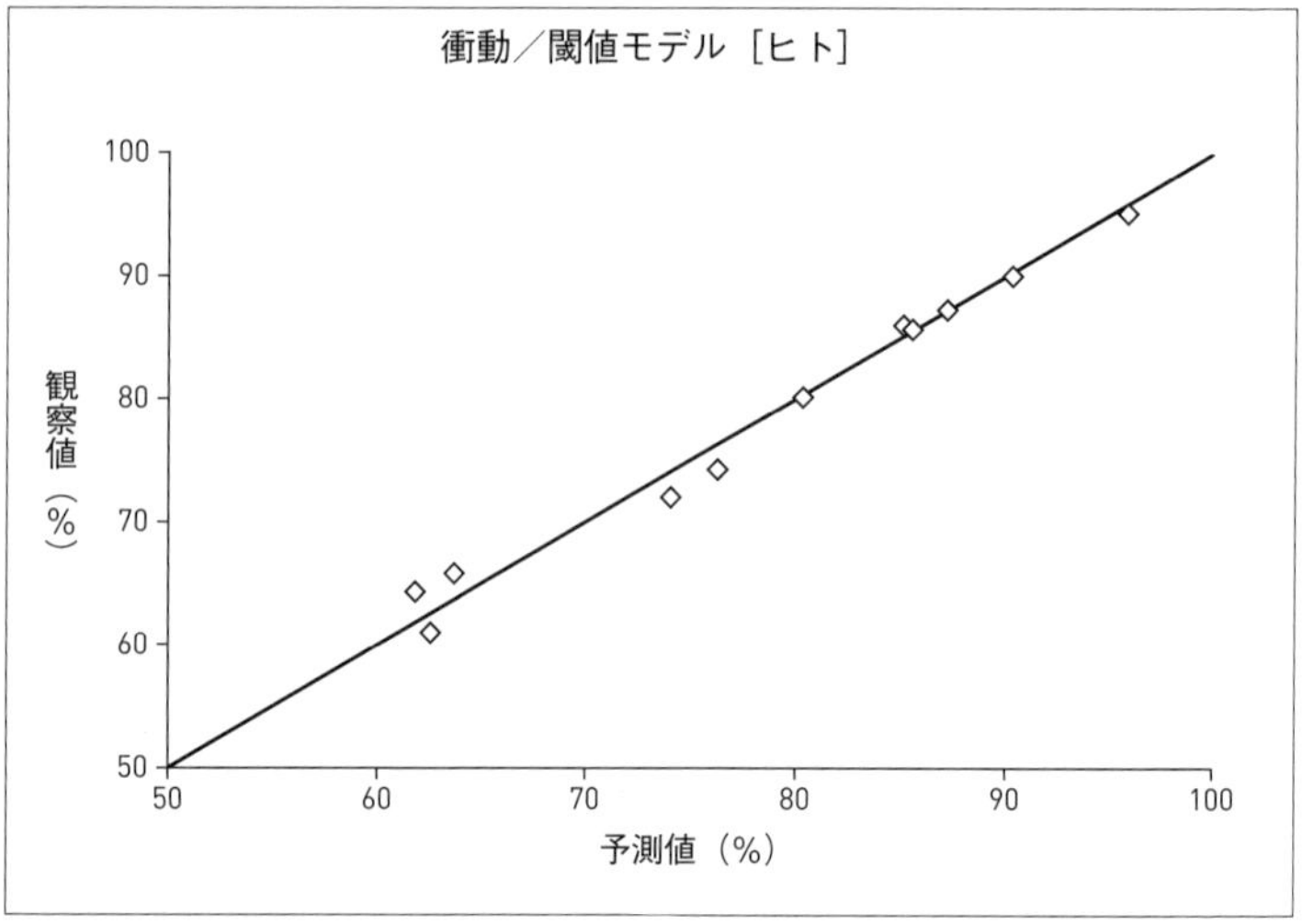

ラデルフィア管弦楽団、ミネアポリス交響楽団、およびニューヨーク交響楽団によって示された作曲家の好みに関する大規模調査を使うことができた。上に示したグラフは、人間におけるすべての結果を合わせたものである。ここでもまた、もし衝動／閾値モデルの予測が完璧であれば、各点は斜線に沿って並ぶはずである。予測がこれほどぴったり実証されているのを見たとき、私はかなり興奮したと言わなければならない。行動生物学における予測はふつうこれほどの厳密さで実証されることはないのだ！

楽団の研究は大規模なものだったので、データの処理は骨が折れた。私はこの問題を、当時オックスフォード大学の林学部にいて、統計学的方法について講義し、指導していた叔父のコリアーに相談した。彼は私に、大学のコンピューターをプログラムすることを学ぶべきだろうと言った。コリアーと奥さんのバーバラの勧めと手助けを得て、私は作曲家の好みについてのプログラムを書きはじめた。こうして、私の四〇年間にわたって時間を浪費させ、魂を消耗させるコンピューター・プログラミングとの蜜月が始まった。この蜜月はいまでは幸せにも終わりを告げている。私はいまでも熱烈なコンピューター使用者であるが、プログラミングは専門家に任せている。

一九六〇年代中頃を振りかえってみれば、当時はオックスフォード大学にコンピューターは一台しかなかった。イングリッシュ・エレクトリック社の新製品ＫＤＦ９で、現在のｉＰａｄよりも能力は低かったが、この時代の最新鋭機であり、大きな部屋を占拠していた。私の叔父と叔母が愛用していたプログラミング言語はＫオートコードだった――フォートランの英国版で、同じような構造と文法をもち、悪いプログラミング手続き（たとえば、絶対ジャンプ）を助長する同じような傾向をもっていた。その当時、アメリカのコンピューターは大量のパンチ・カードを使い（落としたり、取り返しがつかないほど混ざり合ってしまったりするという危険があった）、イギリスのコンピューターは紙の穿孔（せんこう）テープを使っていた（スパゲッティの山のように床に大量に吐き出されるので巻き上げる必要があったが、このときに破いてしまう危険があった）。ありがたいことに、そういう時代は終わっている。さらにありがたいことに、現代のコンピューターは大量の紙の上ではなく、スクリーンやスピーカーでコミュニケーションできる――しかも二四時間遅れではなく、即座に。

しかし、この頃にはこれ以上のものは知られていなかったので、私はとりこになってしまった。私は一連の操作をあらかじめプログラムしておき、鉛筆でチェックしながら一歩ずつコトコトと進んでいき、それからコンピューターにそのプログラムを解き放ち、非常な高速で、とてつもなく長い時間にわたって走らせるという発想にすっかり夢中になった。自分が私のプログラムを走らせているコンピューターになり、熱に浮かされた脳のなかで何度も何度もループを繰り返しつづけて一晩を過ごした――ように思えた――夢を見るという、怖い夜があった。公正のために言えば、その夜はいずれにせよ、眠るのに理想的な状況ではなかった。数人のベヴィントン通りの仲間と一緒に、私は友人のロバート・マッシュから、週末をサリー・ピューマ〔未確認動物の一種〕狩りに行こうと説得されていたのだった。

一九五九年以来、南イングランドのサリーの森で、謎の大型食肉類の目撃例が報告されてきた。サリー・ピューマという名で呼ばれ、ちょっとしたイエティ（雪男）ばりの神話の地位に達していた。そこで私たちのグループが一団となって、一九六六年の五月に、その発見を試みて週末を過ごすことになった。新聞社がこの計画を聞きつけ、ニュースの材料がしだいに乏しくなる夏枯れ時期が近づいてきたこともあって、《オブザーバー》紙が、子供の頃かぶっていたのと同じ種類の大英帝国探検帽（ピス・ヘルメット）を着けた私の写真を載せた。私は仲間たちがどこにテントを張るのか忘れてしまっていたが、私に割り当てられた役目は、外の星空の下で、大きな生の腰肉の塊に囲まれて、寝袋のなかで一晩過ごすことだった。私はフラッシュ付きのカメラを支給されていて、私に与えられた「進撃命令」は、もしピューマが肉――あるいは、私だと思う――を食べにやってきたら、その写真を撮ることだった。私は、控えめに言っても安らかには眠れなかったので、たぶん、この特別な夜に私のコンピューターの悪夢が現れても不思議はなかっただろう。私と仲間の大いなる安堵（あんど）とともに夜明けがやってきたが、それは夢のように霧が立ちこめた夜明けだった（口絵として収録した写真からうかがい知ることができる）。私たちはけっしてサリー・ピューマを発見できなかったのに、目撃談が二〇〇五年になってさえもまだ報告されていたのは意義深い。もしそうならサリー・ピューマは、飼育下の例を含めてさえ、この仲間で記録されている最大寿命の二倍以上も生きていたことを示唆しているように思われるからである。

私のコンピューター耽溺（たんでき）は、ＫＤＦ９からより小型だが、はるかに扱いやすいコンピューターに移っていった。オックスフォード大学の動物学教室は、温厚で、ほんのちょっと風変わりな外見をしたサー・アリスター・ハーディの後任として、行動力のある新しい教授（プロフェッサー）（教室主任に対する当時のオックスフォード流の呼び方）を獲得した。ケンブリッジ大学出身の堅物の新任者は、「ラフィング（笑っている）・ジョン」・プリングル（非常に背の低い人に対する「ロフティ」のように、皮肉をこめたあだ名の一つ）で、教室は近代化の嵐に投げ込まれてしまった。次から次へ、敬愛すべき老アリスター・ハーディの長年親しんできた教室は「プリングル流に改革された」が、それが改良であったことは疑いない。プリングル流改革のなかでも、より刺激的な事例は、ロンドンからの同じく行動力のあるＸ線結晶学者（ワトソン／クリックのことを考えてほしい。ただし研究対象はＤＮＡではなくタンパク質だった）の一団の到着だった。そして私にとってもっとも刺激的だったのは、彼らが自分たちのコンピューターをもってきたことで、その親切な管理者であるトニー・ノース博士は、結晶によって散乱するＸ線のパターンの数値を大量高速計算するのに必要としない夜間に私が使うことを許してくれた。エリオットＫ０３は、現代の規準からすればＫＤＦ９よりさえも原始的だったが、こちらには、私が自分の手で触れられるという絶大な利点があった。

私がコンピューターの中毒的な魅力を十分に思い知らされたのはこのときだった。私は本当に文字通り――しかも頻繁に――温かく、明るいコンピューター室で夜通し、紙の穿孔テープのスパゲッティに絡まれながら過ごしたが、それは、不眠でくしゃくしゃになった私の髪の毛と似ていたにちがいない。エリオットは、内部で処理していることを表す電子音を発するという魅力的な癖をもっていた。ブーンとかホーという音でリズミカルなセレナーデを奏でる小さなスピーカーを通して、計算の進み具合を聞き取ることができる。そのセレナーデはノース博士の専門家としての耳には意味があるのだろうが、独りで夜を過ごす私の耳には、なんとか付き合うことはできるかな、というだけのものだった。若い頃に夜中にコンピューターと戯れたというのは、コンピューターとの蜜月が私よりも長く（もっと多くの成果をともなって）続いている人々――現在ではギークと呼ばれる――に特徴的なものである。一人名をあげれば、ビル・ゲイツだ。後から振り返って考えてみると、私とエリオットの蜜月が生産的だったとはいえない。プログラミングの技法において私がいくつかの貴重な熟練を体得したことは疑いない。しかし、エリオットのオートコードは、他のどんなコンピューターにも使える言語ではなかったし、夜中の私のギークぶりは、熱心で非常に勤勉ではあったが、それが本格的なプログラミングにどうつながったかと言えば、オーンドル校の音楽室で私がピーピー楽器を鳴らしていたのが本物の音楽とは似ても似つかない行為だったのと変わらない。

私は一九六五年にチューリッヒでおこなわれた国際エソロジー学会で、衝動／閾値モデルについて話をした。講演のために、私は自分の理論の物理的模型をつくった。水銀を満たしたゴム管が組み込まれていて、変動する「衝動」を表すために、これを上下に揺さぶった。このゴム管は垂直なガラス管の底に取り付けられており、ガラス管の中には、異なる深さの三カ所の接点で電気接触が生じるようになっていて、それが「閾値」を表す。水銀は電気伝導体なので、揺すぶられている水銀柱がこの三つの接点のどれかに当たる（「衝動」が「閾値」を超える）と、回路がつながる。明らかに、もし水銀がどれかの電極と接触すると、それより下のすべての電極も自動的に接触するようになっていて、これがモデルの主要な仮定をとらえていた。ヒヨコがちがった色をつつく様子は色付きの光のスイッチのオン・オフで表現し、カタカタうるさい音を出す電気＝機械式の継電システムによって、このモデルの規則を実現させた。このヒース・ロビンソン[1]的代物〔英国の漫画家の名にちなむもので、簡単なことをするための超複雑な機械の意味〕は、以前にオックスフォードでのエソロジー学会でデズモンド・モリスとオーブリー・マニングとその友人たちが考案したインチキの水力学模型がみごとにやってのけたように、大喝采を博する計算だった。それをオックスフォードからチューリッヒまでどのようにして運んだかは、私の記憶からなくなっているし、実際のところ私の理解を超える事柄でもあった。現在の空港警備では、これとちょっとでも似たようなものが通過を許されるチャンスはないだろう。それは素人がはんだ付けした電線、継電器、電池および水銀からなるトゲトゲだらけのものだった。

なんということか、私が初めての国際学会での講演のために大舞台に進み出ようとしたまさにそのとき、何か不都合が起き、私の珍妙な仕掛けは動こうとしなかった。私がパニックになって汗をかき、まともに考えることができず、舞台の外の床の上で半ば狂乱状態でいじくりまわしているそのとき、突然私の背後で、おもしろがっているようなオーストリア語なまりが威圧的な命令をものすごい早口

（1）アメリカではルーブ・ゴールドバーグ〔ロビンソンと同じく漫画家〕と言う。

でがなりたてているのに気づいた。つっかえながら速射砲のように出てくる声は、私に何をすべきかを厳密に述べていた。夢心地で私はそれに従った——そして仕掛けは動いた。私は救い主のほうに振り返った。そこにはヴォルフガング・シュライトが見えた。私は彼が誰だか知っていたが、それまで一度も会ったことがなかった。私のいまいましい機械が何をするのかの予備知識がないにもかかわらず、大陸エソロジーの売り出し中の新星は私のパニックに遭遇し、即座に問題を把握し、私に解決を指示したのである。私はそれ以来ずっとシュライト博士に感謝しつづけている。後から聞いてさもありなんと思ったが、彼は技術の天才という評判を得ていた。私は奇妙な装置を壇上に持ち上げ、講演の終わりにはまき散らされる色の光とヒース・ロビンソン風のアマチュアっぽさが、大喝采に近い歓迎を受けた。ありがとうヴォルフガング・シュライト。そして彼は、私の恥さらしを救う以上のことをしてくれたのだ。というのは、その日の聴衆のなかに、アメリカのエソロジーの売り出し中のスターであるジョージ・バーロウのハンサムな姿があり、彼は私の講演に大いに感銘を受けて、面接も履歴書の提出もなしに、カリフォルニア大学バークリー校の助教授になるよう招待してくれたのだ。これが私の最初のちゃんとした職だった。

しかし、それはのちのことだ。しばらくオックスフォード大学に話を戻せば、一九六六年にサバティカル休暇でいなくなるニコ・ティンバーゲンが、その年の動物行動学の学部学生相手の講義を引き継ぐよう私に要請した。彼は自分の講義ノートを提供しようと言ってくれたが、私はそれよりも最初から自分自身の講義をつくっていくことに決めた。これは私にとってはじめておこなう講義だったから、かなりきちっとした形で書いていった。このノートはとうの昔になくしたものだと思っていたが、この回想録を書いているときに、私の家の地下室の段ボール箱から思いがけなくも出てきた。四六年後にそれを読むのは非常に興味深かった——とりわけ、社会行動についての講義はそうだった。なぜなら、それは『利己的な遺伝子』の中心的なメッセージとスタイルを、この本が書かれるちょうど一〇年前であったにもかかわらず、はっきりと表明しているからである。

一九六四年に《理論生物学雑誌（*Journal of Theoretical Biology*）》が、W・D・ハミルトンによる二篇の長く、かなり難しい数学的論文を掲載した。ハミルトンは、ロンドン大学の若い大学院生で、のちには私の親密な同僚になるのだが、当時は私たちの誰一人として彼のことを知らなかった。マイク・カレンはいかにも彼らしく、世界中でジョン・メイナード・スミスを除けば、ほとんどほかの誰よりも早くハミルトンの論文の重要性を認めていた。そしてある晩に、ベヴィントン通りグループに詳しく説明したのである。マイクの熱狂は伝染性があって、私はたちまち火をつけられ、動物行動に関する私の代理講義で学部学生にハミルトンの考えを説明したいと思うほどになった。

ハミルトンの理論は、現在では「血縁淘汰（とうた）」という名（これはメイナード・スミスが命名したもので、ハミルトン自身の用語ではない）で呼ばれることが多いが、ネオダーウィン主義的な「現代的総合説」から直接に出てきたものである——直接にというのは、ネオダーウィン主義的総合説の番外あるいは追加として付け足されたものではないという意味で、それはこの総合説の不可欠な一部なのだ。ユークリッド幾何学からピタゴラスの定理を切り離すことができないのと同様、ネオダーウィン主義から血縁淘汰を切り離すことはできないのである。血縁淘汰を「テスト」しようと試みる野外（フィールド）生物学者は、定規で測れる三角形を探して旅に出るピタゴラスと同じ立場にいるのだ。

ダーウィン自身の進化論に対立するものとしてのネオダーウィン主義的総合説は、自然淘汰の単位として、遺伝子を中心に据える。遺伝子は、実際には生物の細胞内に座を占めているという事実を多少とも無視すれば、集団のなかで数えることができる個別の（離散的な）実体である。各遺伝子は「遺伝子プール」のなかである頻度をもつが、それはその遺伝子をもつ繁殖可能な個体の数で近似できる。成功した遺伝子は、成功できなかった対立遺伝子を犠牲にしてその頻度を増大させる遺伝子であり、成功できない遺伝子は頻度を減らしていく。ある動物に自分の子供の世話を上手にさせるような遺伝子は、世話した子供の体によって運ばれるがゆえに、数が増大していくことになる。ハミルトンは、子供が遺伝子を共有する唯一の血縁者のカテゴリーではないことに気づき（フィッシャーとホールデンも同じようなことに気づいていたが、あまり重要視しなかった）、したがって、そうした血縁者も世話をする行動を進化させることで利益を得られるのではないかと考えた。

ハミルトンは、一つの単純な規則（現在ではハミルトン則と呼ばれる）を導いた。すなわち、血縁者に向けられる利他行動の「ための」あらゆる遺伝子は、その利他行動Cの費用（コスト）が、両者の血縁度rによって重みづけされる受益者の利益Bより小さければ、集団内でひろまっていく傾向をもつというのである。血縁度rは、ハミルトンが計算の仕方を示している（その厳密な意味を直感的に理解できるように説明するのは、不可能ではないが、難しい[(1)]）比率（つまり0から1までのあいだの数字）。全血の兄弟姉妹間ではrは〇・五。叔父（おじ）と甥（おい）のあいだでは〇・二五、従兄弟姉妹のあいだでは〇・一二五である。ハミルトンは社会性昆虫に特別な関心をもっていて、自らの血縁淘汰の理論を鮮やかに使って、アリ、ハチおよび（かなりちがったやり方で）シロアリが社会的利他行動という驚くべき習性をいかにして進化させたかを説明した。

　アリの典型的な地下の巣穴は、遺伝子を増殖させ、その田園地帯全体にひろめる一つの工場である。遺伝子は、工場から翅をもつ若い女王と雄の体に梱包されて、つぎつぎと生産されていく。これらの有翅アリ（見慣れない翅をもっているため、アリだと気づかないかもしれない）は、地面の穴から一斉に飛び出し、飛び上がって、空中で交尾する。それぞれの雌（若い「女王」）は、婚姻飛翔のあいだに一生分の精子を集め、体の内部に貯えておいて、長い一生の過程を通じて、なんとかもたせる。精子を積み込んだら、交尾済みの雌は飛ぶのを止めて、着地し、穴を掘り、新しい巣穴を形成する。一部の種では、女王は翅を噛んだり、破ったりして捨てる。地下の女王としての役割には、翅はもはや必要ないからである。

　子の大部分は、不妊の働きアリだが、遺伝子の増殖という視点から重要な子は、若い（有翅の）女王と雄である。ワーカー（アリ、ハチ類ではすべて雌で、シロアリの場合は雄と雌）は、子を通じて自らの遺伝子を伝えられる見込みはないので、そばにいる妊性の血縁者、たとえば、若い女王や雄、自分の姉妹あるいは姪に給餌し、世話をすることに努力を傾ける。不妊のワーカーに女王になるべく運命づけられた姉妹の世話をさせる遺伝子は、若い女王の体の中に運ばれて将来の遺伝子プールに伝

（1）もっとも明快な説明はオックスフォード大学の同僚で、以前は私の院生であったアラン・グラーフェン教授によって与えられている。Alan Grafen, 'A geometric view of relatedness', in R. Dawkins and M. Ridley, eds. *Oxford Surveys in Evolutionary Biology, vol.2* (Oxford, Oxford University Press, 1985), pp.28-89.

えられることができる。世話をする行動は、若い女王そのものではけっして発現されることがないかもしれないが、その行動の遺伝子はワーカーとなる女王の娘たちに伝えわたされ、結果としてワーカーたちは、自分の遺伝子を伝えてくれる若い女王と雄の世話をしていることになる。

社会性昆虫は単なる特殊事例の一つにすぎない。ハミルトン則は、血縁者を実際的に世話するかどうかにかかわりなく、すべての動植物に適用される。もし血縁者の世話をしないとすれば、その理由は、ハミルトン則における経済的費用と利益（*B*と*C*）が、血縁度 *r* が高そうだという事実にもかかわらず、その行動が選り好みされるような形では、うまく折り合わないということだろう。そして——この点は、専門の生物学者によってさえ、しばしば誤解されている——、自分の子を世話する個体は、年上の兄姉が年下の弟妹の世話をする（ヘルパーの場合のように）のと同じ理由でそうするのである。いずれの場合も、世話をするための遺伝子を共有しているのである。

前に言ったように、マイク・カレンがハミルトンのすばらしい考えを私たちに紹介したとき、私は熱狂に火がつき、ニコ・ティンバーゲンの代役としてする講義で、自分流のやり方でそれを説明することをやってみたいと非常に強く思った。私は、ニコのメッセージからあまりにも遠く逸脱して、自分のレトリック——未来に向かっての無慈悲な遺伝子の行進のなかで投げ捨てられることになる、連綿と死すべき肉体に宿っている「利己的な遺伝子」についての——に置き換えることに躊躇を感じていた。安心を得るために、私は書き下ろした講義をマイク・カレンに見せたのだが、今になって、欄外の彼の手書き文字をもう一度見るとき、それが当時、私にとってどれほど大きな励ましになったかが思いだされる（次ページ図版参照）。この話題についての講義をこのスタイルでするという私の

Natural selection acts directly on phenotypes, but it will affect evolution only insofar as phenotypic xkxxxxxxxxxxxxx differences are correlated with genetic differences. The important effect of natural selection is therefore on genes.

Genes are in a sense immortal. They pass through the generations, xxxxxxxxx reshuffling themselves each time they pass from parent to offspring. The body of an animal is but a temporary resting place for the genes; the further survival of the genes depends on the survival of that body at least until it reproduces, and the genes pass into another body. The structure and behaviour of the body are to a large extent determined by the genes - the genes build themselves a temporary house, mortal, but efficient for as long as it needs to be. Natural selection will favour those genes which build themselves a body which is most likely to succeed in ~~passing~~.

lovely stuff'

handing xxxxxdown safely to the next generation, xxx a large number or replicas of those genes.

To use the terms "selfish" and "altruistic" then, our basic expectation on the basis of the orthodox neo-Darwinian theory of evolution, is that Genes will be "sefish".

~~Must this mean that individuals will be selfish? Not necessarily, though it does mean that we must be very suspicious of expressions like "the good of the species." There are two main ways in which individual altruism~~

(This gives us the most important difference between indiduals and social groups. If an individual body is a colony of cells, it is a very special kind of colony, because all those cells are genetically identical. Every xxxxxxxxxxxxxx somatic cell, muscle, bone, skin, brain etc., contains the same complement of genes. Furthermore the reproduction of all the genes in these somatic cells is limited to the life-span of the body. Only the genes in the germ cells ~~will~~ may survive. The other cells are built by the genes simply to ensure the survival of the xxxxxxxxx identical genes in the germ cells.

In say a fixxk colony of gulls, the individual birds all contain different xxxxx sets of genes (except identical twins), and because of the arguments given above, we shall have to think very carefully about whether we should expect altruism between individuals. Only in the social insects where the workers are sterile and very closely related, do we have a social group that is really comparable with the many-celled body. We will return to this later.)

If genes are selfish then, how can individuals evolve altruism?

計画に固執するよう勇気づけてくれたのは、マイクの「なかなかいいね」（lovely stuff）という書き込みだった。そしてこのことは、一〇年後に生まれる『利己的な遺伝子』の受胎の瞬間だったと言うこともできると思う。私の講義ノートには、「遺伝子は利己的になるだろう」という成句も含まれていた。この件については、のちほど、この本そのものについて述べるときに立ち戻るつもりである。

一九六七年の夏、アイルランドの南海岸にあるアンズタウンの小さなプロテスタント教会で、私はマリアン・スタンプと結婚した。彼女の両親がこの町に休暇用の別荘（コテッジ）をもっていたのだ。マリアンはニコ・ティンバーゲンの大学院生グループの一員で、のちに、オックスフォード大学の動物行動学の教授としてではあるが、ティンバーゲンの跡を継ぎ、動物福祉の実験科学について世界を代表する権威となった。この時には、私はカリフォルニア大学バークリー校の助教授職の提示を受け入れることに本気でとりかかっていた。ニコは、長い距離越しに最小限の指導をするだけで、その地でマリアンが彼女の博士課程の研究を継続する能力があることを確信していたが、実際、その確信は全面的に正しかった。私たちは、レンタカーで島を周遊する短い新婚旅行を過ごした。私が免許を忘れてきたので、彼女が運転しなければならなかったのだが、レンタカー会社の事務員が彼女が「大学院生」（大学院生は信用が乏しいと思われるようだ）であることを知った際には、ばつの悪い思いをさせられた。新婚旅行が終わるとほとんどすぐに、私たちはサンフランシスコに向けて出発し、そこの空港でいつも親切なジョージ・バーロウと会った。そして、新世界での新しい生活が始まった。

西海岸のドリームタイム

Richard
Dawkins

一九六〇年代末のバークリーは、政治的に沸き返っていて、テレグラフ・アヴェニューとサンフランシスコ湾を渡った向かい岸にあるヘイト＝アシュベリーの政治が、私たちがそこにいた二年間を支配することになった。リンドン・ジョンソンは、それがなければ偉大な業績をなしとげた大統領として記憶されていたかもしれないのだが、ヴェトナム戦争——ケネディから受け継いだ——という災厄にはまりこんでしまった。バークリーのほとんどすべての人間が戦争に反対していて、私たちも彼らに加わった——サンフランシスコでの行進、バークリーでの催涙弾攻撃を受けたパレード、デモ、授業妨害、座り込みなどに。

私は、アメリカのヴェトナムへの介入に反対したことを誇りに思っているし、ユージン・マッカーシー上院議員の反戦キャンペーンで精力的に活動したことも誇りに思うが、私がかかわったその他の政治活動のいくつかはあまり自慢できない。なかでももっとも記憶に残っているのは、「人民公園」（デイヴィッド・ロッジのキャンパス小説『交換教授』で「人民庭園」として小説化されている）でのシュールなエピソードにかかわるものだった。「人民公園」キャンペーンは、大学が所有していて、ビルを建てるつもりだった一画の空き地を市民のリクレーション用に乗っ取るという試みだった（最近の撮影旅行でバークリーを再訪したときに発見したのだが、最終的にこのキャンペーンは当初の目的を達成していた）。後から振り返って考えると、あれは、無政府主義的な学生リーダーたちが、おとなしい「愛と平和をスローガンとする人々」や「路上生活者たち」を冷笑的に操ってでっちあげた、それ自体として過激な政治活動を擁護するでっち上げの弁解だった。過激な学生リーダーと恥ずべきロナルド・レーガン知事（デイヴィッド・ロッジの小説では、「ロナルド・ダック」）は、互いに嬉々として相手の思惑通りの役割を果たし、互いにそれぞれの選挙民のあいだでの支持を拡大するような状況を切り開き、そして互いにおそらく自分が何をしているかを正確に知っていただろう。そして私は、大学の若い教職員の大部分とともに、彼らの思うつぼにはまってしまった。私たちはデモをし、催涙ガスから逃げ、新聞に憤激の手紙を書き（私の《タイムズ》への最初の手紙はこのテーマについてのものだった）、当惑し、どちらかといえば怯（おび）えていた若い州兵たちのライフルの銃口に路上生活者たちが花を挿すのに声援を送った。正直に言って、催涙ガス攻撃を受け（非常にわずかではあったが）危険にさらされたときに、昂揚して身震いした——現在ではそのことをひそかに恥じている——ことを認めなければならない。

私は、バークリーにいた二十代における私の心のなかをできるかぎり正直にのぞき込んでみようと試みている。そこに私が見ているのは、反乱という観念そのものに対するある種の若気の興奮だと思う。すなわち、ワーズワースの「その夜明けに生きしことは無上の喜び／されど若さこそまさに天国」〔『序曲』に含まれる「フランス革命」という詩の一片〕である。ジェームズ・レクターという学生がオークランドの警官に撃ち殺された。それに抗議して行進したのは正しかった。そして後から考えて見ると、人民公園に向かって行進しようという私たちの決断も、私たちの心の中で正当化されていたように思われる。しかし、もちろん、それだけではまったく正当化できるものではなかった。人民公園に行進するという決断は、まったく別の正当化を必要とした。

私たち、若い教職員は会議を招集し、そこで同僚たちをいじめて、活動家に連帯して講義を中止させようと試みた。私は「いじめ」という言葉を意識的に使ったのだが、それはもっと最近、インターネットで、一種の思想警察として機能するだけの力をもつ過激派活動家による「ネットいじめ」という形で同じことを見てきたからである。それは、その気のある連中が学校の運動場でいじめをするために寄り集まってきたとき、私が見たのとまったく同じだった。私は特別の悔恨の念をもって、バークリーでのある教職員の会合のことを思いだす。そのときは、まっとうな一人の老教授が講義を中止したがらなかったので、私たちは投票によって、彼に中止を強要しようと試みた。私は自責の念をもって、彼の勇気に敬意を表するとともに、予定された授業をおこなうことが自らの義務だと受け止め、それを果たそうとする同僚の権利を支持して、たった一人だけ手を挙げたさらに年長の教授にも敬意を表する。「ペギーおばさん」のときと同じように、チャフィン・グローヴ校での類似の事件のときと同じように、私はいじめに反対して立ち上がるべきだった。しかし、私はそうしなかった。私はまだ若かったが、まるっきりの若者ではなかった。もっと分別があってしかるべきだった。

ここで過激派の政治活動と路上生活者に触れることで、蒙を啓(ひら)く記憶を呼び覚まし、社会的習俗における顕著な変貌を明らかにすることができるだろう。私はバークリーのビーズ・香料・マリファナ文化の中心軸であるテレグラフ・アヴェニューを歩いていた。一人の若い男が私の前を歩いていて、フラワー・パワー（花と愛）世代の旗印（インシグニア）を身にまとっていた。反対側から若い女性が彼とすれちがうたびに、彼は手を伸ばして、片方の乳房をつまんで引っ張った。いたずらされた女性は、彼を引っぱたいたり、「セクハラよ！」と叫んだりするどころか、何事もなかったようにただ歩きつづけるだけだった。そして彼も次の女性に向かって進んでいくのだろう。今日ではほとんど信じがたいことに思えるが、きわめて確かな記憶である。彼の態度はとりわけ淫らなようには見えず、彼の行動は、明らかに若い女性たちから、男性優越主義者のブタの仕草だとは受け取られていなかった。それは六〇年代サンフランシスコの、「ラブ・アンド・ピース」の退廃的な雰囲気をまとった、いかにもヒッピーの世界に似つかわしいものに思えた。とても喜ばしいことに、事態は変わってしまったと言える。あの若い男と彼が性的ないたずらをした（現在ならそう言うべきだろう）若い女と同じ年齢と階級の現代の若者たちは、当時の年齢と階級にとっては正常だった行動にきわめて強く憤慨する人間のうちに属することだろう。

こうしたあらゆる政治活動にもかかわらず、私は若手の（実際に、例外的に若かった）助教授として、ふさわしい仕事をした。ジョージ・バーロウと私は動物行動についての講義を分担し、オックスフォード大学で始めた「利己的な遺伝子」の講義も含めた。六〇年代後半のオックスフォードとバークリーの学生たちは、やがて七〇年代およびそれ以後に、「社会生物学」と「利己的な遺伝子」で最新の流行となる新しい考えを聞いた、世界でまさに最初の学部学生だったかと思うと感慨深い。

マリアンと私はバークリーで非常に歓迎されているという気持ちにさせられ、そこで多くの友人をつくった。ジョージ・バーロウのほかに、神経生理学者のデイヴィッド・ベントリー、現在では全動物界を通じての眼の世界的権威であるマイケル・ランド、マイケルとバーバラのマクロバーツ夫妻、二人はのちにオックスフォード大学に来て、ベヴィントン通りの元気のいい仲間として加わった。やんわりとした皮肉を飛ばすデイヴィッド・ノークスもオックスフォード大学に来たが、彼は私がバークリーにいた時期のジョージ・バーロウの優秀な大学院生だった。ジョージは毎週一回、バークリーヒルズにあった彼の自宅で、関心のある大学院生のためにエソロジーのセミナーを主宰し、そうした夕べの会合はマリアンと私に、オックスフォードでのニコの金曜日夕方の素晴らしい雰囲気を思いださせてくれた。

私はそれまでアメリカに一度も行ったことがなく、いくつか当惑させられる事柄に出会った。動物学部の最初の会合では、誰もがほとんど数字だけでしゃべっていた。314は誰がやっているの？ いいえ、私は246をやっています〔アメリカの大学では授業科目がコード化されていて、一般に100〜200番台は基礎科目、300〜400番台は専門科目を表す〕。現在の英語圏では、Xology101が（ときには馬鹿にして）新入生へのX学の入門篇を意味することが知られている。しかし最初に着任したときには、これほどまでの数秘主義には困惑させられた。また、いまでは、動詞 to major〔主専攻にする〕の意味を理解できない人間はいるだろうか？ しかし私はアメリカのキャンパス小説を読みながら、大学の二回生、三回生、四回生たちのおしゃべりにいささかうんざりしているときに、「イギリス人の major〔ここは主専攻生の意味だが、少佐（メジャー）とも取れる〕が教室に入ってきた」という文章に、新鮮な空気を吸ったような気になったのを思いだす。ああ、私の心はたちまちのうちに、乗馬用半ズボンと口髭の幻影で満たされる――やっとリアルな人物像に出会えたな、と。

マリアンと私は、どちらも自分たちの研究に精を出した。そして私たちは共通の科学的関心について、バークリーヒルズを登ったところにあるティルデン公園の散歩で、美しいカリフォルニアの田園地帯のドライブで、食事の席で、ベイブリッジを渡ってサンフランシスコ市街まで買い物に出かけるときに、四六時中お互いに話しあい、しゃべりあい、語りあった。私たちの議論は、お互いが指導しあうという雰囲気のもので、それぞれが互いから学び、議論を一歩ずつ検証しながら、一歩後退し、二歩前進していった。互いに指導しあうという方式は、いまでも私が同僚とのオープンな討論で達成しようと努力しているもので、しばしば私のウェブサイトのために撮影したり、ＤＶＤで発売したりしている。マリアンとのそうした議論は、オックスフォードに戻ってからの共同研究の基盤となった。

バークリーにおける私の研究は、ヒヨコのつつきについての仕事の続きだった。私の博士研究は非常にポパー主義的なものだった。決められた時間内になされた選択の総量について厳密な予測をおこなうものだ。しかしこのモデルでは常々、一分間あたりのつつきの回数の総計よりも、ヒヨコたちが実際におこなった厳密なつつきの順序を用いたより厳密な観察による検証が求められていた。バークリーで私は、オックスフォードでのものと違って、単につつきの回数を数えるよりもむしろ、それぞれのつつきがいつなされたかを記録できる新しい装置づくりに転じた。さらに私は、つつくたびにヒヨコが好きな赤外線の熱風を報酬として与えることで、つつきの頻度を高めた。さらに、どのキーをつついたかにかかわりなく、ヒヨコには均等に報酬が与えられたが、それでも色への好みは依然とし

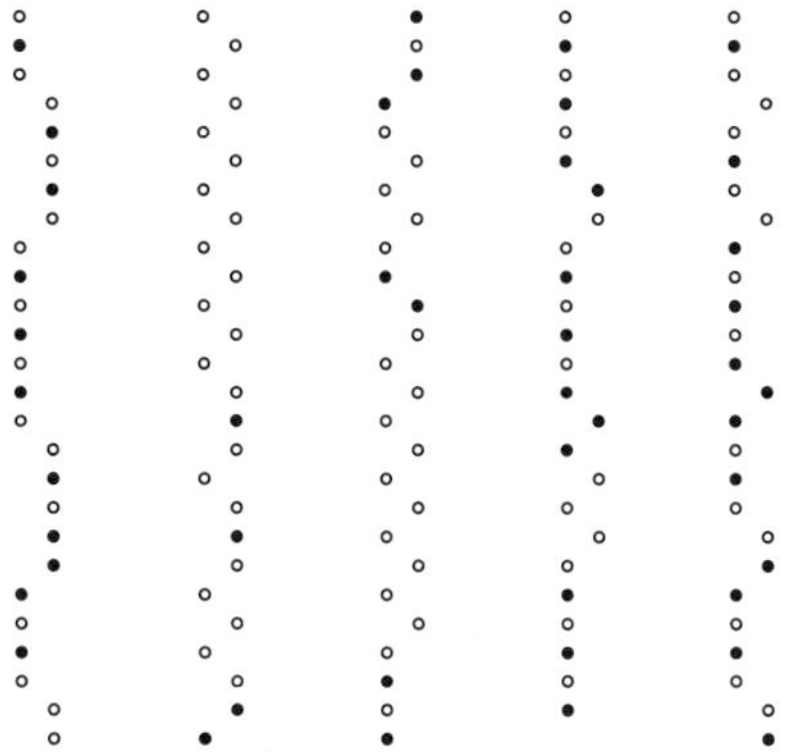

記号の縦列はつつきの順序配列を表す。○は好きな色を表す。好きな色をつつきつづけたあと、左右の好きな側――たぶん自分に近い側――をつつくというくだりが交互に現れていたのが、最終的に２つの色を交互につつくようになるさまに注目。

M. and R. Dawkins, 'Some descriptive and explanatory stochastic models of decision-making,' in D. J. McFarland, ed., *Motivational Control Systems Analysis* [London, Academic Press, 1974], pp.119-68より。

てあり、ということは相変わらず衝動／閾値モデルに基づいて選択しているように思われた。つつきは、ジョージ・バーロウのためにつくられたData Acquisition Systemと呼ばれる――こう呼ばれるのは、ラベルのAcquisitionとすべき文字がタイプミスでこうなっていたからである。正しくはデータ収集システム――手の込んだ、高価な装置を使って、磁気テープに記録された。

衝動／閾値モデルがおこなう一つの単純な予測に、好きな色に対して（その色に対してのみ衝動が閾値を超えた場合）はつつきが長く続き、ところどころに偏りのないつつき（衝動が二つの閾値を超えたとき）が挟まる、というものがある。注目／閾値モデルに従って私は、色に関する偏りのなさが実際は左右の側に関する偏好を意味していると予測した。この装置はそれぞれの色が、つつかれるあとで（ときどきランダムな変異をともなうが）前とは反対の側に提示されるようプログラムされていたので、上に掲げたようなつつきの順序配列を予測した。これは一つの特定の実験で得られた実在のデータを表しているのだが、予測を非常にみごとに裏づけているように思える。

もちろん、この図は、多数の実験から取りだした一つの「逸話」以上のものではない。私はこれやその他の予測を、多数の実験からとったデータを用いて、統計的な分析に置き換えた。衝動／閾値モデルの変形版である注目／閾値モデルの予測は支持された。

バークリーでの二年めを通じて時々、マリアンと私はニコとリースのティンバーゲン夫妻の訪問を受けた。ニコは、私たちがオックスフォードに戻るよう説き伏せたがっているようだった。ニコはオックスフォードで私に提供できる魅力的な研究助成金を獲得していたし、マリアンは博士研究をまとめることができるだろう。ニコには、彼女の研究がバークリーでうまくいっていることが理解できた。ティンバーゲン夫妻は、申し出について考えるように私たちに言いおいて帰った。私たちは受け入れることを決断したが、しかしそのあいだに、ニコは新しいチャンスについても書いてきていた。オックスフォード大学は、ニュー・カレッジのフェローシップ（評議員）を兼ねた動物行動学の新しい大学講師[1]の任用を決めていて、ニコは私が応募することを望んでいた。この教育職は、彼が以前に約束してくれていた研究助成金を排除するものではなかった。私はこの講師職に応募することに同意し、私は面接のために飛行機でオックスフォードへ飛ぶことになった。

それは魔法のような旅で、好ましいと思えるものがすべて、私の前にあった。音楽にはその記憶が刻み込まれている――機中で聴いたメンデルスゾーンのヴァイオリン・コンチェルトには、眼下のロッキー山脈とこれから先を想う興奮でうっとり魅了された。オックスフォードは最高の歓迎の舞台を演出してくれた。バンベリー通りとウッドストック通りに沿って、ちょうど五月の花盛りのサクラとキバナが咲き誇っていた。ニュー・カレッジも黄金の一四世紀の役割を演じ、私は幸せで、到着したとき、かつてのオックスフォードABRGのメンバーで、いまはニュージャージーのラトガーズ大学の教授であるコリン・ビアが、予期せず遅ればせにこの講師職に応募したというニュースで出迎えられても、私の横溢した気力は衰えなかった。ニコは胸をときめかして、彼の忠誠心を私からコリンに切り替えてしまったが、それでも私の楽観主義的な気分はひっくり返らなかった。もしニコがコリンのほうがいい賭けだと決めたのなら、私はそれで十分だった。面接委員会が言ったように、私はまだ研究者の地位は保っていたし、もしコリンもオックスフォードにいることになれば、なおさらよかった。彼らは実際にその職をコリンに与え、私は研究助成金を手に入れた。

(1) アメリカで言えば「準教授になる道を歩んでいる助教授」に相当する。

コンピューター中毒

Richard
Dawkins

一九六九年、マリアンと私は複雑な想いをもってバークリーを去ったが、そこは、魔法と巡礼の場所として私の心に残っている。失ってしまった若さの、頭がよくて親切だった同僚たちの、透(し)み通って明るい陽光に代わってゴールデンゲート橋(ブリッジ)にかかる冷たい霧の、清々しい夜明けのマツとユーカリの風景の、素朴なとはいえリベラルな価値観をもつ礼儀正しく誠実なフラワー・チルドレンたちの、ドリームタイムだった。

私たちはバークリーのマンションから、わずかばかりの荷物を梱包して船便で送り、自分たちの古いクリーム色のフォード・ファルコンのステーション・ワゴンに乗って、大陸を横断してニューヨークまでドライブした。車は反戦スローガンとユージン・マッカーシーの選挙ステッカーで覆われていた。あらかじめ手配しておいた通り、波止場地域でこのフォードを売ってから（驚いたことに、あらかじめ決まっていた買い手は、のんびりしたバークリー・スタイルでニューヨークまで一人でやってきて、ぴったりの時間に姿を見せた）、サウサンプトン行きの定期船〈フランス号〉に乗船し、まだ古い友人がたくさん残っていて、近々コリン・ビアがやってくるオックスフォード大学での生活を再開する準備をした。結局のところ、コリンはニュー・カレッジで時間を過ごすことのほうを好み、動物学教室へはめったに姿を見せず、みんなを大いにがっかりさせた。彼は一年間しか職に留まらなかった。ダニー・レーマン――その理論的な批評で私の博士論文にとても大きな影響を与えたあの同じダニエル・S・レーマンである――がうまい具合にラトガーズ大学のコリンのポストの代理を一時的につとめていて、コリンの妻がアメリカでもっていた中世フランス語の教授職に見合うポストをオックスフォード大学では見つけられないことが明らかになったとき、コリンはラトガーズ大学に戻ることに決めた。またしても、動物行動学の講師職が公募され、またしても辛抱強いニュー・カレッジは、その職にフェローシップを付けることに同意した。そしてまたしても、ニコは私に応募するよう強く勧めた。他の候補者とともに、私は二つの委員会の面接を受けた。一つはラフィング・ジョン・プリングルが議長を務める大学委員会、もう一つは、本当によく笑い、ほとんどどんな時にも礼儀正しい学寮長で、元モスクワの英国大使だったサー・ウィリアム・ヘイターが議長を務めるカレッジ委員会である。

今度は、私は本当にこの職が欲しかったが、今回はそれが得られた。マリアンと私が友人たちと一緒に、オックスフォードのインド料理レストランでやきもきしながら待っているときに、報せが届いた。突然、マイク・カレンのスクーターが外で止まる音が聞こえたのだ。マイクがレストランに飛び込んできて、何も言わずに左右の人差し指を私に向け、やってきたときと同じように素早く姿を消した。私は職を得たのだ。後から振り返って考えてみると、主要な競争相手が、とんでもなく切れ者のホアン・デリウスだったから、あの時点で私があの職を得て当然だったとは思わない。ただ、私はそこで成長し、結果的にはその職に値するようになったと考えたい。ホアンは大事な友人であり、師であり、はてしなく頭がよく、知識があって面白い、ドイツ系のアルゼンチン人であった。かつて彼はアルゼンチン風のユーモアを私のために定義してくれた。「彼らはドタバタ喜劇を楽しむが、誰かがバナナの皮で滑ったとしても、その人間が骨折したときにのみ本当に面白がる」。ベヴィントン通り一三のボードには、しばしばホアンの独特な英語で書かれた素晴らしい注意書きが飾られていた。「What bastard has absconded my oles?（どこの馬鹿が、いろんな大きさの円を描くためのおれのステンシルをさらっていきやがったんだ？）」

オックスフォード大学のカレッジにおける指導教員（チュートリアル・フェロー）の生活は多くの点で驚きと喜びに溢れている。私は美しいことで名高い庭園に囲まれた、鮮やかな色の魚卵状石灰岩（オーライト）で造られた中世の建物に一室を得た。私の属する動物学はさておき、あらゆる学門分野のトップクラスの学者という刺激的で楽しい仲間といて、書籍手当、住宅手当、研究手当が貰え、そして食事はただ（ただし、妬みの噂に反して、ワインは無料ではない）だった。私自身の分野の刺激的な学者たちは、動物学教室に行けば見つかった――私はそこで大半の時間を過ごした。

私は、大学食堂の一段高い位置にある教授用の貴賓席（ハイテーブル）での談話に招かれた。夕食ののち、そこへ時々、〈教員社交室賭け台帳〉が持ち出されてきた――新しい賭けを記録するか、古い賭けに目を通すかするためで、すべてが貴賓席での談話そのものと同じように気取ったスタイルで書かれていた。一九二〇年代にさかのぼって、簡単な実例を示しておこう。この頃にもっとも熱心に賭けをしていた人物は、奇才のＧ・Ｈ・ハーディで、彼のルイス・キャロル風の数学者らしいユーモアのセンスが、同僚たちに感染していたように思われる。

（一九二三年二月七日）副学寮長はハーディ教授と、太陽が明日また昇ることに、彼の死ぬまでの幸運対半ペニーで賭ける。

（二七年八月六日）ハーディ教授はウッドウォード氏と、彼（ハーディ教授）がモードリン・カレッジの次の学寮長になれないことに、半ペニーで一万対一の賭けをし、またウッドウォード氏はハーディ教授と、彼（ウッドウォード氏）がモードリン・カレッジの次の学寮長になれないことに、一対五〇〇〇で賭ける。

（一九二七年二月）ハーディ教授はクリード氏と、新祈禱書がだめになるだろうということに、2/6 対 1/6 で賭ける。スミス氏、キャッソン氏、およびウッドウォード氏が、必要ならば審判を下す。

そんなに歴然たる価値判断が賭けの対象になりうるというのが、私には面白かった。裁定の奇妙な数字が必要になるのも不思議ではない。

一つの賭けでは、賭け金の大きささえ、のちの審判に任せている。

（一九二三年一二月二日）ターナー教授は教員社交室の給仕長と、社交室にＡＢＣ（ロンドン）

鉄道案内を一冊おいておくのはいいということに多額を賭ける（ターナー教授A.H.S.の勝ち）。

（一九二七年二月一五日）コックス氏はハーディ教授と、キャノン・コックス（「フレッド」）師は、次のニヤサランドの主教にならないだろうということに、10/- 対 1/- で賭ける。

私は、挿入された「フレッド」というのが気にいった。残念ながらこの賭けの結果は記録されていない。私としては、「主教フレッド」が海を越えた私の幼き日の故国を統括したかどうかを知りたいところだ。Google は私のこの疑問に決着をつけることはできなかったが、一九世紀のニヤサランドの主教がチャールズ・アラン・スミシーズ――教区司祭だった私の七代前のスミシーズ家の祖先の血縁である可能性がきわめて高い――であったという事実が見つかった。

（一九二七年三月一一日）ヨーク氏はコックス氏と、マタイによる福音書に自己去勢を正当化あるいは推奨すると文字通り解釈できるような節はないことに、2/6d で賭ける。コックス氏の勝ち。

（一九七〇年一〇月二六日）サー・A・エアー教授はクリスチャンセン氏と、もし警告なしに挑戦されれば、礼拝堂付き牧師が祈禱書中の三九箇条のうち一二は暗唱できないことに賭ける。賭け金はクラレット〔ボルドー産の赤ワイン〕一瓶。

（一九八五年一一月二四日）礼拝堂付き牧師はリドリー博士と、ベネット博士がロンドンの主教を訪問したときに晩餐（ばんさん）の席で白い立て襟の聖職服を着ていくだろうということに、クラレット一瓶を賭ける（礼拝堂付き牧師の勝ち）。

（一九九三年八月四日）ドーキンス氏はレイン氏と、バートランド・ラッセルがレディ・オットリン・モレルと結婚したことに、一ポンドを賭ける。審判はマドモアゼル・ブリュノー（ドーキンスが負け、二〇年後に支払った）。

最後の一つのような賭けは、もはや起こりえない。なぜなら、そうした事実に関する問いは、スマートフォンを使えば、教員社交室の肘掛け椅子から立ち上がることなしに、つまらないほど簡単にチェックできるからである。当時でさえ、純粋に事実に関することなら、審判を指名することはほとんど必要なかった。

一九七〇年に話を戻せば、そのとき私は二九歳で、新たにオックスフォードへ戻ったところだった。歌うコンピューターのエリオットは、すべてのシリコンと同じ道をたどって滅んでしまったが、ムーアの法則〔集積回路の能力は年々幾何級数的に向上し、それにつれてコンピューターの価格も大きさも低下するという経験則〕と前年に私をオックスフォードへ連れ戻す餌になった研究助成金のおかげで、私は「自分の」コンピューターPDP‐8を買うことができた。これは、物理的な大きさと価格を除いて、あらゆる点でエリオットを凌駕していた。また同時に、ムーアの法則（この時代でもすでにますます顕著になりつつあった）に応じて、現在のラップトップに比べて機能的にははるかに小さいのに、図体は大きかったたし、スイッチを入れるたびに記録するという（もちろん私はしなかった）想定のために、馬鹿げた業務日誌（ログ・ブック）が付いていた。この機械は私の誇りであり、喜びであり、価値ある資源――ベヴィントン通り一三のすべての人間にとってただ一人のプログラマーとしての私（これが私の時間をすり減らせた）同様――だった。いまや私は本腰を入れてコンピューター中毒に身を委せることができ、もはや、エリオット803と不届きな所業にふけっていた頃のように、真夜中に没頭する必要はなくなった。

以前には私は高級コンパイラー言語――人間になじみやすい言語で、コンピューターがそれを二進法の機械語（マシン）に翻訳する――のみを使っていた。いまや研究の道具としてPDP‐8を使うために、私は一二ビットの機械語をマスターしなければならなかったが、この課題に、私は熱情をもって打ち込んだ。私の最初の機械コードによるプロジェクトは動物の行動を記録するためのシステムである「ドーキンス・オルガン」で、ジョージ・バーロウの「データ収集」装置に相応するものだが、はるかに安価だった。観察者が野外で使え、ボタンを一つ押すことが一個体の動物による動作を示すようなキーボードをつくるというのがコンセプトだった。キーを押すとテープレコーダーに記録され、それがのちに自動的にコンピューターに、その動物の動作がいつ起こったかを正確に告げることになる。

私のキーボードは文字通り、間に合わせの電子オルガンで、それぞれのキーがちがう音をだした（〝音〟を聞き取れるのはテープレコーダーだけだった）。この部分はつくるのが簡単だろう。箱のなかには単純な二トランジスター発信器が含まれていて、各音の音高は抵抗によって調整されていた。このオルガンの各キーが別々の抵抗器に接続していて、それゆえ異なった音を奏でる。観察者はこのオルガンを野外にもっていき、労働条件調査員のように動物の行動を観察し、個々の行動パターンごとに、特定のキーを押すのである。テープに録音されたこうした音の出現順序が、その動物の行動の時間付きの記録を構成する。理論的には、この音を耳のいい人が聞けば、どのキーが押されたかを感知できるが、それはあまりあてにできないだろう。私はコンピューターに耳のいい人間の役割を振り当てる必要があった。一連の調整された周波数検出器で電子的におこなうこともできたが、それでは金がかかって厄介になるだけだ。同じ芸当――コンピューターにおける完全な音高感受性――をソフトウェアだけで達成できないだろうか?

私はこの問題を、当時の私のコンピューターの師匠であるロジャー・アボットと議論していた。ロジャーはプリングル教授の大規模な研究助成金で雇われた頭のいい技術者で(たまたまオルガン奏者でもあった)、じつに見事な考えを思いついた。すべての楽音はその音高を表す固有の周波数をもっている。コンピューターは――いまはもちろん、当時でさえ――非常に速いので、一つの楽音内の波頂間の間隔を、数百のプログラム・サイクルで測ることができる。ロジャーは、私が音の波頂間の間隔に時間を合わせた機械語プログラムを書けばいいと提案したのだ。言い換えれば、高速の時計として働く小さなルーチンを書き、それが次の波頂によって遮られるまでに、何回ジャンピング・バック・プログラムをループできるかを数えるのである(これは、多数の波頂について平均を取れば、その音の音高がわかる)。一つの音が終わると(最後の波の頂点が終わって臨界時間が二度以上過ぎたとき)、コンピューターはその時間を記録し、次のオルガン音を待つのである。言い換えれば、コンピューターの時計ループは、楽音の音高の識別だけでなく、もっとはるかに長い時間の尺度で、音と音のあいだの時間の経過を測るのにも使えるということだった。

この中心的なルーチン作業ができたので、残りはユーザーに使いやすい（フレンドリーな）プログラム書きとバグ取りをなんとかやり通すという問題だけである。これはかなり長い時間がかかったが、無事に成功して終わった。このドーキンス・オルガンは発展性のある産物だった。このオルガンの使用者は、各セッションをテープで音階を演奏することから始めた――オルガン上のすべての音は、音高の低いものから高いものへと順にならんでいる。テープにとられた音階は、ソフトウェアの「キャリブレーション」――識別させたい音のレパートリーをコンピューターに「教える」こと――に用いられた。キャリブレーションが終わった（最初の音を二度めに叩くことによって）あと、テープ上のそれ以上のすべての音は、行動上の出来事を指示するものとなる。このキャリブレーション方式は、オルガンを注意深く調律しておかなくてもいいという利点があった。互いに区別できるほど十分に異なる音の組ならばうまくいく。なぜなら、コンピューターがどの音を聞き分ければいいかをすぐに学習するからである。なので、テープを家に持ち帰り、コンピューターで演奏させたとき、コンピューターは動物がいつ、何をしたかが正確にわかった。このプログラムの核心はタイミング・ループだが、穿孔テープにはすべての行動パターンの名前とそれが起こった正確な時間など、打ち出すべきかなりの量のコードが詰め込まれていた。

私はドーキンス・オルガンについて論文を発表し[1]、無料で使えるソフトウェアをつくった。その後

(1) R. Dawkins, 'A cheap method of recording behavioural events for direct computer access,' *Behavior*, 40 (1971), pp. 162-73.

の数年間、オックスフォード大学のＡＢＲＧの無数のメンバーによってドーキンス・オルガンは使われ、また世界のほかの地域の何人かのエソロジストたちに、たとえばブリティッシュコロンビア大学などで使われた。

機械コードによるプログラミングへの私の中毒は、私を悪循環へと引きずり込んだ。私は自分用のプログラミング言語であるＢＥＶＰＡＬを、そのプログラミング・マニュアル付きで考案しさえしたが、かなり無駄な努力だった。なぜなら私自身と、ほかにマイク・カレンが少しのあいだ使っただけで、他の誰も使わなかったからである。ダグラス・アダムスは、まさに私を襲ったようなコンピューター中毒をおもしろおかしく風刺した。彼の皮肉の標的は、解決する必要のあるＸという特定の問題を抱えたプログラマーだった。彼はＸを解決するプログラムを五分で書き、それから仕事を進めて、その解決法を使った。しかし、それをするだけで終わらず、彼は、より包括的なＸという部類のすべての同様な問題を、誰でもがいつでも使うことができるような、より一般的なプログラムを書くことに何日も何週間も費やした。何が楽しいかと言えば、その一般性と、一団の仮説上の、おそらくはまず存在しないユーザーにとって審美的に心地よく、ユーザーフレンドリーな作品を供給することにあり、特定のＸ問題への答えを実際に見つけることがそうなのではなかった。このような種類のギーク的中毒のもう一つの症候は、一つの局所的な問題を解決するたびに、もう一つ別の命令にも従うコンピューターをつくり、街に飛び出して、誰かを引きずり込んで、それがいかに優美(エレガント)なものであるかを見せたがることだ。

ベヴィントン通り一三のごとき小さな建物が育んできたような、生産的な仲間意識は、この時代あたりに終わりを告げることになり、動物行動学グループは新しい動物学／心理学の建物に移った。それはサウス・パーク通りに巨大な戦艦のような威容を誇るビルで、当時は、それを建てるように――詩人マシュー・アーノルドがオックスフォードを評して言った〝夢見る尖塔〟を悲惨な形で凌駕するペンシル型の超高層ビルを建てるようおだてるのに失敗したあとのことだ――大学当局を説得したリナカー教授職にある野心的な人物にちなんで、非公式には英国戦艦プリングル号と呼ばれていた。のちに英国戦艦プリングル号が正式にティンバーゲン・ビルと名づけられたとき、私自身は、複雑な感情をもった。なぜならそれは、オックスフォードでもっとも醜悪なビルとして広く遺憾に思われていたからである。それはコンクリート学会から建築賞を勝ち取った――よくわかった、もう何も言うな。

この頃、私は《ネイチャー》に「考えられる記憶のメカニズムとしての選択的なニューロンの死」と題する短い論文[1]を発表した。毎日、私たちの数十万の脳細胞が死んでおり、そのことは、二九歳という年齢になっていてさえ私を動転させた。ダーウィンに取り憑かれた私の脳は、もし細胞死が非ランダムなものであれば、そのような見かけ上の大量殺戮は純粋に破壊的なだけでなく、建設的なものではないかという考えに気安めを求めたのだ。

彫刻家は、材料を付け加えることによってではなく、削り取ることによって、均質な岩の塊を

(1) R. Dawkins, 'Selective neurone death as a possible memory mechanism,' *Nature*, 229 (1970), pp. 118-19.

複雑な影像に変える。電子データ処理機械は、各成分を複雑な形で接続することによってつくられる可能性がきわめて高く、その後に接続を豊かにすることで、さらに複雑なものにさえ仕立てる。一方で、それは極度に豊かな、ランダムとさえいえる相互接続から始めて、選択的に配線を切っていくことで、より意味のある組織体を彫りだしていくこともできる。

（……）

ここで提案される理論は、最初は非現実的に思えるかもしれない。けれどもさらなる熟考によって、その真実性の欠如が主として、それがよって立つ、脳細胞が日々驚異的な速度でその数を減らしているという、極度にありえなさそうな仮定の帰結であることが示される。しかしながら、この仮定はどれだけ無理そうに思えようとも、確立された事実であり、ここに示す理論は、それ以上にありえなさそうなことは何一つ付け加えていない。むしろ逆に、この過程がより無駄ではないように見せるものである。問題は、ニューロンがランダムに死ぬのか、それとも情報を貯えるような形で選択的に死ぬのかということだけなのである。

奇妙な一回限りの小篇だが、この論文はひょっとしたら、のちに「アポトーシス」という名前――これは一年後に造語されたので、当然ながら私はこの語を使わなかった――で流行することになる種類の理論の初期の実例として、少しばかり興味深いものかもしれない。

マリアンはすぐに博士号を取得し、私たちはバークリー時代以来の何度もの議論――相互指導――から生まれた研究プロジェクトの共同研究を開始した。私たちは動物行動研究におけるエソロジー学派の基本概念の一つである、固定的動作パターン（生得的行動パターン）を実証し、明確にする研究を計画した。

ローレンツ、ティンバーゲンとその学派は、〝動物行動の大半は、小さな時計仕掛けの型にはまった動作――固定的動作パターン（ＦＡＰ）の連鎖から成り立っている〟と考えていた。各ＦＡＰは、解剖学的構造の一片、たとえば鎖骨や左の腎臓が体の装備の一部であるのとまったく同じようなものだと考えられていた。違いは、鎖骨や腎臓は固形物でできているのに対して、ＦＡＰのほうは時間の次元をもっていることである。ＦＡＰをつまみ上げて、引き出しに入れることはできない。時間をかけてそれが実演されるのを観察しなければならないのだ。ＦＡＰの誰でもよく知っている一例は、イヌが骨を埋めるときにおこなう鼻づらで押す動作である。そうした動作は、骨がカーペットの上にあり、埋めるべき土がないときでも、同じように繰り返される。このときのイヌは本当に、（可愛い）時計仕掛けのおもちゃのように見える。ただし、その動作の正確な方向は、骨の位置に影響を受ける。

糸を引っ張ってネジを巻き、限られたレパートリーからランダムに抜き出した言葉を発せさせられる人形のように、すべての動物はＦＡＰのレパートリーをもっている。いったんしゃべりはじめると、どんな言葉を選んだにせよ、最後まで言い終わる。人形は途中で内容を切り替えることはない。十数の言葉のうちのどれを発するかの決断は予測できないが、決定がなされた帰結は、時計仕掛けのように予測可能な形で進行する。ティンバーゲン派エソロジストとして育てられてきたマリアンと私において、これは教義だった。しかし、それは本当に現実を反映しているのか？　これこそ、私たちが答えを出したいと願っていた疑問――あるいは、より厳密には、解答可能な用語で表現し直そうと求め

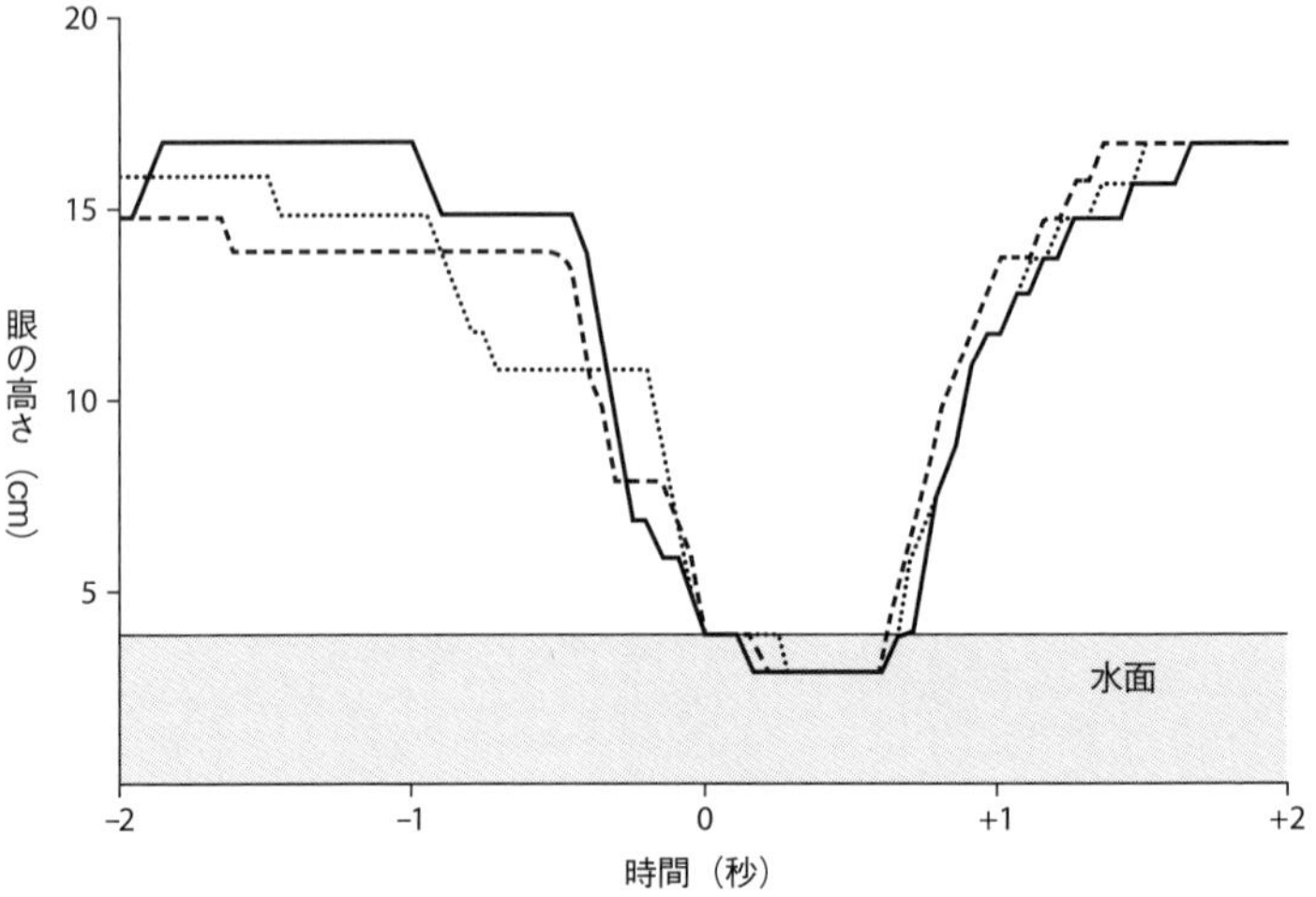

ていた疑問——だった。

理論上は、連続的な動物行動の流れを、筋収縮の継起順序として書きとどめることは可能である。しかしもしＦＡＰ理論が正しければ、行動の予測可能性によって、すべての筋収縮を書きとどめることは、たとえそれが可能であったとしても、壮大な努力の無駄使いになってしまう。それよりも、私たちがする必要があるのは、ＦＡＰを書きとどめることであって、そうすればＦＡＰの継起順序が——極端な解釈に立てば——特定の動物行動の完全な記載となるはずである。

しかしこれは、もしＦＡＰが本当に器官や骨と同等のものであるときにのみ成り立つ——言い換えれば、もしこれが本当なら、各パターンは途中で中断したり、別のパターンと混ざり合ったりするのではなく、全体として起こるということである。マリアンと私は、この前提がどの程度まで真実であるかを査定するような方法を見つけたいと望んでいた。私たちの博士論文はどちらも意思決定の問題に——それぞれの方法で——かかわっていたので、私たちにとって、FAP問題を意思決定の用語に翻訳するのは自然なことだった。その用語では、動物はあるFAPを開始するという意思決定をする。しかし、いったん開始すると、そのFAPは結論まで行ってしまい、終わるまでさらなる意思決定は一切なされない。その時点で、その動物の行動の流れは不確実の期間に入り、次のFAPを開始（そして完了）する意思決定は未決である。

私たちは、自分たちの実例としてヒヨコの水飲み行動を研究することを選び、それが典型的なものになるのを期待した。[1] 小鳥の水飲み行動（水を吸うハト類以外）は一つの動きの優雅なグリッサンド〔キーや弦の上で指をすばやくすべらせる演奏技法〕で、一つの明確な意思決定によって始まり、その後は完了まで突っ走るという主観的な印象を、まちがいなく与える。しかし、私たちの主観的な印象を確固たるデータによって裏づけることができるだろうか?

私たちはヒヨコの水飲みを側面から撮影し、そのあと一コマずつ行動を分析し、「意思決定の構造」が想定できるかどうかを見た。私たちは鳥の頭の位置をフィルムのコマを順に追って計り、その座標をコンピューターに入力した。要は、前のコマの頭の位置を知って、次のコマを予測できるかどうかを計測するという発想に基づいたものだ。

前ページに示した図は、同じヒヨコによる三回の水飲み行動の時間に対する眼の高さのグラフで、

（1） R. and M. Dawkins 'Decisions and the uncertainty of behaviour,' *Behaviour*, 45 (1973), 83-103.

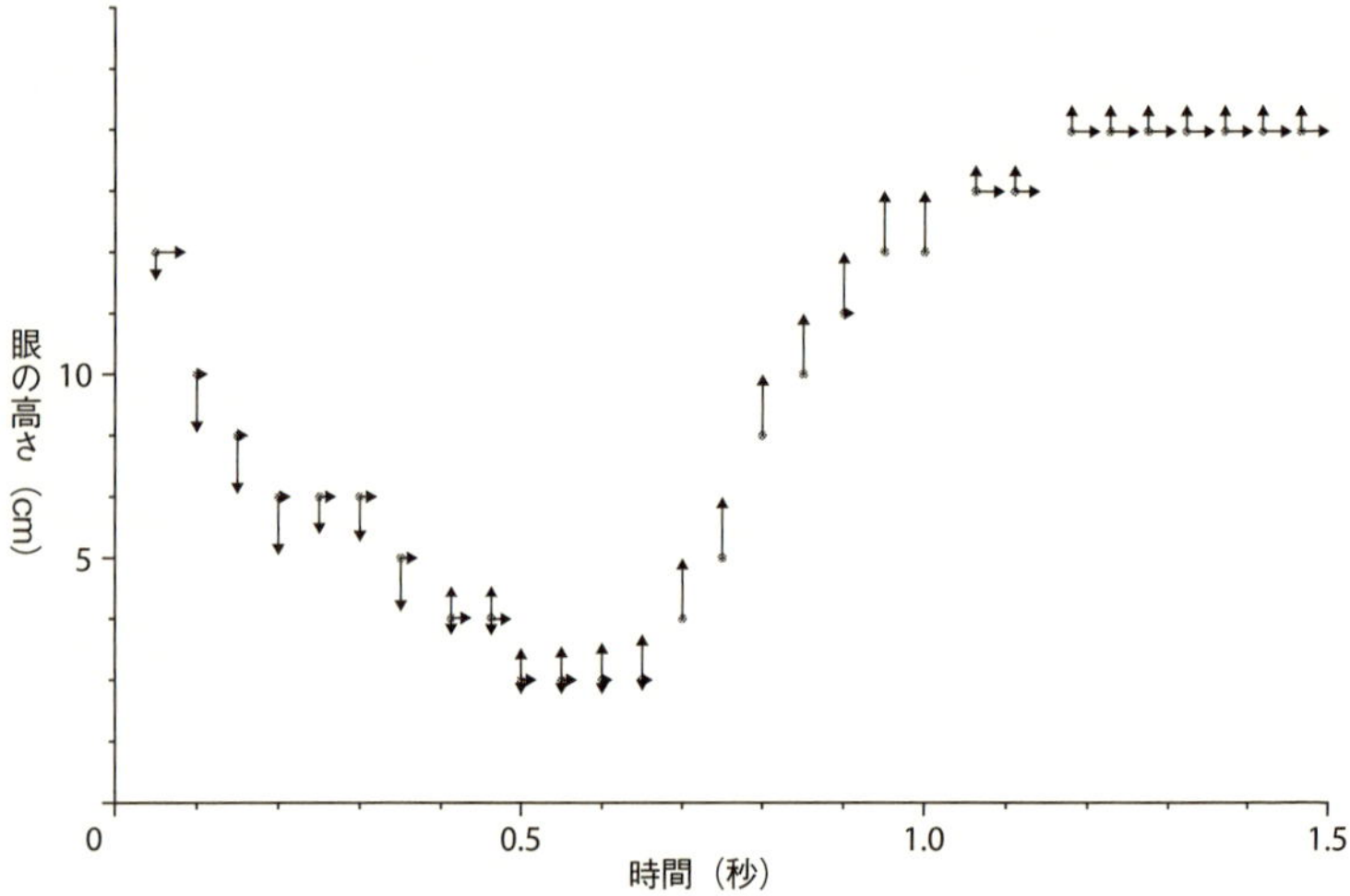

嘴が水に当たった瞬間（時間軸の0）に揃えてある。その瞬間以降、実際にはその直前から、行動は定型的で予測可能であるが、頭を下げていく前半の部分は変異があり、意思決定に委ねられているという印象が得られる。休むことや、水飲みを中断することさえ、意思決定される。

しかし、予測可能性をどのように計測すべきなのか？　上に示すグラフは一つの方法を示している。ここでは前のと同じやり方で一回の水飲み行動を表している。しかし、眼の位置のグラフの各点には矢印が付けてある。矢の長さは、フィルムの各コマについて、次のコマで眼の高さが上がるか下がるか同じかの可能性、すなわち尤度（すべてのヒヨコによるすべての水飲み行動の総計として）を表している。

鳥が飲んだ水を喉の中でしたたり落とすことができるよう頭を上げていく期間には、その上に向かう優雅な曲線がさらに上に向かう高い確率があることが見てとれる。あるＦＡＰをおこなうという意思決定が遂行され、その過程でさらなる意思決定はともなわない。しかし、頭を下げていく期間にはより大きな予測不能性がある。頭を下げていくときの各コマでは、次のコマにおける眼の高さは下がるか同じままかが決まっていないし、上がるかもしれない——つまり、水飲みを中止する——という可能性さえいくらかはある。

　こうした矢を不確実性、あるいは「意思決定性」の指標として使うことはできるだろうか？　私たちが選んだ指標は、アメリカの独創的な技術者クロード・シャノンによって一九四〇年代に考案された情報理論に基づいている。一つのメッセージに含まれる情報は、シャノン自身の用語ではないが、その「サプライズ価値」によって定義される。サプライズ価値は、〝予測可能性〟の簡便な反対語である。古典的な例として、「今日、イングランドに雨が降っている」（驚き〔サプライズ〕がないので、低い情報量）に対する「サハラ砂漠に雨が降っている」（驚きをもたらすから高い情報量をもつ）というものがある。数学的な便宜上、シャノンは、メッセージを受け取る前には疑問のままだった事前確率の対数（底を２とする）を積算していくことで、情報量の指標をビット（bit、binary digits〔二進法の数字〕の略）を用いて計算した。コイントスの情報量は一ビットである、なぜなら、事前の不確実性は、表か裏か——二つの等確率の選択肢——だけだったからである。トランプ・カードの印〔スーツ〕の情報量は二ビットである（四つの等確率の選択肢があり、４の底２の対数は２で、これはスーツを決めるために必要な最小の yes/no の質問回数に対応する）。ほとんどの現実における実例はそれほど単純ではなく、考えられる帰結はふつう等確率ではないが、原理は同じで、同じ数学的な公式の変形版が、好都合にもうまくいく。私たちが予測可能性あるいは不確実性の物差しとしてシャノンの情報指数〔インデックス〕を使うこ

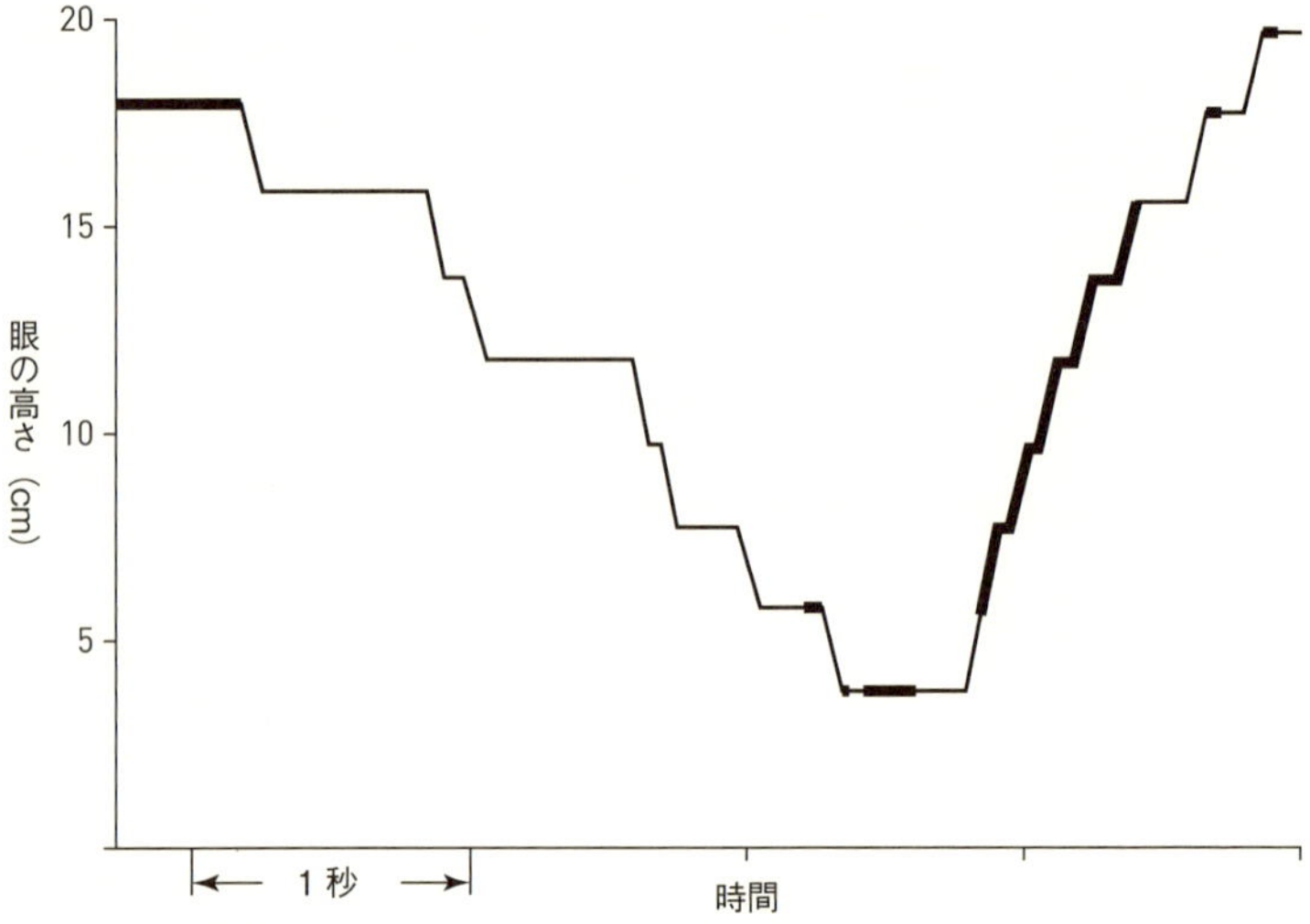

とになったのは、この数学的な便宜性ゆえだった。

もう一つ、水飲み行動のあいだの眼の高さの時間的変化のグラフ（上）がある。細い線は予測可能性の低い、すなわち未来を変えるような意思決定が介在する確率が高い時期を表している。黒の太い線は、予測可能性の高い時期（情報量が〇・四という恣意的な閾値以下）を表していて、このあいだは意思決定が遂行されていて、変化は期待できない。上向きの動きは、いったん始まると予測可能だが、下向きの動きはそうではない。水飲み行動のあいだの休止は、休止は次のコマまで続く可能性がきわめて高いというかなりつまらない理由によって予測可能である――いつ次の水飲み行動が始まるかを予測するのは困難である。

いつものことながら、特定の行動それ自体を問題としているわけではないことは心にとどめておいてほしい。ヒヨコの水飲み行動は、私の博士論文研究におけるつつきとまったく同じように、行動一般の代用であった。私たちは意思決定という概念そのものと、――水飲み行動の場合には――意思決定の瞬間を特定することができるかどうかということに関心があった。私たちは固定動作パターン（FAP）が、エソロジストの常として単純に当然のこととみなすのではなく、実際に存在することを実証する方法を探そうとしていたのだ。

　意思決定に関する次のプロジェクトでは、私たちは別のアプローチを採用したが、それはハエにおける身づくろい行動の研究だった。エソロジストはよく、もしある動物のいましていることがわかれば、次にすることを予測できるかという問いかけをする。マリアンと私は、より間近の未来に何をしているかを予測できる以上に、より遠い将来に何をしているかを予測できるかどうかを知りたいと思っていた。この問いかけは、たとえばもし行動が人間の言語のような構造をもっていれば、〝できる〟ということになるかもしれない。ある文章がどういう終わり方をするかは、その文章の冒頭部分をもとに予測したほうが、中間部分――たとえば、挿入される形容的あるいは関連のある節が任意の数だけ含まれているかもしれない――をもとにするよりもうまくいく場合がある。「その娘はボールを打った（The girl hit the ball）」という文章の文頭（The girl）は、中間に形容詞、副詞、あるいは節が挿入されているかどうかにかかわらず、（それを修飾する）語尾のようなものを必要とする。「赤い髪のその娘は、隣にすんでいるのだが、力一杯ボールを打った（**The girl** with red hair, who lives next door, vigorously **hit the ball**）」。

　私たちは、ハエの身づくろい行動に、言語のような文法構造の証拠を見つけることはできなかった

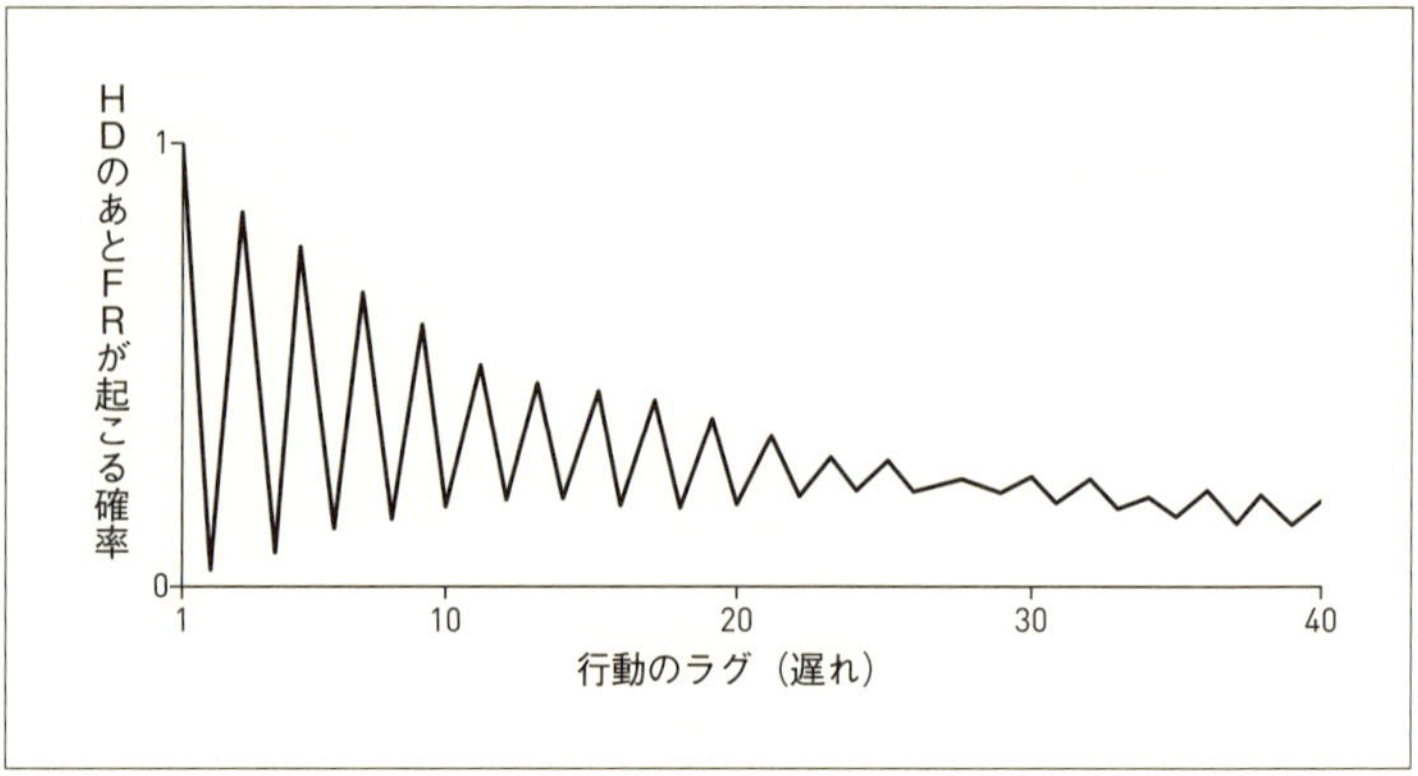

（ただし、後出を参照）。しかし私たちは、予測可能性が時間とともに減少していくあり方に、興味深いジグザグ・パターンを見つけた。言い換えると、手近な未来のほうが（わずかに）遠い未来よりも予測しにくいのである。ここでは、私たちの研究の概要を述べるにとどめ、詳細には触れない。少しばかり、話が複雑だからである。

ハエはふつう美しく見えないが、彼らが顔と脚をきれいにするやり方はかなり愛らしい。今度あなたにハエが止まったときによく見てほしい。たぶん、その仕草が見られるはずだ。前脚どうしをこすり合わせるか、前脚で大きな眼をぬぐうかもしれない。片方の中脚を同じ側の後脚にこすりつけたり、後脚で腹や翅（はね）をきれいにしたりすることもある。その小さな頭のどこかで、意思決定が自発的に生じていて、次に体のどの部分をきれいにするかには、かなりの数のそうした意思決定がかかわっている。身づくろい行動が私たちにとって魅力的な理由は、ハエの行動選択が外部からの刺激の影響を受けているとは思えないことにある。私たちは、外部刺激は体をきれいに保つうえでは常駐レベルにあると仮定してみた——つねに存在するという意味では重要かもしれないが、特定の身づくろい動作が選ばれるときを正確に決定する要因ではありえない、と考えたのである。汚れた翅は飛翔能力を損なうだろう。汚れは、脚にある高度に鋭敏な味覚器官を損なうだろう。この味覚によってハエは、舌を伸ばして食べるかいなかを決定するのである。したがって体をきれいにすることは重要である。しかしたぶん、どの部分をきれいにするかについての意思決定は、新しい汚れが突然にやってくることによってはなされていないだろう。むしろ、こうした急速な、瞬間瞬間における意思決定は、神経系の奥深くにある目に見えない振動によって内的に生みだされるものではないかと、私たちは推測した。

私たちは八つの異なる身づくろい動作を識別し、これらは、ヒヨコの水飲み行動でやったような一コマずつの分析をする時間があれば、FAPとして姿を捉えることができるだろうと考えた。すなわち、FR（前脚どうしをこすりあわせる）、TG（前脚のあいだで舌をこする）、HD（前脚で頭をぬぐう）、FM（前脚のあいだでどちらか一方の中脚をこする）、BM（後脚のあいだでどちらか一方の中脚をこする）、BF（後脚どうしをこすりあわせる）、AB（後脚で腹部をぬぐう）、WG（後脚で翅をぬぐう）である。私たちはドーキンス・オルガンを使って、これら八つの身づくろい動作と、それにMV（どこかへ行ってしまう）、NO（じっとして何もしない）を加えて、各動作の起こる順序を記録した。

前ページに示したグラフは、ハエがもしいまHDをしているとすれば、つぎにFRをする（行動の遅れ＝1、確率が非常に高い）、一つおいて次にする（非常に低い確率）、二つおいて次にする（高い確率）、三つおいて次にする（低い確率）、その他という確率を示している。そこに、高低の値が交

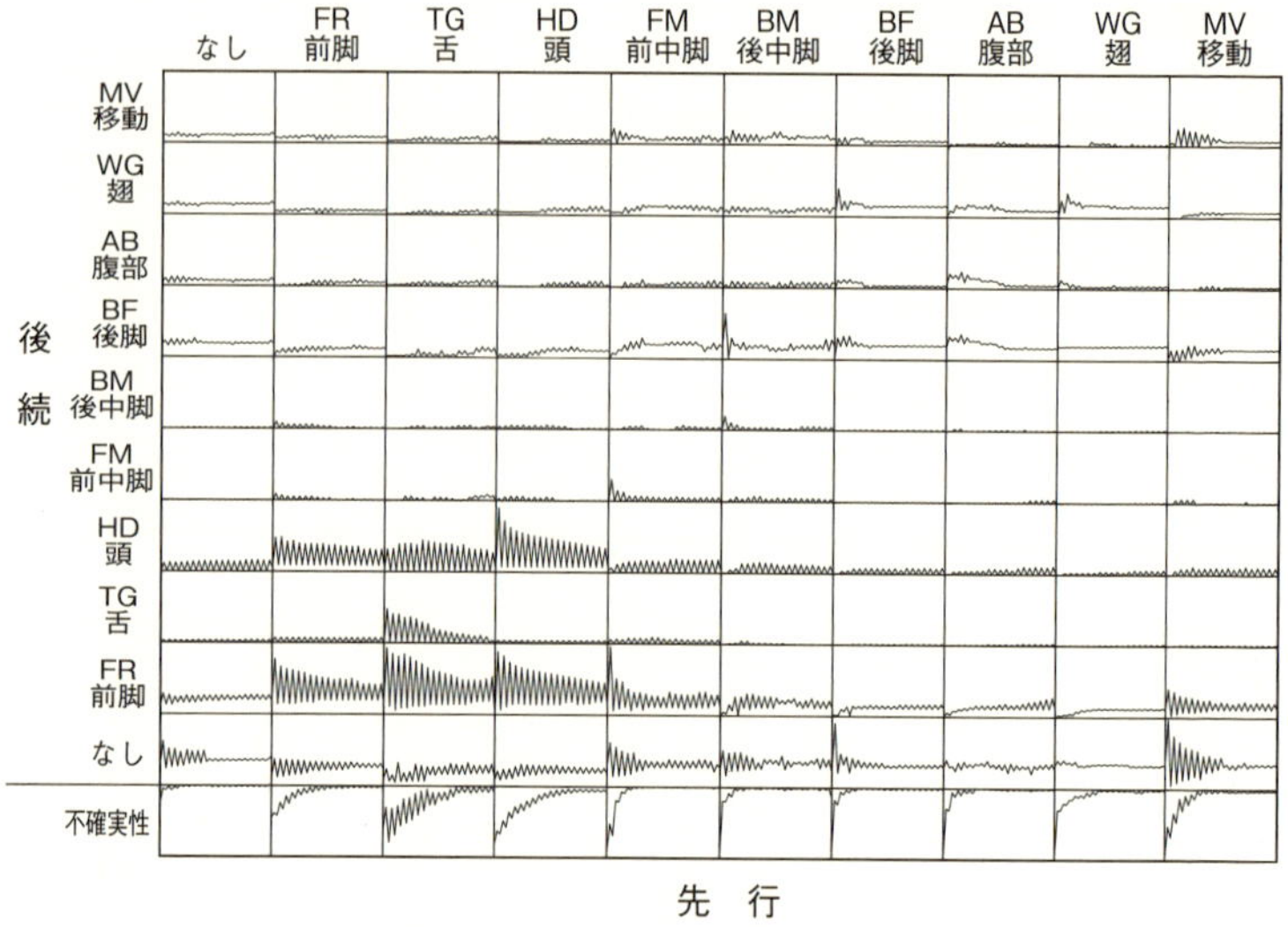

互に現れるという著しい傾向が存在し、また、より遠い未来を眺めれば――「行動の遅れ」が大きくなればなるほど――全般的に予測可能性がしだいに減少していく（予想通り）ことが見てとれる。

前ページの図は、HDのあとにFRがくるという特定の場合についてのものだった。私たちは、あらゆる可能な移行について同じ種類のグラフを書き、それらのグラフを上の表にまとめた。

一部は正反対のパターンを示すけれども、多くの移行が同じジグザグ・パターンにしたがっていることが見てとれる。最下段の列は、ヒヨコの水飲み行動と同じやり方で、シャノンの情報指数を使って計算した、各行動のあとに続く未来の予測にともなう不確実性を示している。

私たちはまた、人間の耳を使って、動物行動におけるパターンを見極める実験も試みた。このために私たちはドーキンス・オルガンを使って、ハエの身づくろい行動を演奏させたが、楽音間の真の間隔は消した。コンピューターにすべての間隔を単一の標準的な短い間隔に縮めるように命じ、そのあと単純に、その「音楽」を聞いたのである。それは、どちらかといえば「モダン」（「伝統的」に対する意味で）ジャズのように聞こえた。また、若かりし私の不眠症の戯れ相手だった「歌う」エリオット・コンピューターにも似ていた――この二つを比較してみたらおもしろいのではないだろうか。人間の耳は動物行動のパターンを検出するのに見込みのある装置だと私は思ったが、この方法をそれ以上追求することはしなかった。ここでは一つの興味深い不思議な現象として報告するにとどめる。そのころにインターネットがあったとしたら、私はまちがいなくハエの身づくろい音楽をアップしていただろうし、そうすればみんなが、それで踊ることができただろう。実際には、これらの双翅類のメロディは、「失われた和音（Lost Chord）」〔アーサー・サリヴァン作曲〕と同じように、永久に姿を消してしまったのではないかと思う。

　私は自分たちのハエの研究が、あるいはそれに先行した他の意思決定の研究が、動物の脳の働きについて本当に多くのことを語っているなどと主張することはできない。私はそれらがむしろ方法探求的なものであると見ている。つまり、動物の行動を研究するための単なる方法というのではなく、思考の方法なのである。マリアンと私は、ハエについてたくさんの研究をおこなったが、それはすべて論文として発表してあるので、それについてこれ以上書きたいとは思わない。けれども、それは実際に私の次の大きな執筆プロジェクト、「エソロジーの原理となりうる候補としての階層的な組織構造」という長い論文に繰り込まれた。これは、次章の主題である。

　その間（かん）に、一九七三年にニコ・ティンバーゲンがノーベル生理学医学賞を受賞した（エソロジーの共同創設者であるコンラート・ローレンツと、伝説的なミツバチのダンスの発見者であるカール・フォン・フリッシュとの共同受賞）。ちょうどその一年後に、ニコは六七歳のオックスフォード大学の定年退職年齢に達し、大学は後継者を動物行動学のリーダー（Reader）に任命することに同意した。「リーダー」というのは、オックスフォード大学ではかなり栄誉ある地位だったが、いまでは「教授」という肩書きが、「ミッキーマウス教授」という意地の悪いあだ名を付けられながらアメリカ流にばらまかれるという動きのなかで、廃(すた)れてしまったように思う。私はといえば、講師のポストに就いたことで満足し、〝リーダー〟になるべく名乗りを上げる野心などは持ちあわせなかった。

大部分の人間は、当然マイク・カレンがニコの後継者になるものと考えていた。ひょっとしたらまさにその理由のゆえに、つまりきっぱりとした絶縁のため、選考委員会の多数がデイヴィッド・マクファーランドを選んだ。ハンス・クルークがティンバーゲンの伝記に書いたように、「ニコとこれほど似ていない人間をほかに見つけることはまずできそうになかった」。いろんな界隈で異論はあったけれど、デイヴィッドの任命は、少なくとも、新しい任命が新たな出発のチャンスであるという見方を受け入れるならば、いくつかの点ですばらしいものだった。彼の科学は高度に理論的で、実際には数学的だった。彼はそれを数学者の直観に訴え、周囲に訓練を受けた数学者や代数のできる技術者を配した。コーヒー・ルームでの談話は、野外におけるカモメやトゲウオから、フィードバック制御システムやコンピューター・シミュレーションに切り替わった。

それはたぶん、生物学が変わっていく道筋の縮図(ミクロコスモス)だった。私は若く、まだ自分の行く道を定めていなかった。「勝てない相手なら、一緒にやるしかない〔長いものにはまかれろという意味の諺〕」というのが私の態度だった。そこで私は、いまや私の周りを取り囲む技術者や数学者から制御理論を学ぶという仕事に着手した。そこで実地体験するよりもいい勉強方法は何だろうか？　またしても私は自分の情熱の源――あるいは悪習――であるコンピューター・プログラミングに没頭し、デジタル・コンピューター（「私の」ＰＤＰ‐８）がアナログ・コンピューターのように振る舞うことができるようにするプログラムを書いた。その目的のために、私はＳｙｓＧｅｎと名づけたもう一つのコンピューター言語を発明した。

　順次的に実行されるフォートランのような従来のコンピューター言語における命題とちがって、ＳｙｓＧｅｎの命令文（ステートメント）は、「同時的に」実行された――もちろん、本当の意味で同時的ではない。なぜなら、デジタル・コンピューターは根底においてあらゆることを順次的におこなうからである。ただ、この命令文はどんな順序でも書くことができた。ＳｙｓＧｅｎ解釈プログラムを書くことにおける私の任務は、デジタル・コンピューターを説得して、操作が同時的であるかのように振る舞わせることだった。つまり仮想アナログ・コンピューターである。アナログ・コンピューターと同じように、結果はオシロスコープ画面上の一連のグラフとして表される。

　実践的にＳｙｓＧｅｎがどれほど有効かは私にはわからないが、この言語の発明と、そのための解釈プログラムを書いたことは、まちがいなく、私が単に制御理論だけでなく、微積分を理解するのにも役立ったことはまちがいない。それは、積分することの意味について私にはるかにすぐれたことを教えてくれた。私は母方の祖父が、彼の旧師であるシルヴァナス・トンプソン（先にも引用したが、「愚か者にできることは、ほかの愚か者にもできる」がモットー）の『やさしい微積分』を推奨していたことを思い出す。トンプソンは彼の積分の説明を、ここでもいかにも忘れがたい言い回しで始めていたものだった。「だから、私たちも時を浪費せず、積分の仕方を学ぶのにとりかかるに如くはない」。私はアーニー・ダウの授業では積分を半分しか理解できなかった。そこでＳｙｓＧｅｎが、理解を助ける一種の実地体験を与えてくれたのである。

意図は似ているが、はるかに簡単で時間を要さなかったのは、実地体験法でチョムスキー流の言語学を理解しようとする試みだった。私は、しっかりとした意味があるというわけではないが、つねに忠実に文法にかなった、ランダムな文章を生み出すようなコンピューター・プログラムを書いた。これは、使うプログラム言語の手順（サブルーチン）が自らを再帰的に呼び出すことを許しさえすれば、簡単――そしてまさにその事実が啓発的なのだが――である。この点は、当時私がロジャー・アボットの影響のもとで好んで使っていたプログラム言語であるＡｌｇｏｌ－６０には当てはまる。ロジャーは、ＰＤＰ－８のためのＡｌｇｏｌコンパイラー〔翻訳ソフト〕を書くことを巧妙にやってのけていた。Ａｌｇｏｌサブルーチンは、科学的プログラマーたちにとっての古なじみの使役馬の現代版だったＩＢＭのフォートラン言語とはちがって、自分自身を呼び出すことができた。フォートランのことに触れると、人工知能のパイオニアだったテリー・ウィノグラードが語った仲間内のすばらしいジョークを思いだす。一九七〇年代のいつか、私はケンブリッジ大学でおこなわれた、最先端の人工知能プログラミングについての魅力的な国際会議に出席したことがあったが、ウィノグラードはスター講演者だった。彼は講演のさなか、こんなすばらしい皮肉をぶちまけた。「さて、みなさんがたは、〈フォートランはお祖父さんには十分役に立ったのだから、私にも十分なはずだ〉という人間の一人かもしれませんね」。

あなたのプログラム言語が、自らを再帰的に呼び出す手順を許すとすれば、正しい文法を遂行するプログラムを書くことは驚くほど――優雅なくらい――たやすい。私は、名詞句、形容詞句、前置詞句、関係節などの名前をもつ手順をもつプログラムを書いた。これらはすべて、自分自身を含めて他のどんな手順をも呼び出すことができ、次のようなランダムな文を生みだした。

(The adjective noun (of the adjective noun (which adverbly adverbly verbed (in noun (of the noun (which verbed)))) adverbly verbed)

構文を慎重に解析すれば（ここでは括弧を用いてあるが、コンピューターは括弧をつくらず、明示されない形で残されている）、この文が正確には何の情報ももたらさないが、文法的には正しいことがわかる。つまり、統語論的に意味を成すが意味論的には意味を成さない文なのだ。コンピューターは、noun や adjective その他を、ランダムに選んだ特定の名詞や形容詞に置き換えることによって、簡単に意味（セマンティクス）（たとえ支離滅裂であっても）を注入することができる。かくして、あなたは、猥褻（わいせつ）文学であれ鳥類学であれ、好きな領域から選んだ語彙を注入することができる。あるいは、フランス語を使ったメタたわごとの語彙（ごい）を注入することもできる――アンドリュー・ブルハクが「ポストモダニズム・ジェネレーター」というプログラムを書いたときにしたように。このプログラムがつくりだした文を、私は『悪魔に仕える牧師』で引用した。

資本主義理論を検証しようとすれば、ひとつの選択に直面する。ネオテクスト的な唯物論を斥けるか、それとも社会は客観的な価値をもつと結論するかという選択である。もし弁証法的な脱状況主義に固執するならば、われわれはハーバーマス的なディスクールとコンテクストのサブテクスト的パラダイムのあいだで選択をしなければならない。主体が、真理を実在として含むテクスト的国家主義のコンテクストに組み込まれてしまうのだということができる。ある意味で、コンテクストのサブテクスト的なパラダイムという前提は、実在が集合的無意識に由来すると述べているのである。

このランダムにつくりだされたガラクタは、多くの雑誌が「文学理論」のメタたわごとに割いているものと同じほどの意味はなしている。そしてブルハクのプログラムは、そうした文を文字通り無数につくりだすことができるのである。

あと二つのプログラミング・プロジェクトが、私の人生のこの時期の前後にあったが、今にして思えば、どちらもより間近に実践的に有用な結果をもたらすというよりは、将来のための私の技量を磨くのに役立ったようだ。最初のものは、一つのコンピューター言語を別の言語に翻訳する、具体的にはＢＡＳＩＣからＡｌｇｏｌ‐６０に翻訳するプログラムだった。それはこれら二つの言語に関してはうまく働き、細部を少し変更するだけで、一般的なアルゴリズム・タイプの任意のコンピューター言語から他のあらゆる言語への翻訳にもうまく働いただろう。二つめのプロジェクトはＳＴＲＩＤＵ

L－8で、PDP－8コンピューターにコオロギのような鳴き声を出させるプログラムだった。

私にコオロギの研究をするように吹き込んだのは、バークリー時代の友人で、神経生物学者のデイヴィッド・ベントリーだった。そして私の大学院生で昆虫好きのテッド・バーク（現在はネブラスカ大学の教授）は、コオロギで博士論文研究をすることに乗り気だった。デイヴィッドは親切にも、ナンヨウエンマコオロギ（*Teleogryllus oceanicus*）の卵をいくつか送ってきてくれた。卵はオックスフォードで孵化し、すぐによく繁殖するコロニーができ、テッドがレタスを食べさせて、世話をした。このコオロギの行動についてテッドが自らの研究を精力的に進めるあいだ、私はコンピューターでつくりだした求愛の鳴き声を使った、並行的なプロジェクトを思いついた。この研究プロジェクトはけっして完了はしなかったが、STRIDUL－8を書くことは全うし、それはかなりうまく機能した。

私が試した装置はシーソーで、バルサ材で作ったために非常に軽かった――コオロギのためにはそうでなければならなかった。それは実際は長いバルサ材の通路で、両端と上を網で覆い、中央部の支点で蝶番で留めただけのものにすぎなかった。一回には一匹のコオロギだけを通路に乗せ、コオロギは一方の端からもう一方の端まで好きなだけ自由に歩ける。どちらに行くにせよ、シーソーは行った側で下に傾き、この事実はマイクロ・スイッチで記録されるが、重要なのは、そうなると同時に音源の位置も逆転することである。二つのスピーカーがあり、それぞれシーソーの両端についている。コオロギの鳴き声は、シーソーのコオロギがいる側の反対側のスピーカーから流される。さて、あなたが廊下の西端に向かう側のどこかに座っている雌のコオロギだと想像してみてほしい。鳴き声は東側から聞こえてくる。あなたは聞こえてくる声が好きなので、東に向かって歩きだす。あなたが東端に近づいていくと、あなたの体の重みがシーソーを東に傾け、マイクロ・スイッチに触ってしまい、その情報がコンピューターに伝わって、今度は西端のスピーカーのスイッチが入って、鳴き声が流れるようになる。そこであなたは方向を転じて西に向かって歩いていき、逆の形でまったく同じことが起こる。したがって、好まれる鳴き声は多数回のシーソーのギッタンバッコンを生じさせることになり、その回数は自動的にコンピューターによって数えられる。コオロギが、自分が永久に尻込みしつづける恥ずかしがり屋の雄を追っかけていると考えたか、それともその雄は気まぐれに自分の頭の上を飛び越えていくと考えたか、あるいはまったく何も考えなかったのかは、何とも言いようがない。気に入らない鳴き声に対しては、ごく少数回のシーソーのギッタンバッコンしか生じないだろう。さらに、鳴き声が積極的に忌避すべきものであるときには、コオロギは通路の片側にとどまったままで、シーソーをいささかでも傾ける動きは生じないだろう。

つまりこれは、コオロギがさまざまなタイプの鳴き声をどの程度に好きなのかを測るための装置だったわけである。Aという鳴き声を五分間、シーソーがそのつど傾き、どちらかに傾いたままにならないようにして流し、その後、同じことをBという鳴き声でする。これを適切にランダム化して何回か繰り返す。シーソーの傾き回数を、コオロギがそれぞれの鳴き声を好むかの目安として数える。本物の鳴き声ではなく、あえてコンピューターでつくった鳴き声を用いるのは、古典的なティンバーゲンの流儀で、コオロギにとって自分の種の鳴き声のどこがどう好ましいのかを〝解剖〟するためだ。コンピューターには体系だったやり方で鳴き方を変えさせることにする。最初の計画は、その種の自然の鳴き方を真似し、それを変えていく——ある部分を低く、ある部分は高くし、鳴き声の間隔を変えるなどによって――ことから始めるつもりだった。のちには、その代わりに――やや野心的な望みではあったが――ランダムな鳴き声で始めて、「突然変異」を一歩ずつ選んでいくことによって「学習し」――これは「進化し」と表現しても同じことだ――、ついには合成された好ましい鳴き声にたどりつくようにプログラムされたコンピューターを思い描いた。もし、好まれる鳴き声がナンヨウエンマコオロギの自然の鳴き声であることが判明すれば、それはセンセーショナルではないだろうか？それからもし、私が同じことをコモダスエンマコオロギについてもおこなっていれば、コンピューターがかなりちがった鳴き声にたどりついたかもしれない。そうなっていたら、研究者にとって、これ以上の喜びはなかったことだろう。

コンピューターが鳴き声を出すプログラムを書く際に、私は、それをできるだけ汎用性のあるものにしたかった。汎用性はコンピューターが得意とするものである。アナログ・コンピューター・シミュレーションの場合と同じように、そして言語翻訳プログラムの場合と同じように、私は一般的事例をプログラムしたかった。かくしてここに、STRIDUL-8が登場した。私が発明したもう一つのコンピューター言語で、これはパルスとインターバルのいかなる組み合わせでも、したがって世界中のどんなコオロギの歌でも指定することができた。STRIDUL-8は、直感的に理に適った括弧（ブラケット）表記をもっていて、これによってユーザーは、言語の文法に似たやり方（前出、三三三、三四一ページを参照）で、反復および反復内に埋め込まれた反復を挿入することができる。

STRIDUL-8はうまく機能した。そのコオロギの鳴き声のシミュレーションは、人間の耳には本物のコオロギのように聞こえ、世界中のどんな種のコオロギに似た鳴き声でも容易にプログラムできた。けれども、私がこのシステムを昆虫の音声に関する音響学の世界的権威で、エディンバラ大学からオックスフォード大学での地位に就くべく新しくやってきたばかりのヘンリー・ベネット＝クラーク博士に実演してみせると、顔をゆがめて、「ウォッホ！」と言った。ＳＴＲＩＤＵＬ‐８は翅を互いに一回打ち合わせるのに対応している音のパルスの時間的パターンを指定できているだけだった。私は、翅の打ち下ろしによってつくられる実際の音波をシミュレートしようと試みたのではなかったが、その点にヘンリーは異を唱えた。彼は正しかった。ヘンリーはかつてヨーロッパ産のカンタン〔コオロギ科の昆虫〕のかそけき鳴き声について、ホーソーンの言葉を引いて「もし月光というものが聴くことのできるものであれば、それはこんな響きがするのだろう」と書いたことがあるが、ＳＴＲＩＤＵＬ‐８はその鳴き声について、そのままでは正しい評価を下すことができなかった。一時的に落胆し、私はコオロギの鳴き声プロジェクト全体を後回しにしてしまいこむ一方で、別の緊急の仕事、とくにケンブリッジ大学からの意欲をかきたてられる招きに取りかかった。そして残念ながら、この仕事に戻ることは決してなかった。私のコオロギの日々（クリケッティング）は終わったのだ。私はそのことをしばしば後悔した。ほとんどの科学者には、プロジェクトはスタートしたが、けっして完了しなかったという、悲しい未解決問題があると思う。もし私に、コオロギに戻るというつもりが漠然とあったとしても、ムーアの法則によって阻まれたことだろう。コンピューターはあまりにも急速に変化しているので、もしあなたが未解決な研究を、私がしたほどに長く放置していれば、残っているコンピューターはすべて新しい、ずっと魅力的なモデルになってしまっていて、以前のプログラムの走らせ方さえ忘れてしまっている、という結果になりがちだ。今日、ＳＴＲＩＤＵＬ‐８を走らせるようなコンピューターを見つけようと思えば、博物館にいかなければならないだろう。

行動の文法

Richard
Dawkins

ティンバーゲンに率いられたオックスフォード大学動物行動研究グループは、近くのマディングリーの村にあるケンブリッジ大学の動物学科と親密な関係を保ちつづけていた。「マディングリー」は、W・H・ソープによって一九五〇年に設立された。ソープは傑出した科学者で、その穏やかで質素な、ほとんど聖職者のような人格は、ソープが小鳥のさえずりを記録するための表記法が必要だったときに、オルガン用の記譜法で書き写したのはまったく適切だったというマイク・カレンの冗談に、このうえなくみごとに要約されている。一九七五年にはマディングリー創立二五周年を記念して、ケンブリッジ大学で、ソープの引退後マディングリー・グループを代表する二人、パトリック・ベイトソンとロバート・ハインドによって組織された会議が開かれた。二人とものちにケンブリッジ大学の学寮長になった人物だ。マディングリー会議での講演者の多くはこのグループの過去および現在のメンバーだったが、部外者も招かれていて、デイヴィッド・マクファーランドと私は、オックスフォード大学の代表として招かれる栄に浴した。

現在では、そうした会議で私がしゃべることを引き受けるごくまれな機会には、たいてい以前にしゃべったことをまたぞろもちだして更新するだけになっていると白状しなければならない。一九七四年には、私は若く、エネルギーに溢れていて、大きな騒ぎになるリスクを冒し、マディングリーの記念の会議のためにまったく新しいものを書くことに取り組み、それの成果で本をつくろうとした。私が選んだ話題「階層的な組織構造（hierarchical organization）」には、エソロジーの歴史に刻まれた来歴があった。それはティンバーゲンの最高傑作（マグナム・オプス）である『本能の研究』のなかでももっとも大胆な――そしてもっとも批判された――章の一つである「総合への試み」という章の主要なテーマだった。私は、それとはかなり異なるアプローチをとった――というよりむしろいくつかの異なるアプローチをとり、やはり、総合を試みた。

私の解釈によれば、階層的な組織構造の本質は、「入れ子式のはめ込み」という概念である。このことは、何がそうでないかというかたちでも説明できるが、読者は前述の文法についての議論を想起することだろう。出来事の流れ――たとえば動物がする事柄の流れ――を、マルコフ連鎖として記述しようと試みることもできるかもしれない。マルコフ連鎖とは何か？　私は、ロシアの数学者アンドレイ・マルコフが提供したような形で、公式的な数学的定義を試みるつもりはない。非公式な、言葉による定義は次のようなものである。動物行動のマルコフ連鎖とは、その動物の現在の振る舞いは一定のステップ数だけさかのぼった過去の振る舞いのみによって規定されており、それ以上の過去にさかのぼる必要はない、とする考え方だ。一次マルコフ連鎖においては、動物が次に何をするかは、それ以前にした何かからではなく、その直前になされた動作からのみ、統計学的に予測される。最後から二つめ（あるいは三つめ以上）の動作を調べても、なんら予測力の向上には結びつかない。二次のマルコフ連鎖では、過去へと二段階さかのぼる動作を調べることで予測の能力は改善されるが、それ以上前にさかのぼっても駄目である、等々ということになる。

しかし、階層的な組織構造をもつ行動とは、それとはまったく異なったものだろう。何次のものであろうと、マルコフ連鎖解析は、うまくいかないだろう。行動の予測可能性は、将来をのぞき込んだときになめらかな下り坂を示すのではなく、興味深い形で突然に上がったり下がったりするだろう——クロバエの身づくろい行動に似ているが、もっと興味深いものだ。理想的な場合には、行動はいくつかの個別の塊（かたまり）に組織されているだろう。そして塊のなかにさらに塊がある。それが入れ子式のはめ込みという言葉の意味するところである。入れ子式のはめ込みのもっとも明快なモデルは統語（シンタックス）、人間の言語の文法である。文法に適（かな）ったランダムな文をつくりだすために私が書いたプログラムと、私が引用した実例のことを思いだしてみてほしい。

The adjective noun of the adjective noun which adverbly adverbly verbed in noun of the noun which verbed **adverbly verbed**.

中核となる文は太字にしてある。この文は文として読み取れるものであり、はめ込まれたさまざまな関係節や前置詞節がなくとも、文法に適っている。はめこみ文は以下のようにして構築することができる。重要な点は、構築は中核文の内部、あるいは文のすでにはめこまれた部分の内部で生じうるということである。以下のはめ込まれた部分を黙読してみてほしい。

The adjective noun of the adjective noun which adverbly adverbly verbed in noun of the noun which verbed **adverbly verbed**.

The adjective noun of the adjective noun which adverbly adverbly verbed in noun of the noun which verbed **adverbly verbed**.

The adjective noun of the adjective noun which adverbly adverbly verbed in noun of the noun which verbed **adverbly verbed**.

The adjective noun of the adjective noun which adverbly adverbly verbed in noun of the noun which verbed **adverbly verbed**.

The adjective noun of the adjective noun which adverbly adverbly verbed in noun of the noun which verbed adverbly verbed.

右に順にあげたすべての文において、はめこまれた部分はそれ自体として読むことができ、文法的に正しいことがわかる。太字でないはめこまれた部分を削除してもよく、そうしたからといってこの文は意味が変わることはあっても、文法的に誤りとなるわけではない。

逆に、もし文の先頭から終わりに向けて並ぶ要素を、順番どおり頭から徐々に少しずつ付け加えることによって文を構築するとすれば、最後に全文の終わりに達するまで、その一連の過程のどれ一つとして、文法に適ったものにはならないだろう。

The adjective noun［文ではない］
The adjective noun of the adjective noun［文ではない］
The adjective noun of the adjective noun which adverbly adverbly verbed［文ではない］
The adjective noun of the adjective noun which adverbly adverbly verbed in noun［文ではない］
The adjective noun of the adjective noun which adverbly adverbly verbed in noun of the noun which verbed adverbly verbed.［ようやくこれで、文になった］

最後の場合にのみ、文は節として閉じ、文法に適ったものとなる。私が知りたいと思っていたのは、動物の行動がマルコフ連鎖としての組織構造をもつのか、それとも、入れ子式のはめ込み構造として、ひょっとしたら統語のような形で、あるいはひょっとしたら、他のなんらかの方法によって階層的にはめ込まれているのかということだった。ここには、マリアンと私がヒヨコの水飲み行動について、およびとくにハエの身づくろい行動についておこなった研究の背後に潜んでいる考えがそれとなくほのめかされていることが、見てとれるだろう。いまや、私はこのマディングリー論文において、階層的な組織構造という疑問を、動物行動の実際の研究を調べるだけでなく、理論的な視点からも、より一般的な検討を加えたいと思っていた。

数理論理学で用いられる便宜的な表記法で、さまざまな種類の階層的な組織構造を定義したあと、私は階層的な組織構造の考えられる進化的な利点を考察した。「進化速度利益」と呼んだものを例証するために、私はノーベル賞受賞者である経済学者のハーバート・サイモンからテンプスとホラという二人の時計職人についてのたとえ話を借用した。彼らのつくる時計はどちらも正確だったが、テンプスのほうは一つの時計を完成させるまではるかに長い時間を要した。どちらの時計も一〇〇〇個の部品からできていた。より効率的な時計職人であるホラは、階層的、モジュール的なやり方で仕事をした。すなわち、全部品を一〇個ずつ組み立てて一〇〇の部品モジュールをつくり、それを組み立てて一〇の大きな単位とし、最終的にそれらをまとめて時計を完成させたのである。それに対してテンプスは、一回の組み立て作業で一〇〇〇個すべての部品をまとめようとしていた。もし、一つの部品を落としたり、あるいは電話がかかってきて中断されたりすると、全体がバラバラになってしまい、また一からやり直さなければならない。テンプスはごくまれにしか時計を完成させることができなかったのに対して、ホラはその階層的なモジュール技術のために、大量生産ができた。この原理はすべてのコンピューター・プログラマーにおなじみのもので、まちがいなく、進化および生物システムの構築に応用できるだろう。

私はまた、階層的な組織構造のもう一つの利益、「地方自治の利益」も称揚した。もし一つの帝国をロンドンから、あるいはもっとも古い時代にはローマから支配しようとするのなら、帝国の辺境地域で起こっていることを細かく管理することはできない。なぜなら、通信回路——双方向での——があまりにも遅すぎるからである。その代わりに、地方長官を任命し、彼らに幅広い政治的指揮権を与え、日常的な事柄の決定を彼ら自身に任せることができる。同じことは火星でのロボット車両にも、当然ながら適用される。電波信号は、火星までの距離を伝わるのに数分を要する。もし車両が局地的な困難、たとえば大きな岩に遭遇したとして、その情報を地球まで送り返しても、届くまでに四分かかる。「岩を避けて左折せよ」という急ぎの返答が瞬時に送られるが、これが火星にとどくまでまた四分かかる。この間、哀れな車両は、岩にぶつかってからじっと長らくそのままである。解決策が、局地的な制御を搭載コンピューターに委任し、局地コンピューターには次のような一般的な方針の指示だけを与えることであるのは明らかだ。「岩に出会ったときには避けるように配慮しながら、北西にあるクレーターを探査せよ」。さらには、もし火星の異なる場所を探査する数台の車両があるとすれば、地球からは火星上の一基の上級コンピューターに一般的な方針指示を送り、その上級コンピューターが配下の車両すべてを協調させるようなより詳細な指示を送り、各車両はそれぞれに搭載したコンピューターがきめ細かな局所的な意思決定をするようにすれば、理に適ったことになるだろう。軍隊や産業界は、同じような階層的な指令の連鎖を使っており、またもや、生物システムも同じことをしている。

この関連でとりわけ楽しいのは、頭にある脳と大部分の動作の座である巨大な後ろ脚とをへだてる不便このうえない距離を結ぶ、非常に長い脊髄（せきずい）をもたされている巨大な恐竜である。自然淘汰は、腰帯（骨盤部分）に第二の「脳」（肥大化した神経節）をもたせることによって、この問題を解決した。

見よ、強大な恐竜を

先史時代の言い伝えで名高き
その力と強さのゆえのみならず
その知能にかかわる部位の長さのゆえに。
この化石を見ればわかる
この動物は二つの脳をもっていた——
一つは頭（ふつうの場所だ）に、
もう一つは脊髄の基部に。
かくして彼は、〈ことの後から（ア・ポステリオリ）〉だけでなく
〈ことの前に（ア・プリオリ）〉も推論できた。
彼を悩ませるような問題などありえなかった。
彼は頭と尾で理解したから
頭がよく、それほどに頭がよくて、厳かだった。
一つの考えは、一方の脊柱を満たし
もし一方の脳が、圧力が強いと感じたときには
ちょっとした考えを伝えた。
もし何かが、前の心をかすめてすぎても
それは、後ろの心で救われた。
たとえ誤りを犯したとしても

彼は救いを差しのべる後知恵をもっていた。
しゃべる前に二度考えたのだから
彼には取り消すような判断はなかった。
かくして彼は、滞ることなく考えることができた
あらゆる疑問の裏表について。
おお、この模範的な動物を凝視せよ
少なくとも一〇〇〇万年前に消滅した。

バート・レストン・テイラー（一八六六－一九二一）

「かくして彼は、〈ことの後から〉（ア・ポステリオリ）だけでなく／〈ことの前に〉（ア・プリオリ）も推論できた」――これを私が書きたかった。ほとんどすべての行に才気に溢れたウィットがこれほどまで数多く閃く詩は、よほど遠くまで探しにいかなければ見つからないだろう。

階層的な組織構造の利点をより一般的な形で確立してから、私は、特定の動物行動にその証拠があるかどうかを見ることに話を進めた。マリアンと私がクロバエで記録したデータを分析しなおすことから始めて、図書館で探し出した動物行動学文献からの他のデータに移った。そこにはさまざまな研究が含まれていたが、なかでも、スズメダイの行動についての大規模な研究、マウスの顔洗い行動についての研究、およびグッピーの求愛行動に関する研究などがあった。

私は、自分の先入観にとらわれない客観性をもたせるために、階層的なはめこみ構造を検出するた

めの数学的な技法を考案したいと思っていた。以下に示すのは、私が考え出したコンピューターに基づく方法のほんの一例である。これを私は、相互置換可能クラスター解析（Mutual Replaceability Cluster Analysis）と称した。私の方法は、行動パターン間の移行の頻度を数えることから始めたが、そのあと、特別な階層的方法でデータを分析した。私がしたことはこうである――〝動物のレパートリーのうちで各行動パターンの後にそれぞれどの行動パターンが何回続いたか〟を示す表をコンピューターに入力する。それからコンピューターがデータを体系的に吟味していき、相互置換できるような行動パターンのペアを発見できるかどうかを調べる。相互置換可能というのは、そのペアのどちらか一方を他方の位置に入れ込んだときに、移行頻度の全体的なパターンが同じまま（あるいは、前もって定義しておいた規準に従って、ほとんど同じに近い）にとどまることを意味する。ひとたび相互置換可能なペアが特定されると、そのペアの両メンバーは合体名に名前を変えられ、移行の表は、列、行ともに一つずつ減るので、簡略化される。次に、この簡略化された表をクラスター解析プログラムに入力し、そしてこの行程の全体を、行動パターンの全リストを使い尽くすまで、必要な回数だけ繰り返すのだ。行動パターンの各ペアが一つのクラスターに呑み込まれていくにつれ、あるいは、すでに呑み込まれた各クラスターがさらに大きなクラスターに呑み込まれていくにつれて、プログラムは、階層的な樹状図の節目を一つ上がっていった。たとえば、次ページの図は、G・P・ベーレンツ教授（彼は偶然にもニコ・ティンバーゲンの最初の大学院生で、のちにヨーロッパ・エソロジーの指導的人物の一人となった）に率いられたオランダの研究グループからのデータを使った相互置換可能性の樹状図である。

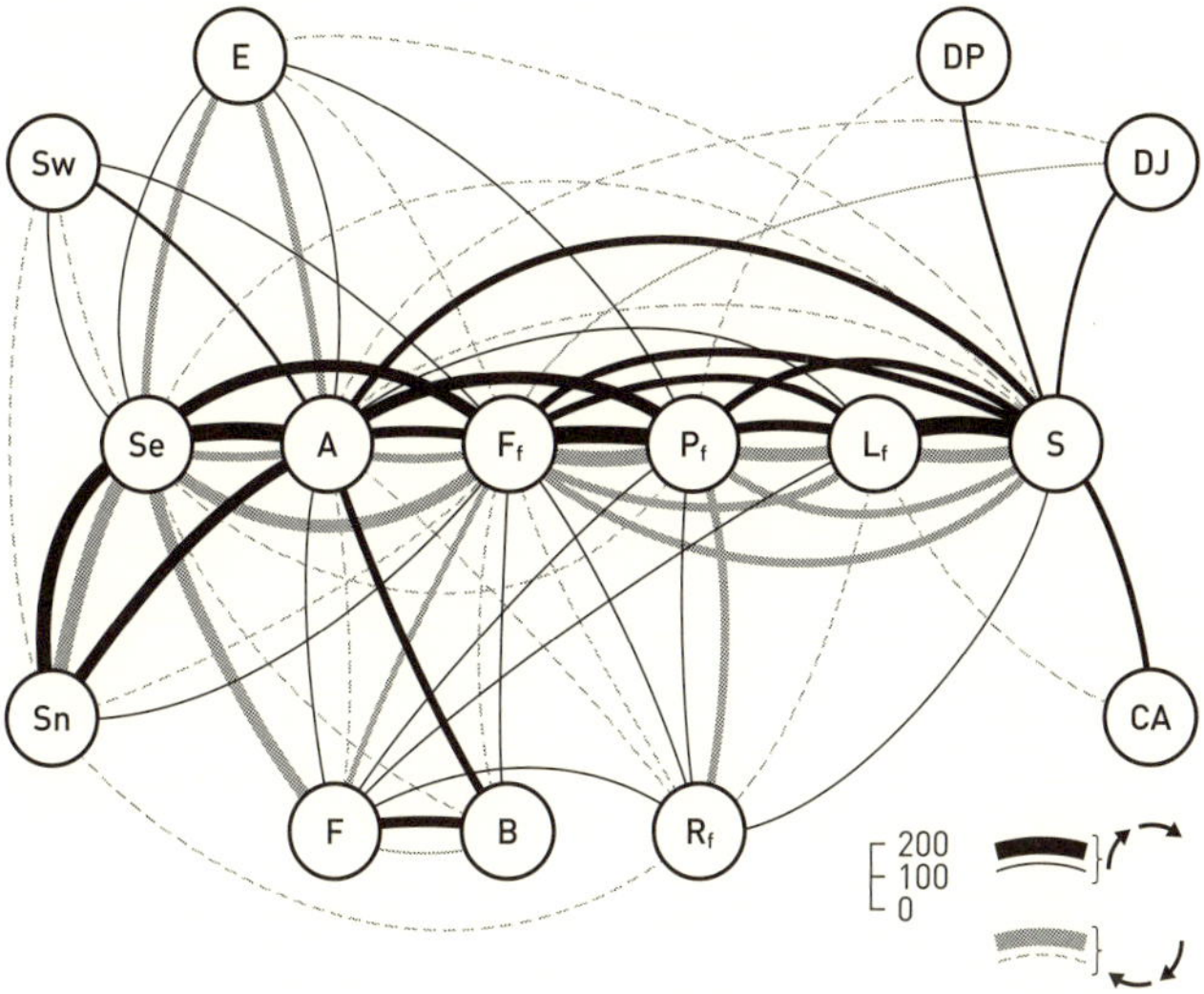
E
DP
Sw
DJ
Se
A
F_f
P_f
L_f
S
Sn
CA
F
B
R_f
200
100
0

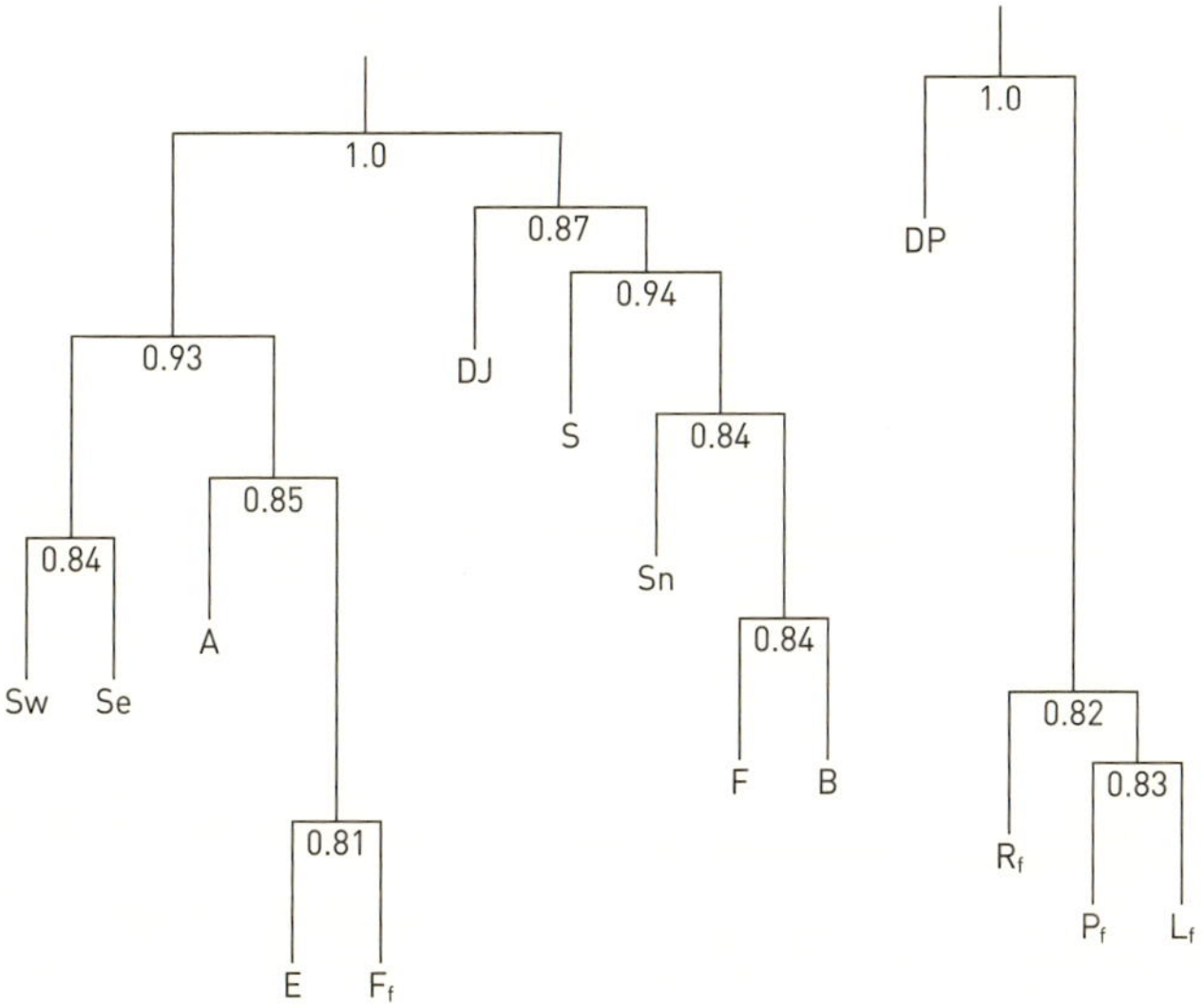
1.0
0.87
0.93
DJ
0.94
0.85
S
0.84
0.84
A
Sn
Sw
Se
0.84
F
B
0.81
E
F_f
1.0
DP
0.82
0.83
R_f
P_f
L_f

図の上は、オランダの科学者たちによって測定されたグッピーの行動パターンの移行頻度を示している。それぞれの円には行動パターンの記号名がついており、線の太さは一方から他方への移行（実線は左から右へ、破線は右から左へ）の頻度を示している。図の下は、同じデータを私の相互交換可能性クラスター解析プログラムに入力した結果を示している。数字は、二つの項の統合を決定するために私が使った相互置換可能性を比較する数値指標（関心のある読者のために補えば、正確には順位相関係数）を表している。私は、スズメダイ、マウス、マリアンと私のクロバエ、その他でも同じような階層的な樹状図を得た。

私がマディングリー論文で用いた、階層についてのもう一つの考え方は、目標の階層性である。目標は、かならずしも動物の脳内に意識的に保持されているものではない（そうであるかもしれないが）。私がここで言う「目標」とは、行動を終わりにさせる条件というほどの意味にすぎない。たとえば、チーターが獲物を捕らえる複雑な一連の行動連鎖は、殺害に成功するという「目標状態」によって停止させられるだろう。しかし、目標は互いに階層的にはめ込まれていることもありうるので、それを調べるのは実りあるやり方である。私は、「作動規則」と「停止規則」を区別した。作動規則は、その動物（あるいはコンピューター・シミュレーションの場合にはコンピューター）が、多数の条件的な指示（ＩＦ～ＴＨＥＮやＩＦ～ＥＬＳＥなど）を含めて、正確に何をいつなすべきかを伝える。停止規則は、その動物（あるいはコンピューター・シミュレーション）に「ランダムに振る舞って（あるいは多数の可能性を試みて）、次のような目標状態——たとえば満腹——が達成されるまで止めるな」ということを伝える。

チーターによる狩りのような複雑な任務のための純粋な作動規則プログラムは、途方もなく手の込んだものになるだろう。停止規則はずっと使いやすい。しかし、一つの大きな停止規則――満腹という目標状態が達成されるまでランダムに振る舞え――だけではすまない。この規則にしたがって生きるどんなチーターも、たっぷりな食事にありつく前に老衰で死んでしまうだろう！　実際はそうではなく、自然淘汰は「階層的に入れ込んだ停止規則」を組み込んで行動をプログラムするという賢明なやり方を採った。包括的な目標（満腹するまで続ける）は、「ガゼルを見つけるまで歩き回る」といった補足的な目標を「呼び起こす」だろう。「ガゼルを見つけた」という目標状態は、この特定の停止規則を終わらせ、次の「姿勢を低くして、ガゼルに向かって忍び寄れ」という規則が始まるだろう。この規則は、「ガゼルは今や攻撃できる距離内に入った」という目標状態によって終わるだろう、といったことが続く。補足的な停止規則のそれぞれは、自らの内部に入れ込まれた停止規則を呼び起こし、それぞれが独自の目標状態をもっているわけである。ずっと低いレベルでは、個々の筋肉の収縮でさえ、技術者が「サーボ制御」と呼んでいるデザインとしばしば一致している。神経系が一つの筋肉の標的状態を特定し、筋肉は標的状態（「停止規則」）が達成されるまで、収縮するのである。

しかし、私が本書で先に、人間の文法の喩え（アナロジー）を使って階層的な入れ込みという概念を紹介していたのを覚えておいでだろう。私のマディンググリー論文は最終的にこの魅力的な話題に立ち戻り、動物の行動が文法構造と対応するようなものをもつというなんらかの証拠があるかどうかを問うた。もしあれば、これはきわめて興味深いだろう。なぜなら、それは人間の言語の進化的な素性について、なんらかの暗示を与えてくれるかもしれないからである。真の階層的統語法をもつ真の言語が最終的に人類において進化したとき、〝言語とは何のかかわりもない別の理由のために、はるか昔に導入されていた既存のできあいの神経構造の上にそうした言語を構築することが可能だった〟と、あえて推測することができるのだろうか?

この問いを検討する最初の研究は、オックスフォード大学の私の同僚である、言語学者のジョン・マーシャルによってなされた。彼は雄のハトの求愛行動を用い、公表されているエソロジー文献からのデータを取った。ハトの辞書には、おじぎ(雌に対して)、交尾、その他の七つの「単語」があった。彼は言語学者としての手腕を使い、彼より前にチョムスキーが人間の言語についておこなったのと同じように、「句構造文法」を仮定した。マディングリー論文のために、私はマーシャルの文法を、その当時私が愛用していたＡｌｇｏｌ－６０というコンピューター言語(現在ではおおむね廃れてしまっている)に翻訳した。ここでまたしても、コンピューター言語に通じている読者の注意を喚起するが、このプログラムは著しく再帰的——自分自身を呼び出す手順をもつ——で、それこそまさに、すでに説明した階層的入れ込みの本質なのである。このプログラムのｐは「もし、0.3といったなんらかの確率的条件に適えば……」と置き換えられるものだった。

次ページの図の上段は、ハトの求愛行動についてのマーシャルの「句構造文法」である。中段はＡｌｇｏｌ－６０への私の翻訳。下段は、私のプログラムによって生みだされた、いくつかの「行動」の継起順序である。

残念ながら、マーシャルの分析は、われわれがハトに関してなんらかの確実な結論を引き出すことを本当の意味で許すものではなかった。彼が提唱した文法が「正しい」かどうか、どうすればわかる

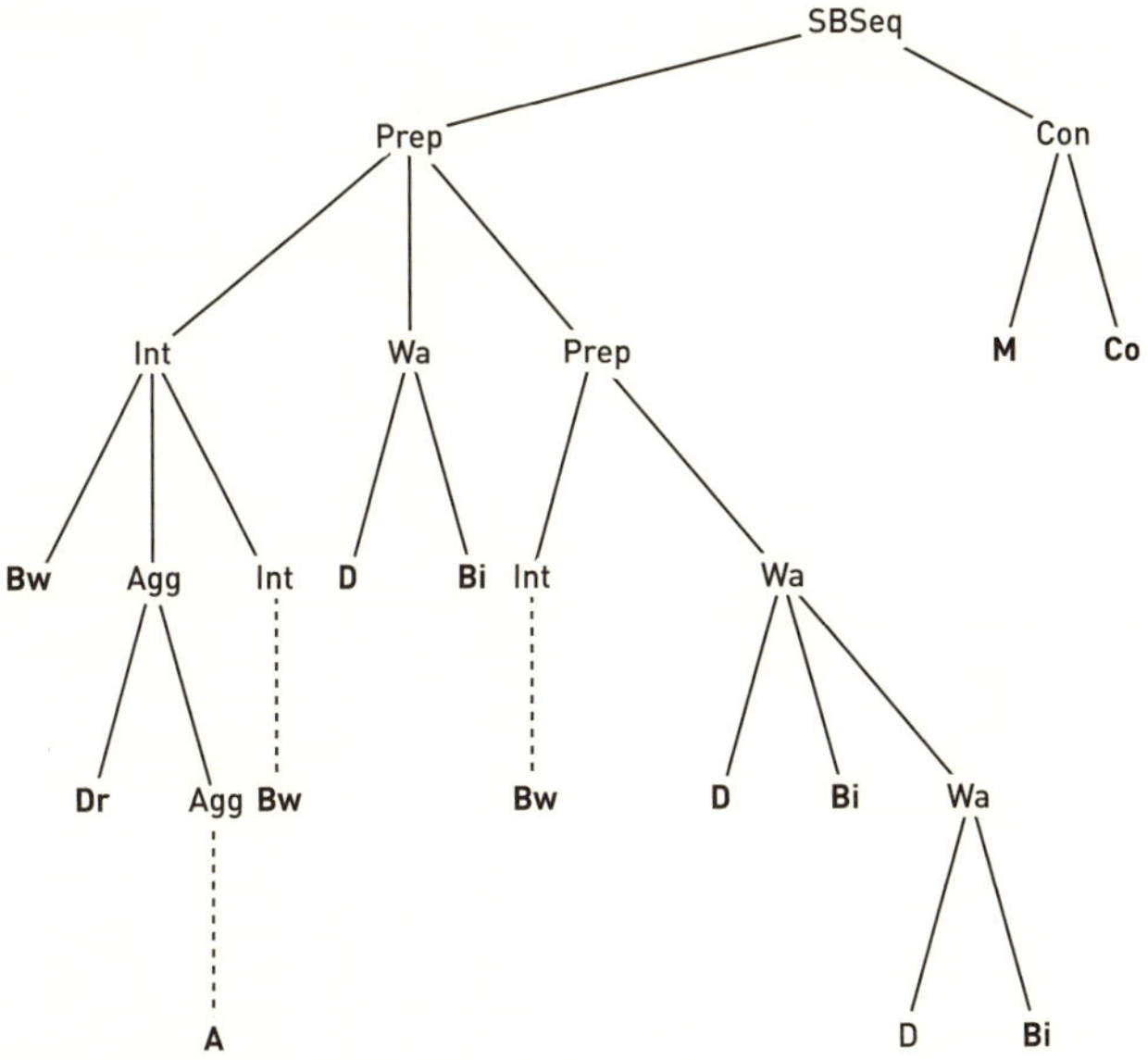


```
begin comment Marshall's pigeon grammar;
procedure SBSeq; begin Prep; Con end;
procedure Prep; begin Int; Wa; if p then Prep end;
procedure Int; begin "BW"; if p then Agg; if p then Int end;
procedure Agg; begin if p then "DR"; if p then "A"; if p then Agg
               end;
procedure Wa; begin "D"; "BI"; if p then Wa end;
procedure Con; begin "M"; "CO" end;
Boolean procedure p;
          begin comment true or false at random. Probability manipulated.
          end;
start: SBSeq; goto start
end of pigeon grammar;
```

このプログラムを走らせた結果の例。

BW DR D M CO
BW A D BI BW DR D BW A D BW A D BI M CO
BW A D BI M CO
BW DR D BW DR D BI BW DR D BI BW A D BW A D M CO

のだろう？　人間の統語（シンタックス）の場合は、その言語のネイティブスピーカーが誰かいれば、ただちに正しいかどうかは判定できる。この時期におこなった私の研究の大部分と同じく、私の「目標状態」は、特定の動物について何か恒久的に正しいことを見つけるというよりもむしろ、動物行動が将来において研究されるような新奇で刺激的な方法を見つけるということにあった。

マディングリー論文[1]は私にとって一種の終結、二十代初めに始まり三十代初めに終わった、私の科学的経歴の第一部の頂点を表すものだった。この時点で、私はまったく新しい方向に飛び立ち、こうした若き日の数学的な広野に二度と戻ることはなかった。その後の私の経歴、ほとんど私の後半生を決めることになった新しい方向は、私の最初の著書、『利己的な遺伝子』の刊行とともに始まった。

（1）R. Dawkins, 'Hierarchical organization: a candidate principle for ethology', in P. P. G. Bateson & R. A. Hinde, eds, *Growing Points in Ethology* (Cambridge: Cambridge University Press, 1976), pp. 7-54.

不滅の遺伝子

Richard
Dawkins

一九七三年に、全国鉱山労組のストライキによって危機に陥ったエドワード・ヒース保守党政権は、いわゆる「週三日労働」を英国に導入した。燃料備蓄を守るために、不可欠でない目的の電気使用は制限された。私たちの活動は一週間に三日に限定され、頻繁な電力カットが起きた。私のコオロギの研究は電気に依存していたが、執筆はそうではなかった――この当時、私はまったく風変わりな形をした携帯型のタイプライターで、タイプ用紙（ペーパー）と呼ばれる白い紙の上に書いていた。そこで私はコオロギ研究に待ったをかけて、最初の著作にとりかかることに決めた。これが『利己的な遺伝子』の誕生だった。

利己性と利他性、および「社会契約」という概念全体が、当時そこかしこに満ちあふれていた。私たちのような政治的左翼は、一方では共感のバランスを炭鉱労働者の側に傾けようとつとめながら、もう一方では、〝社会全体を人質にして要求を通す力ずくの戦術〟と人によってはみなすものへの敵意があった。進化論には、この重要なディレンマに何か貢献できることがあるだろうか？　これに先立つ一〇年間は、利他性と利己性、集団の利益対個人の利益といった疑問にダーウィン説を適用しようと勇敢に試みる啓蒙科学書やテレビのドキュメント番組が続々と出ていたが、実際には、ダーウィン説をあからさまに誤解していた。誤りはつねに、「進化的パングロス主義」と呼ばれてきたものの変形だった。

私の友人で師でもあるジョン・メイナード・スミスによって報告されているように、彼自身の師で、畏怖すべきJ・B・S・ホールデンが皮肉をこめて案出した、三つの誤った、あるいは少なくとも信用できない「定理」がある。すなわち、「それは世界中が知っている事実です……」というジョビスカおばさんの定理（エドワード・リアによる）、「私が三度言うことは真実です」というベルマンの定理（ルイス・キャロルによる）、そして「この最善の可能世界においては、すべてが最善である」というパングロスの定理（ヴォルテールによる）の三つである。

進化的パングロス主義者たちは、自然淘汰は生物がうまく生活していけるようにとても効率的な仕事をするということに漠然と気づいている。アホウドリは波の上を飛ぶために、ペンギンは波の下を飛ぶために、みごとにデザインされているように思える（たまたま私はこの文章を大西洋上の船の上で書いていて、双眼鏡を通して、こうした鳥の名人芸というべき才能に驚嘆している）。しかし彼らは、「うまくやる（good at）」というのは、種に対してではなく個体に対して適用されるものであることを忘れている――このことはあまりに簡単に忘れられがちなのであるが。飛ぶのがうまい、泳ぐのを、生き残るのを、繁殖をうまくやる。確かに自然淘汰は、動物個体がそうしたことをうまくやれるようにするだろう。しかし、自然淘汰が、種がうまく絶滅から逃れられるようにするとか、性比がうまくバランスがとれるようにするとか、公共の福祉という利益のために個体数をうまく制限するとか、食物供給をうまく管理し、将来の世代のために環境を保全するとかいったことを期待すべき理由はまったく存在しない。それはパングロス主義と言えるだろう。個体の生き残る確率が改善される結果として集団が生き残るということは起こりうるが、それは幸運な副産物である。集団の生き残りは、自然淘汰の与り知らないことなのだ。

私たち人間には洞察力が授けられていて、どういう行動が将来において、自分たちの種、自分たちの町、自分たちの国、あるいは全世界にとって、あるいはなんらかの特定の団体や利益集団に恩恵をもたらす可能性が高いかを判断することができるから、パングロス主義的な誤りに誘惑されるのである。海で魚を獲りすぎれば、長期的にはすべての漁民にとって逆効果をもたらすと、私たちは予見することができる。もし豊かな生活を楽しむために、生まれてくる人口を少なくしようとして出生率に制限を加えれば、より幸せな未来を予見することができる。現在における自制が未来に配当をもたらすだろうと判断することができる。しかし、自然淘汰に洞察力はない。

確かに、パングロス主義的な自然淘汰説はこれまでに提案されてきており、もし、うまく機能してさえいれば、「万事は最善の状態」のユートピアに似たものを達成できるかもしれない。しかし、残念ながら、そうはうまくいかないのである。いずれにせよ、それがうまくいかないことを読者に納得させるのが、『利己的な遺伝子』における私の目的の一つだった。その「パングロス主義的な自然淘汰説」こそ、「群淘汰」と呼ばれる理論だったのである。この腹立たしいほど人を魅惑する誤り——群淘汰という大間違い（Great Group Selection Fallacy：以下ではGGSFと略記）——は、コンラート・ローレンツの一九六四年の有名な『攻撃』という本の全体を貫いていた。ベストセラーとなったロバート・アードリーの『至上のなわばり意識』と『社会契約』――とりわけここで私は、アードリーの誤ったメッセージと、それを表現する英語の質の高さというミスマッチに直面した――にも充満していた。[1] 私はアードリーの『社会契約』（これ自体が、ルソーの有名な論考の、一種の生物学的な書き換えだった）と同じテーマの本を書くことを切望していた――しかし自分の本はGGSFではなく、厳格な自然淘汰説に基づくものにするのだと意気込んでいたのである。私の野望は、アードリーとローレンツ――および当時のテレビのドキュメント番組――によって与えられた損傷を元に戻すことだった。テレビによる誤りの普及はあまりにも広汎なものだったから、私は『利己的な遺伝子』のなかで、「BBC定理」と呼びさえした。

私は学部学生の個別指導で毎週のように出会っていたために、パングロス主義とGGSFにあまりにもおなじみになってしまっていた。実際私も自分が学部学生だったころには、自然淘汰の本当の問題は種の生き残りだという誤った見解を小論文（エッセイ）に織りまぜていた。最終的に『利己的な遺伝子』を書くに至ったとき、私が抱いていた夢は、そうしたことすべてを変えたいというものだった。成功するためには、私の本がアードリーのように上手に書かれていなければならず、ローレンツのようにたくさん売れなければならないということを知って、私は怖じ気づいていた。私は冗談で「僕のベストセラー」というようなことを言ったが、けっしてそうなると信じてはおらず、自分の無謀な野望に対する自意識過剰な皮肉を口にしていただけだった。

自然淘汰は、純粋に機械的で、自動的な過程である。世界はたえず、生き残ることにすぐれた実体が、そうでないものを引きはがしていくことによって、満ちあふれていく。自然淘汰に洞察力はないが、人間の脳にはあり、それこそが、パングロス主義が私たちにとってあれほど魅力的な理由である。脳は遠い将来のことを思い悩み、今世紀の放縦が次世紀の破局に変わると予測するかもしれない。自然淘汰にはそういうことができない。自然淘汰は盲目的に短期的な利得を選り好みすることしかできない。なぜなら、どの世代も、どんなことをしてでも、短期的には、自分の世代の他の個体よりも効率的に子をつくることができた個体の子で、自動的に満たされるからである。

そして、世代が通り過ぎていくにつれて正確に起こっていることを、注意深く、じっと見つめてみれば、あなたの視線は否応なく、自然淘汰が実際に働いているレベルとしての遺伝子に引き寄せられる。自然淘汰は、世代の篩(ふるい)を通り抜けて、遠い将来に生き残る潜在能力をもつ実体のあいだで、自動的に利己性を優遇するのである。この地球上の生命に関するかぎり、その実体は遺伝子を意味する。ここに示すのは、私が『利己的な遺伝子』において、(死すべき)生物個体の役割を、その(潜在的に不死の)遺伝子と対比させて述べるために、「生存機械」という表現を導入した場所において述べたことである。

(1) Konrad Lorenz, *On Aggression*, translated by Marjorie Latzke (London, Methuen, 1964); 初版はドイツ語で *Das sogenannte Böse*(1963)〔原題は『いわゆる悪』。邦訳『攻撃——悪の自然誌』、日高敏隆・久保和彦訳、みすず書房、一九七〇年〕. Robert Ardrey, *The Territorial Imperative: A Personal Inquiry into the Animal Origins of Property and Nations* (London, Collins, 1967), and *The Social Contract: A Personal Inquiry into the Evolutionary Sources or Order and Disorder* (London, Collins, 1970).

遺伝子は不死身である。……遺伝子の予想寿命は、十年単位ではなくて一万年ないし百万年単位ではからねばならない。

有性生殖をする種では、個体は、自然淘汰の重要な単位としての資格を得るにはあまりに大きすぎ、はかなすぎる遺伝単位である。個体の集団はいっそう大きな単位である。遺伝学的にいうなら、個体や集団は空の雲や砂漠のようなものである。それらは一時的な集合ないし連合である。進化的な時間の尺度からみれば、安定していないのである。個体群は長期間続くが、他の個体群とたえずまざりあっており、それがためにそれ自体のアイデンティティを失っていく。個体群はまた内部からも進化的変化をうける。それは自然淘汰の単位となるほど独立した存在ではない。つまり、別の個体群よりも好ましいものとして「選ばれる」ほど安定ではないし、単一でもないのである。

個体の体は、それが続いている限りは十分独立しているようにみえるが、それがいったいどれだけ続くだろう？　各個体はユニークである。だが実体のコピーが一個ずつしかないときに、それらの実体間に淘汰がはたらいて進化がおこることはありえない！　有性生殖は複製ではない。個体群が他の個体群によって汚染されるのと同様に、ある個体の子孫は、性的パートナーの子孫によって汚染される。あなたの子どもは半分のあなたでしかないし、あなたの孫は四分の一のあなたでしかない。数世代を経たときに、あなたが望めるのはせいぜい、あなたのわずかな部分をもった、つまり数個の遺伝子をもった多数の子孫をもつこと——たとえそのうちの幾人かがあなたと同じ苗字（みょうじ）を名乗っているにしても——である。
個体は安定したものではない。はかない存在である。染色体もまた、配られてまもないトランプの手のように、まもなくまぜられて忘れ去られる。しかし、カード自体はまぜられても生き残る。このカードが遺伝子である。遺伝子は交叉によっても破壊されない。ただパートナーを変えて進むだけである。もちろん彼らは進みつづける。それが彼らの務めなのだ。彼らは自己複製子であり、われわれは彼らの生存機械なのである。われわれは目的を果したあと、捨てられる。だが、遺伝子は地質学的時間を生きる居住者である。遺伝子は永遠なのだ〔以下、同書の引用は日高敏隆・岸由二・羽田節子・垂水雄二訳（紀伊國屋書店）による〕。

私は、すでにこの一〇年ほど前に、前に述べた一九六六年のオックスフォード大学でおこなった学部学生の講義において、ほとんどまったく同じ言葉で、この真実を確信していた。自然淘汰の論理における不死の遺伝子の中心的役割を学部学生に説得しようと試みた修辞的な誇張表現については二九六ページに引用した。以下に示すのは一九六六年の言葉で、それが『利己的な遺伝子』の対応する、より修辞的な一節といかによく似ているか、おわかりいただけるだろう。

遺伝子はある意味で不死である。それらは世代を通じて伝えられ、親から子へと伝えわたされるたびに混ぜ合わ（シャッフル）される。動物の体は遺伝子にとっては一時的に休息する場所にすぎない。その遺伝子がさらなる将来まで生き残れるかどうかは、その体がすくなくとも、繁殖し、遺伝子が別の体に入るまで生き残れるかどうかにかかっている。……遺伝子は、いずれは死ぬが、必要なあいだだけは有効な、一時的なすみかとして、自らを構築する。……「利己的」や「利他的」という用語を使えば、正統派のネオ・ダーウィン主義の進化論の基盤に立っての私たちの基本的な予測は、遺伝子は「利己的」になるだろうというものである。

最近になって、一九六六年の講義のテキスト（私を勇気づけてくれたマイク・カレンの欄外の書き込みと一緒に）を見つけたとき、そのときまだ私が、同じ年に出版されたジョージ・C・ウィリアムズの著書、『適応と自然淘汰[1]』を読んでいなかったことに気づいて驚いた。

ソクラテスの死とともに、彼の表現型が消滅しただけでなく、彼の遺伝子型も消滅した。……ソクラテスの遺伝子型の損失は、彼がどれほどたくさん子づくりしたかを考慮したところで軽減されない。ソクラテスの遺伝子はまだ私たちとともにあるかもしれないが、彼の遺伝子型はそうでない。なぜなら、減数分裂と遺伝的組み換えが、死と同じほど確実に遺伝子型を破壊するからである。

有性生殖において伝えられるのは、遺伝子型の減数分裂によって分離された断片だけであり、そうした断片は次の世代の減数分裂によってさらに断片化される。もし、究極的に分割不能な断片があれば、それは定義によって、集団遺伝学の抽象的な議論で扱われる「遺伝子」である。

私が最終的にウィリアムズの偉大な本を読んだとき（遺憾ながら、数年後のことだった）、彼のソクラテスの件（くだり）はたちまち私の心に共鳴し、私は『利己的な遺伝子』を書くことになったとき、ウィリアムズがハミルトンと同じように重要であることを、はっきりと認識した。

ウィリアムズとハミルトンはいくぶん似た性格をしていた。穏やかで、内気で、控え目で、考え深かった。ウィリアムズは、多くの人にエイブラハム・リンカーンを思い起こさせるような威厳と風貌をもっていた——たぶん、高い額と顎髭の形（カット）がその印象を強めていたのだろう。ハミルトンには、むしろA・A・ミルンの『クマのプーさん』に登場するイーヨーの雰囲気があった。しかし、私が『利己的な遺伝子』を書いたときは、どちらの人物も知らず、ただ出版された著作と、それが私たちの進化の理解にとっていかに重要かを知っていただけである。

遺伝子は、正確なコピーという形で潜在的に不死であるから、成功する遺伝子と成功しない遺伝子の違いだけが本当に問題だった。それは長い眼で見た重要性をもっている。世界は、そこに存在することにすぐれた、何世代にもわたって生き残ることにすぐれた遺伝子に満たされるようになっていく。実践的には、それは、他の遺伝子と協調して、繁殖できるまで十分長く生き延びるような性質をもつ体を構築するという仕事にすぐれていることを意味する——体は遺伝子がやどり、次に伝えられていくための一時的なヴィークル（乗り物）だからである。『利己的な遺伝子』全体を通じて、「生存機

（1）George C. Williams, *Adaptation and Natural Selection* (Princeton, NJ, Princeton University Press, 1966). 〔p. 23-24〕

械」ということばを、生物個体についての私流の呼称として使った。生物個体は、生命が実際にさまざまなこと――移動、振る舞い、探索、狩り、泳ぎ、走り、飛び、子に給餌する――をなす実体である。そして、一生物個体がおこなうあらゆることを説明する最善の方法は、その内部に乗った遺伝子が、そうした遺伝子を生き延びさせ、当の生物個体が死ぬ前に、次世代に伝えられるようプログラムされているとみなすことである。

私はまた、「ヴィークル」という単語を「生存機械」と同等のものとして使いもした。それに関連して思い出すのは、日本のテレビ取材班が『利己的な遺伝子』について私にインタヴューしたときの面白い機会のことだ。彼らは全員、ロンドンからオックスフォードまで、三脚や照明器具と一緒に黒のタクシーに乗ってきて、あらゆる窓から腕や脚が突き出しているように見えた。ディレクターはたどたどしい英語で（正式な通訳は、彼の言うことを私にわからせることがまったくできず、機嫌を損ねて追い返された）、私をタクシーに乗せて、オックスフォードを走るところを撮影したいのだと言ってきた。これに私は困惑し、なぜそうするのかと質問した。「エーッ」と問い返す答えが帰ってきた。「あなたは進化のタクシー理論の著者じゃないんですか？」。のちになって私は、私の本の日本語の翻訳者が「ヴィークル」を「タクシー」と訳したにちがいないと憶測した（共訳者の一人として弁明しておくと、事実はそうでなかった）。

インタヴューそのものはきわめて面白かった。私はカメラマンと録音技師を除いて一人だけでタクシーに乗った。正式な通訳がいなかったので、インタヴュアーはなしで、私はオックスフォードの観光ツアーをしながら、ただ『利己的な遺伝子』についてアドリブでしゃべるように命じられた。タクシーの運転手はまちがいなく、その肥大した海馬にロンドンの入り組んだ街路の地図をもっていたが、オックスフォードは知らなかった。したがって、彼を案内するのが私の役目になった。そのため、それ以外は整然とした利己的遺伝子についての議論が、「そこを左に曲がって！」とか「信号のところで右に曲がって、右側車線に入って！」とかいう、取り乱した叫びで中断された。ロンドンに帰るまでにはきっと、彼らはあの気の毒な通訳を見つけられたことと思いたい。

『利己的な遺伝子』のなかで私は、動物に洞察力があり、遠い先の将来における自分の種や集団にとって利益になるようなことをするという、パングロス主義的な考えを批判した。まちがっているのは、動物が「利益になるようなことをする」という考えではない。いずれにせよ、「なんとかする（work out）」が、意識的なものであるとはほのめかされていない。ちがうのだ。まちがっているのは、種や集団が自らの利益を最大化するような実体であるという考えである。生物学者はしばしば、「利益になることをする」というような言葉を、ダーウィン主義的な推論に聞こえる近道として、正当に使うことがある。その秘訣（トリック）は、意識的な推論についての短縮した比喩（メタファー）が適用される生命の階層構造の正しいレベルを見極めることである。自分を動物個体の立場において、「もし私の遺伝子を増殖させるという目標を達成しようとするならば、私は何をするだろうか？」と問うことはまったく問題ないのである。

『利己的な遺伝子』には、仮想の動物が自ら「推論」するような想像上の独白が満ちあふれている。「私はXをするべきかそれともYをするべきか？」ここでの「べき」の意味は、「XあるいはYは、私の遺伝子にとって利益になるだろうか？」ということである。これは正当であるが、それはひとえに、この言い回しが次の疑問に翻訳できるからにほかならない。「個体にX（この状況において）をさせるようにする遺伝子は、遺伝子プールのなかで頻度を増やしていくだろうか？」主観的な独白は、それが遺伝子の生き残りという言葉に翻訳できるという事実によって正当化されるのである。

「私はXをするべきかそれともYをするべきか？」を「XあるいはYをすることが私の寿命を延ばす可能性が高いだろうか？」という意味だと解釈する誘惑にかられる人がいるかもしれない。しかしもし長生きが繁殖しないという代償によって購（あがな）われるものであるなら——つまり、個人の長寿と遺伝子の生き残りを対決させるということ——、自然淘汰はそれを贔屓することはないだろう。繁殖は危険な仕事になることもある。雌を引きつけるために華麗な羽色をもつキジの雄は、捕食者をも引きつける。くすんだ色の目立たない雄は、おそらく派手な色をして魅力的な雄よりも長生きをするだろう。しかし、その雄が交尾できない可能性のほうはもっと高く、安全第一のくすんだ色の遺伝子が伝えられていく可能性はずっと小さいだろう。自然淘汰において本当に問題なのは、遺伝子の生き残りなのである。

雄のキジの口を借りての、次のような簡略表現は正当である。「もし私がくすんだ色の羽毛を生やせば、たぶん長生きできるだろうが、交尾の相手を得ることはできないだろう。もし私が派手な色の羽毛を生やせば、たぶん早死にするだろうが、死ぬ前に、派手な羽毛をつくる遺伝子を含めて、たくさんの遺伝子を伝えるだろう。だから私は、派手な羽毛を生やすと〈決断〉すべきなのだ」。言うまでもないことだが、〈決断〉は人間がふつうこの言葉で意味することを意味はしない。意識的な思考はかかわっていいない。生物個体レベルでの簡略表現は混乱を招くことがありうるが、つねに遺伝子の言葉に翻訳しなおす道を開いておくことを忘れない限り、うまくいく。派手な羽毛とくすんだ羽毛のどちらを生やすかという〈決断〉を実際にするキジなどいはしない。そうではなく、派手な羽毛あるいはくすんだ羽毛を生やす遺伝子が、世代を越えて生き残る異なった確率をもっているということなのだ。

ダーウィン主義的な視点から動物のすることを理解しようと試みるとき、動物を、未来の世代に自らの遺伝子を伝えるためにどういう手段を講じればいいかと「考えている」ロボット機械だとみなすのが、本当に有益なことがある。そうした手段には、あるやり方で振る舞うことや、特定の形状や特徴をもつ器官を発達させることが含まれるかもしれない。自らを未来の世代に伝えていくためにどういう手段を講じればいいかと遺伝子が「考えている」と、比喩的に考えるのも、有益なことがある。そうした手段にはふつう、個体発生の過程を通じて生物個体を操作することが含まれるだろう。

しかし、動物がみずからの種、あるいは集団を存続させるためにどういう手段を講じればいいかを考えているものとして扱うのは、比喩の上であってさえもけっして正当ではない。集団ないし種による生残率の違いは、自然淘汰で生じていることではない。生じているのは、遺伝子による生残率の違いである。したがって、正当な簡略表現は、「もし私がある遺伝子だとしたら、自分を存続させるために何をするだろうか?」、あるいは――理想を言えば、こちらのほうが正確に等価なものであるはずだ――「もし私が一生物個体なら、私の遺伝子を存続させるために何をするだろうか?」という形のものである。しかし、「もし私が一生物個体なら、私の種を存続させるために何をするだろうか?」は、不当な簡略表現である。そして、「もし私がある種なら、私を存続させるために何をするだろう?」というのも同じく不当である——今度は別の理由で。後者の比喩が不当なのは、種は生物個体と違って、作用主体として振る舞い、何かをし、決断に影響を及ぼすことを、比喩的にさえおこなう実体ではないからである。種は脳も筋肉ももたず、そういうことをする生物個体の集合にすぎないのである。種や集団は「ヴィークル」ではないが、生物個体はそうなのである。

一九六〇年代の講義でも、『利己的な遺伝子』のなかでも、自然淘汰の根本的な単位としての遺伝子という考えを新奇なものだとみなしてはいなかったことを指摘しておくべきだろう。私はそれを、正統なダーウィン主義的進化論のなかに暗黙のうちに含まれているものと考えていた——そして明確にそのように述べていた。すなわち、一九三〇年代にフィッシャー、ホールデン、ライト、およびエルンスト・マイヤー、テオドシウス・ドブジャンスキー、ジョージ・ゲイロード・シンプソン、ジュリアン・ハクスリーなどのいわゆる現代総合説の創始者と呼ばれる他の人々によって、はじめて明確に定式化された理論のことである。批判者と称賛者のどちらもが、この考え方を革命的だとみなしたのは、『利己的な遺伝子』が出版されて以後のことである。私には当時そうだったとは思えなかった。

しかしながら、こう言ったあとで、みんなで力をあわせてなしとげた総合説の創始者たちのすべてが、その理論に暗黙のうちに含まれるこの重要な意味を明確に認識していたわけではなかったと付け加えなければならない。権威あるドイツ系アメリカ人分類学者のエルンスト・マイヤーは、一〇〇歳におよぶその生涯の最後まで、私にとっては誤解であると思われる用語で、遺伝子淘汰主義という概念に対する敵意を表明していた。そして「現代的総合」という言葉を実際につくったジュリアン・ハクスリーは、自分でははっきりとは気づかないままに、徹底した群淘汰主義者だった。私が偉大なピーター・メダワーにはじめて会ったとき、独特の貴族的だが茶目っ気に溢れたスタイルで繰り出されるとても愉快な冒瀆発言に、学生の私は驚かされた。「ジュリアンに関して厄介なのは、彼が本当は進化を理解していないことだ」。なんという突拍子もないことを言うのか——ハクスリーについて！私はほとんど自分の耳が信じられず、この通り、私はけっして忘れたことがない。私はのちに、もう一人のノーベル賞受賞者であるフランスの分子生物学者、ジャック・モノーから、少しばかり似たようなことを聞いた。ただし、それはハクスリーについてではなかった。「自然淘汰の厄介なところは、誰もが自分はそれを理解していると思っていることだ」。

私が『利己的な遺伝子』を書きはじめたのは、電力カットによってコオロギの研究が中断されたときだったことはすでに述べた。アレン・アンド・アンウィン社の編集者がたまたま私に会いにきたときには、まだ第一章しか書き終わっていなかった。彼は、本になりそうなものを探しに、動物学教室を定期的に訪問していたのだが、私は彼にこれから書くつもりの萌芽的な計画について語った。彼は座ってその場で第一章を読み、気にいって、書き続けるよう私を励ました。しかし、それから——一つの狭い視点から見れば残念なことに、別の視点から見れば幸いなことに——労働争議は終結し、光が戻ってきた。私は第一章を引き出しに突っ込み、コオロギの研究を再開するとともに、そのことを忘れてしまった。

次の二年間、ときどき私は、本に戻ることをじっくり考えた。一九七〇年代の初めに現れはじめ、私の構想中の本の主題とみごとに呼応することが明らかになった新しい出版物について読み、講義しているときに、書きたいという意欲がとりわけ強くなった。そうしたなかでもっとも特筆すべきは若いアメリカの生物学者ロバート・トリヴァースの論文と、イギリスの熟達の教授ジョン・メイナード・スミスの論文だった。これらの著者の双方が、私が先に述べたような直感的な簡略表現（現在では哲学者のダニエル・デネットが、それを直観ポンプと呼んでいる[1]）を使っている。つまり、生物個体が「あたかも」自らの遺伝子を存続させ、増殖させるための最善の方策を意識的に計算しているかのように振る舞うと想像した簡略表現を用いているのである。

トリヴァースは、動物の親があたかも、行動経済学者が「機会費用」と呼ぶものを計算する合理的な行為者であるかのように扱った。親はそれぞれの子を育てる費用を支払わなければならない。そうした費用としては、集めるための時間と努力も含めた食物、子を捕食者から保護するために要する時間、ならびに、そうすることによって引き起こされる危険（リスク）などがある。トリヴァースはそれらを全部ひっくるめて、彼の命名になるところの親の投資（Parental Investment 略してＰＩ）という一つの尺度にした。トリヴァースの決定的に重要な洞察は、ＰＩが機会費用に違いないということ、つまりどの一人の子に対する投資も、他の子への投資機会の逸失として算出されなければならないということである。トリヴァースはこの考え方を用いて、「親子の対立（葛藤）」という世に浸透している理論を考案した。たとえば、子を乳離れさせる最善の時期の決定は、子とその母親が、どちらも自らの遺伝子の長期的な存続という「効用関数」を持つ合理的経済学者として振る舞うときに生じる、両者のあいだの「不一致」によって決まるというのだ。母親は、子が望むより以前に授乳を終わらせたいと「願う」。なぜなら、母親は将来の子に対して、いまの子が認めているよりも大きな「価値」を認めていて、将来の子は、現在の子を早く乳離れさせることから利益を得るからである。現在の子も、将来の兄弟に「価値を認める」が、ハミルトン則があてはまるがゆえに、その評価は母親の半分の大きさでしかない。したがって、「乳離れ対立」の時期、すなわち親子の両方が授乳を続けることに同意している初期から、双方が授乳を終えることに同意する後期のあいだに、不安な移行期が存在するのである。母親は乳離れを「望んで」いるが子は望んでいないこの期間に、動物行動の観察者は、母子のあいだの微妙な闘いの症候を見るはずである。ついでに、『利己的な遺伝子』が出版されてからずっとのちに、オーストラリアの生物学者デイヴィッド・ヘイグが、妊娠中の病気のどれほど多くが、子宮のなかで進行中の同じトリヴァース流の対立――この場合、明らかに離乳に関するものではないが、限られた不可欠な資源の配分という別の側面に関して――という観点で説明できるかを巧妙に示したことを付け加えておくべきだろう。

親子の対立は明らかに、私の本にとってお誂え向きの主題で、この問題に関するトリヴァースの明晰な論文は、ストライキが終わって以来見捨てられていた私の第一章を引き出しから取り出すように後押ししてくれた拍車の一つだった。これは、『利己的な遺伝子』の第八章の着想になった。第九章の「雄と雌の争い」もトリヴァースのアイデアを利用しており、ここでは、雄と雌がそれぞれ異なったやり方でいかに機会費用を競合するかを示した。たとえば、雄が交尾相手を見捨て、雌に「赤ん坊を一人でしょいこませ」、「非常に困った状態」に置き去りにして、あらたな交尾相手を探しにいくとしたらどうなるか？　トリヴァースは、第一〇章の「ぼくの背中を掻いておくれ、お返しに背中を

(1) Daniel C. Dennett, *Intuition Pumps and Other Tools for Thinking* (New York, Norton, 2013).

ふみつけてやろう」にも影響を与えている。この場合の彼の論文は、初期の、互恵的利他主義についての論文で、血縁淘汰だけが利他主義に向かう唯一の進化的圧力ではないことを示したものである。互恵性——親切にお返しする——は非常に重要なものになることがあり、血縁淘汰のように、種内だけでなく、種の壁を越えて作用する。したがって、『利己的な遺伝子』に大きな影響を与えた四人の著者として、ハミルトンとウィリアムズに続いて、トリヴァースの名を付け加えなければならなかった。私は彼に「序文」を書いてくれるように頼むこともした——彼はその時点ではまだ会ったことがなかったのに、快く書いてくれた。

四人めはジョン・メイナード・スミスで、彼はのちに私の敬愛する師となった。私は子供の頃に、彼が「私の小さなペンギン版」と呼ぶ本に出会い、微笑んでいる著者の写真にいたく心を奪われた。口にくわえたパイプと同じように傾(かし)いだ粋な教授の髪と、汚れを拭う必要のある厚く丸い眼鏡に衝撃を受けた——私がたちまち引き寄せられる類(たぐい)の男だった。私はそこに載せられていた彼の略歴も気にいった。そこには、彼は航空機を設計する技術者だったが、「飛行機は音がうるさくて時代遅れだ」ということに気がついたので、それを止めて、生物学を研究するために大学に戻ったと説明されていた。何年かのちに、その本、『進化の理論』の新版がケンブリッジ大学出版局から出版され、私は序文を書くように誘われるという栄誉を得た。[1] 私はこの心優しい英雄のために、次のような賛辞を加えた。

「キャンパス小説」の読者なら、会議が学者たちを最悪の状態でつかまえられる場所であることを知っている。とりわけ、会議場のバーは、小宇宙としての学界である。教授たちは、陰謀でもめぐらすかのように片隅に閉鎖的に寄り集まり、科学や学問のことではなく、「終身雇用職（テニュア）」（仕事を表す彼らの言葉）や「研究助成金」（金についての彼らの言葉）について語りあっている。彼らが自分の仕事の話をすれば、たいていは、啓蒙というよりは人にいい印象を与えるためでしかない。ジョン・メイナード・スミスはすばらしい、成功を収めた、愛すべき例外である。彼は金よりも創造的なアイデアを、学者の仲間うちの難しい用語（ジャーゴン）よりも平明な言い回しを評価した。彼はつねに、男女を問わず、元気のいい笑いあう学生や若い研究者たちの群れの中心にいた。講演や「ワークショップ」のことは気にしなくていい。観光バスで地方の観光スポットへの遠足をすることなどくそくらえだ。突飛な視覚教材やマイクのことは忘れろ。会議において、本当に大事なのは、ジョン・メイナード・スミスが出席していることと、ゆったりした飲み食いできるバーがなければならないということだけだ。もしあなたが考えている日時にどうしても彼の都合がつかなければ、会議のスケジュールを考え直したほうがいい。彼に正式な講演をしてもらう必要はない（彼は魅惑的な話し手ではあるが）し、正式なセッションで座長をしてもらう必要もない（彼は聡明で、思いやりがあり、ウィットに富んだ座長ではあるが）。彼は顔をだすだけでよく、それだけで会議は成功するだろう。彼は若い研究者たちを魅了し、楽しませ、彼らの話に耳

（1）John Maynard Smith, *The Theory of Evolution* (Cambridge, Cambridge University Press, 1993; first published London, Penguin, 1958).

を傾け、刺激を与え、しぼみかけていたかもしれない情熱をふたたびかきたて、彼らをそれぞれの研究室へ、あるいは泥まみれのフィールドへ送り返すだろう。元気と活力を取り戻した彼らは、寛大にも彼がともに考えてくれた新しいアイデアを試してみたいと切望しながら戻っていくだろう。

けれども、私とジョンの関係は飛び抜けて良好なスタートで始まったわけではない。私が彼にはじめて会ったのは彼が生物科学学部の学部長をしていた一九六六年で、彼はサセックス大学での教職について私を面接したのだ。私はすでに、バークリーに行くことがほとんど約束済みだった。けれども、サセックス大学で教職の口が予定されていて、そこにいる動物行動学の共通の問題に取り組んでいる専門家のリチャード・アンドリューが、私を嬉しがらせるつもりで、大急ぎで応募するように圧力をかけていた。私はリチャードに、近々バークリーに行くことを告げたが、いずれにせよ、サセックス大学の面接を受けても損はないよと言ったので、私もそう思った。なんということはないではないか、そうだろう？　私は、自分の「なんということはない」という態度が面接でメイナード・スミスにいい感情を与えないのではないかと怖れた。私は、動物分類学について講義はしたくないと言った。彼は、それが仕事の一部だと言った。私はどちらかというとつっけんどんに、それなら私はバークリーから教職の申し出を受けているので結構です。いずれにしてもこの面接を受けている理由があまりよくわかっていないのですと言った。彼とアンドリュー博士が私を昼食につれていってくれたときに、彼はそのことについて機嫌がよかった。しかし、のちの気持ちのいい友情関係からすれば、やはり、いいスタートだったとはいえない。

一九七〇年代の初めに、メイナード・スミスは一連の長いシリーズの論文を書きはじめ、そこでジェフリー・パーカーと、そしてのちには故ジョージ・プライスと共同で、進化におけるいくつかの問題を解くために、数学的なゲーム理論の変形版を展開した。そうした考えは、利己的な遺伝子という概念と非常に親密な関係にあり、メイナード・スミスの論文は、私に第一章の埃を払って、本全体を書くように導く、また別の大きな刺激となったのである。

メイナード・スミスがおこなった特別な貢献とは、進化的に安定な戦略（ＥＳＳ）という概念を導入したことだ。ここでの「戦略」は、「あらかじめプログラムされた規則」という意味に解釈することができる。メイナード・スミスは、タカ派、ハト派、報復派、暴れん坊派といった名前をつけた（動物の闘争の特殊な場合のために）あらかじめプログラムされた規則が、想像の（あるいはシミュレートされた）世界のなかで互いに自由に相互作用をしあう数学的なモデルを用意した。ここでもその規則を実行する動物たちが、自分が何をしているか、なぜそうしているかを意識しているとは想定されていないことを理解しておくのが重要である。あらかじめプログラムされた規則のそれぞれは集団内である頻度をもっている（遺伝子プール内の遺伝子と同じように、ただし、このモデルではＤＮＡとの関連は明白ではない）。その頻度は「収支」に応じて変わる。ゲーム理論が生まれたもともとの分野である社会科学や経済学では、収支はお金と同等と考えることができる。しかし、進化のゲーム理論では、収支は繁殖成功度という特別な意味をもつ。ある戦略が高い収支をもたらすことは、集団内でのその存在の増加を導くのだ。

重要な点は、成功する戦略は、かならずしも特定の競合関係において、相手の戦略に勝つものとはかぎらないことである。成功する戦略は数的に集団で優位なものである。そして数的に優位な戦略は、その定義から、自分自身のコピーと遭遇する可能性が高いのであるから、それは自分自身のコピーの存在するところで繁栄できるときにのみ、数的に優位なままでとどまれるだろう。これが、メイナード・スミスのESSにおける「進化的に安定」の意味である。私たちは自然界でESSが見られると予測する。なぜなら、ある戦略が進化的に不安定であれば、ライバルとなる戦略に追い抜かれて、集団から姿を消すことになるからである。

私はここでこれ以上、進化的なゲーム理論についてくわしく説明するつもりはない。なぜなら、『利己的な遺伝子』でそれはすませたからであり、トリヴァースの親の投資についても同じことがあてはまる。ここでは、一九七〇年代の初めにおけるトリヴァースとメイナード・スミスの論文が、一九六〇年代に私に霊感を与えたハミルトンの考えへの私の関心を再燃させ、炭鉱ストの終結以降、第一章が引き出しに眠っていた本に私を引き戻してくれたと言うだけで十分である。メイナード・スミスのゲーム理論的な発想は、攻撃に関する章（第五章）を支配しており、のちの章の多くの話題の扱い方についても私に多くのインスピレーションを与えてくれた。

そこで、一九七五年に「階層的な組織構造」論文を書き終えると、私はついにサバティカル休暇の権利を行使して、毎朝家にとどまって、タイプライターと『利己的な遺伝子』に没頭した。実際、この作業にあまりにも没頭しすぎて、ニュー・カレッジが新しい学寮長を選出する重要な委員会に出席するのを忘れていた。同僚の一人が会議を抜け出し、緊急で私に電話してきて、投票がもうすぐに始まるから、どうか急いできてほしいと頼んできたほどだ。今なら私も、サバティカル休暇をとる権利があって休んでいるとはいえ、そうした重大な投票に欠席するのは、わがまま勝手で無責任な行為であると考える。委員会は私の時間を数時間しか奪わなかっただろうし、私が投票しなかったことの影響は潜在的には何年にもわたって感じられることになったかもしれない。幸いにも、私が投票するつもりだった人物はいずれにせよ当選していた（そしてすばらしい学寮長となった）から、私はカレッジの歴史の道筋を変えたという罪の重荷に耐える必要はなかったのだが。実際には、彼の競合相手もかなりすぐれていて、オックスフォード大学でもっともウィットのある人物という評判をいみじくも得ていたので、カレッジ委員会もきっと満足したにちがいなかった。

　私は、創造的エネルギーの熱狂の中で、『利己的な遺伝子』を書いた。出版について友人のデズモンド・モリスと話をしたときには、三章か四章は完成していた。彼自身が作家として伝説的な成功を収めていたので、ロンドンの出版界の大御所であるトム・マシュラーとの会見をお膳立てしてくれた。私は、ロンドンのジョナサン・ケープ社にある天井が高く、本がびっしりと並んだ彼の部屋で、マシュラー氏と会った。彼は数章を読んで気にいってくれたが、タイトルは変えるように強く勧めた。「利己的」というのは、「うっとうしい（ダウン）言葉だ」と彼は説明した。「不滅の遺伝子」にしたらいいじゃないか？　後から振り返って考えてみると、彼はおそらく正しかった。なぜ彼の忠告に従わなかったのか、その理由が思い出せない。そうすべきだったのだろうと思う。

　いずれにせよ、事態が外からの力で私の手を離れてしまったために、私は彼に発行元になってもらうように説得することはできなかった。ある日、ニュー・カレッジの昼食の席で、オックスフォード大学の理論物理学の教授であるロジャー（現在ではサー・ロジャー）・エリオットが、私が本を書いていることを耳にして、その本について私に質問した。私が自分のしようとしていることについて少ししゃべったところ、彼は興味を引かれたようだった。たまたまオックスフォード大学出版局の代議員会のメンバーだった彼は、この由緒ある出版社にふさわしい編集者であるマイケル・ロジャーズに、そのことを伝えた。マイケルは私に手紙を寄こし、何章かを読ませてほしいと頼んできた。私は原稿を彼に送った。

それから、嵐が巻き起こされた――マイケルが独特の大きな声で、電話の向こうからこう言ってきたのが始まりだった。「原稿を数章分読みました。それから眠ることができなくなってしまいました。絶対にこの本を下さい！」まあ、こういった類の説得に抵抗を感じる人はいるだろうが、私は違う。マイケルは明らかに私好みの編集者だった。私は出版契約書にサインし、本を完成させるために、それまでに倍する勢いで執筆にとりかかった。

コンピューターのワープロができる前の時代に、本を書くという重荷を私たちみんながどうして耐え抜けていたのかを、いまとなっては理解するのが難しい。今ならたぶん、私の書くすべての文が、改訂され、いじくりまわされ、並べ直され、抹消され、書き直される。私は自分の書いたものを執拗に読み直し、一回目を通すたびに改善されることを願い、信じて、テキストを一種のダーウィン流の篩にかける。最初に私がタイプする一文でさえ、その文が終わるまでに、単語の少なくとも半分は抹消され、置き換えられる。私はつねにそういうふうに仕事をしてきた。しかし、コンピューターが当然ながらこういう仕事のやり方に適していて、テキストそのものが書き直すたびにきれいな姿になっていくのに対し、『利己的な遺伝子』の途中のタイプ原稿は、xxxxxxxという削除記号、手書きの挿入文、丸で囲まれて、矢印で別の場所に移すように指示された単語、ページの縁や下に不細工に貼り付けられた紙片などで覆われていた。自分の書いたテキストをすらすら読みこなすことができるのは作文の不可欠の要素だと思う人がいるかもしれない。こんなことは、手書き原稿の時代には不可能に思われるだろう。しかし、不思議なことに、コンピューターのワープロが導入されてのちも、文章の書き方が全体として改善されている気配は見られない。なぜなのだろう？

『利己的な遺伝子』は、動物行動研究グループの慈悲深い秘書、パット・サールに、二度の清書タイピングをしてもらった。それぞれ、マイケル・ロジャーズのところに送られ、彼の有益な手書きの注記がついて戻ってきた。とりわけ彼は、私のロマン的な若さの情熱が限度を超えて顔を出しているいくつかの美辞麗句に満ちた文章を削った。文筆家をパイプオルガン奏者に喩えたピーター・メダワーによれば、「科学者は歴史家とはちがって、むやみに手を音栓に伸ばしてはならない」のである。『利己的な遺伝子』の第二章の結びは、およそ科学的散文にあってはならない美辞麗句で、その後につづいていた一節を思いだすたびに顔が赤くなる（それを残さなくて本当によかった）。次に示すのは、マイケルの節度ある筆を生き延びた薄めの美辞麗句の一節である。それは第二章の終わりの、生命の起源と、原始のスープに「自己複製子」が自然に生じることについての部分で、それがのちに、「ヴィークル」、すなわち生きた生物の世界へと移っていったのである。

自己複製子がこの世で自らを維持していくのに用いた技術や策略の漸進（ぜんしん）的改良に、いつか終り

> が訪れることになったのであろうか？　改良のための時間は十分あったにちがいない。長い長い歳月はいったいどのような自己保存の機関を生みだしたのであろうか？　四〇億年が過ぎ去った今、古代の自己複製子の運命はどうなったのだろうか？　彼らは死に絶えはしなかった。なにしろ彼らは過去における生存技術の達人だったのだから。とはいっても、海中を気ままに漂う彼らを探そうとしても、むだである。彼らは当の昔にあの騎士のような自由を放棄してしまった。いまや彼らは、外界から遮断された巨大なぶざまなロボットの中に巨大な集団となって群がり、曲りくねった間接的な道を通じて外界と連絡をとり、リモート・コントロールによって外界を操っている。彼らはあなたの中にも私の中にもいる。彼らはわれわれを、体と心を生みだした。そして彼らの維持ということこそ、われわれの生存の最終的論拠なのだ。彼らはかの自己複製子として長い道のりを歩んできた。いまや彼らは遺伝子という名で呼ばれており、われわれは彼らの生存機械なのである。

　この一節は、この本の中心的な比喩（メタファー）と、同時にサイエンス・フィクション的な感触を含んでいる。実際、私は「まえがき」を次のような言葉で始めていた。

> 　この本はほぼサイエンス・フィクションのように読んでもらいたい。イマジネーションに訴えるように書かれているからである。けれどこの本は、サイエンス・フィクションではない。それは科学である。いささか陳腐かもしれないが、「小説よりも奇なり」ということばは、私が真実

について感じていることをまさに正確に表現している。われわれは生存機械――遺伝子という名の利己的な分子を保存するべく盲目的にプログラムされたロボット機械なのだ。この真実に私は今なおただ驚きつづけている。私は何年も前からこのことを知っていたが、到底それに完全に慣れてしまえそうにはない。私の願いの一つは、他の人たちをなんとかして驚かせてみることである。

そして、第一章の冒頭の一行でも、私のサイエンス・フィクション気分は続いていた。

ある惑星上で知的な生物が成熟したといえるのは、その生物が自己の存在理由をはじめて見出したときである。もし宇宙の知的にすぐれた生物が地球を訪れたとしたら、彼らがわれわれの文明度を測ろうとしてまず問うのは、われわれが「進化というものをすでに発見しているかどうか」ということであろう。地球の生物は、三〇億年もの間、自分たちがなぜ存在するのかを知ることもなく生き続けてきたが、ついにそのなかの一人が真実を理解しはじめるに至った。その人の名はチャールズ・ダーウィンであった。

ニコ・ティンバーゲンは、この本が出版されて読んだとき、この冒頭の部分を嫌がった。彼は、人類が知的な生物種だとほのめかすようなものは何であれ好きでなく、人類がこの世界に及ぼしてきた怖ろしい影響に深く気持ちを傷つけられていた。しかし本当は、それは私が明らかにしようとしていた論点ではなかった。

初版の最後の章、「ミーム——新登場の自己複製子」についても、なにか言っておくべきだろう。この本の残りの部分が、遺伝子を、生命の進化における主役スターである自己複製子として舞台の中心に押し出したことを考えると、自己複製子がＤＮＡでなければならないという印象を払拭することが重要だった。冒頭のサイエンス・フィクション気分を維持しながら、私は、別の惑星ではまったく異なった自己複製システム——ただし、それがどういうものであれ、高い忠実度の複製（コピー）のような、いくつかの性質をもっていなければならない——によって生命の進化が促進されたかもしれないことを指摘した。

そんな実例を一つ探しだそうとした、この一九七五年という年にコンピューター・ウイルスが発明されていたら、それを使うことができただろう。その代わりに、私は、新しい「原始スープ」としての人類文化を見つけた。


別種の自己複製子と、その必然的産物である別種の進化を見つけるためには、はるか遠方の世界へ出かける必要があるのだろうか。私の考えるところでは、新種の自己複製子が最近まさにこの地球という惑星上に登場しているのである。私たちはそれと現に鼻をつき合せているのだ。それはまだ未発達な状態にあり、依然としてその原始スープの中に不器用に漂っている。しかしすでにそれはかなりの速度で進化的変化を達成しており、遺伝子という古参の自己複製子ははるか後方に遅れてあえいでいるありさまである。

新登場のスープは、人間の文化というスープである。新登場の自己複製子にも名前が必要だ。文化伝達の単位、あるいは模倣の単位という概念を伝える名詞である。模倣に相当するギリシャ語の語根をとれば〈mimeme〉ということになるが、私のほしいのは、〈ジーン（遺伝子）〉ということばと発音の似ている単音節の単語だ。そこで、このギリシャ語の語根を〈ミーム（meme）〉と縮めてしまうことにする。私の友人の古典学者諸氏には御寛容を乞う次第だ。もし慰めがあるとすれば、ミームという単語は〈記憶（memory）〉、あるいはこれに相当するフランス語の〈même〉という単語に掛けることができるということだろう。なお、この単語は、「クリーム」と同じ韻を踏ませて発音していただきたい。

旋律や、概念、キャッチフレーズ、衣服のファッション、壺の作り方、あるいはアーチの建造法などはいずれもミームの例である。遺伝子が遺伝子プール内で繁殖するにさいして、精子や卵子を担体として体から体へと飛びまわるのと同様に、ミームがミームプール内で繁殖するさいには、広い意味で模倣と呼びうる過程を媒介として、脳から脳へと渡り歩くのである。

私は、ミームという概念が適用できそうなさまざまな方法、たとえば宗教の普及と継承について議論を続けた。けれども、私の主要な意図は、人類文化の理論に貢献することにはなく、遺伝子を、ダーウィン主義的な過程の根源に横たわっているかもしれないと考えられる唯一の自己複製子として重視しすぎないようにすることだった。私は「普遍的ダーウィン主義」（一九八二年のダーウィン没後一〇〇年記念の会議での講演を基にしたのちの論文の表題）を推進しようと試みていた。にもかかわらず、哲学者ダニエル・デネット、心理学者スーザン・ブラックモア、その他の人々がミームというボールを引き継いでくれたのは、私にとって嬉しいことだった。表題に「ミーム」という言葉の入った本が三〇冊以上出版されており、この単語は『オックスフォード大英語辞典』に収載されることになった（収載の規準は、相当数の刊行物において、出典や説明なしに使用されていることである）。

最初の本の出版というのは、若い著者にとっては有頂天になるような時である。私は何度となく、ウォルトン通りにあるオックスフォード大学出版局の壮麗な新古典主義建築のビルを訪れ、また時にはエリー・ハウスにあるロンドン事務所に行って、制作、デザイン、マーケティングなどの複雑な仕事にかかわる人々に会った。カヴァーのデザインを決めるときがやってきて、この本のサイエンス・フィクション的な気分が、私をふたたび、ノース・オックスフォードのデズモンド・モリス邸の優雅な柱廊式玄関に導いた。生物学者であるとともに、テレビ・タレント、人類学コレクター、（信じがたいほどの）話し上手[1]、そしてベストセラー作家でもあるデズモンドは、すぐれたシュールリアリズム画家でもあった。彼の絵には、まぎれもない生物学的な雰囲気があった。彼はこの世のものではない生き物たちが生き、動き、独自の進化をもつ——なぜなら、キャンヴァスからキャンヴァスへと進化していたからである——という夢のような風景を描いていた。これこそ『利己的な遺伝子』に必要なものだった。彼は自分がカヴァーのデザインを提供するという考えを喜んでくれ、私とマイケル・ロジャーズは、彼の家の壁とスタジオに飾ってある絵を見に行った。「待ち受ける谷」が、その大胆な色彩と薄気味悪い豊かさだけでなく、より世俗的にはそのタイトルに適合した手頃な空間を提供してもいる点で、際立っていた。私たちは喜んでその絵を選び、私はこれで売れ行きが伸びたと信じている。

たまたま、デズモンドはこの頃、オックスフォード大学出版局のビルの近くのウォルトン通りにある小さなギャラリーで個展を開き、「待ち受ける谷」は売りに出された絵の一枚だった。その価格は七五〇ポンドで、それはたまたま私の本に対して出版社がくれた前払い金とぴったり同額だった。この偶然の一致はどうにもあらがいがたく、私は展覧会中に何度もこのギャラリーを訪れ、いろんな絵が気にいっていたのだが、「待ち受ける谷」を買った。私が思うに、デズモンドは少しばかり困惑したようで、もう一枚のちょっと似た別の絵、「ティティレーター」をおまけに付けてくれた。二枚はよく調和していた。

『利己的な遺伝子』は一九七六年の秋に出版された。無名の著者の処女作にしては驚くほど広汎に書評され、私はまだ、なぜそれほどの関心を受けたのか理由がわからなかった。出版記念パーティもなければ、出版社が企画する明白な宣伝もなかった。発行されて数カ月後に、ＢＢＣの「主力」科学シリーズである《ホライズン》のプロデューサーの一人であるピーター・ジョーンズの知るところとな

（1）私は、映画女優ダイアナ・ドースについての広く行きわたっていた逸話のもともとの情報源は彼ではないかと疑っている。彼とダイアナはウィルトシャーの同じ町の出身で、子供時代の友だちだった。彼女の本当の苗字はドースではなくフラックだった。彼女は何かの祝宴に戻ってくるよう招かれ、教区牧師は彼女を地元の人が知っているだろうと思う名前で紹介しようと考え、人々に向かってにこやかに、さあ。美しい「ダイアナ……クラント」嬢をお迎えしましょうと言ったのである〔牧師はフラックをファックと言い間違えないように過剰に意識するあまり、女性器 cunt に近いクラントと言い間違えたのだとされる〕。

った。ピーターは、この主題についてドキュメンタリー番組をやらないかと訊いてきた。しかし当時の私はあまりにも内気だったのであえてテレビに顔をさらす気にはなれず、代わりに、メイナード・スミスを推薦した。彼は非常にみごとにその仕事をやってのけた――彼はすばらしく温かく、魅力的な説明の仕方ができた――し、同じ「利己的な遺伝子」というタイトルのこのドキュメンタリー番組は、少なくとも英国では、本の売り上げの後押しをしたにちがいない。しかし、放送はかなり遅れてのことだったから、この本がそれほど幅広い書評を受けた説明にはならない。

私はそれ以上なにもしなかったが、この最初の本についての書評の切り抜き帳はつくっていて、いまもう一度目を通したばかりである。一〇〇以上の書評があり、読み直してみたところ、この本が共通して物議を醸すものとして受け取られたということは一般的に裏づけられない。ほとんどすべての評者は好意的だった。早い時期の評者としては、精神科医のアンソニー・ストー、人類学者のライオネル・タイガーとフランシス・ハクスリー（ジュリアンの息子）、ナチュラリストのブルース・キャンベル、および哲学者のバーナード・ウィリアムズがいた。ウィリアムズのことは、人を楽しませる座談の名手の一人であることをずっと後に知ったが、彼のウィットはどんな相手でも、その「話の腕を上げさせる」力があった。敵意のある書評は、スティーヴン・ローズとリチャード・ルウォンティンという、政治的左翼と認定できる二人の生物学者からあったし、政治的スペクトラムの対極にいるシリル・ダーリントンからの――わずかにより辛辣な――ものもあった。しかし、これらはごく少数だった。ほとんどの評者は、メッセージを受け取り、公正に敷衍し、本そのものについては好感触だった。私にとってとくにありがたかったのは、ピーター・メダワーとW・D・ハミルトンの非常に好意的な書評だった。ハミルトンは、私がもともと一矢報いんとしたローレンツ、アードリー、および一九六〇年代のパングロス主義者たち、さらに「BBC定理」に対して、息の根を止めるような一撃さえ加えていた。

この本はほとんどすべての人に読まれるべきものであり、また読むことができる。進化の新しい局面がきわめて巧みに記述されているのだ。近年、新しいしかし時として誤った生物学を大衆に売り込んできた、あまりごたごたとしない軽妙なスタイルをたぶんに保ちながらも、本書は、私の意見によれば、はるかに本格的な内容になっている。最近の進化思想の、かなり難解でほとんど数学的ともいえるいくつかのテーマを専門用語を使わずやさしい言葉で提示するという一見不可能とも思える課題を、みごとになしとげているのだ。それらのテーマを広い視野に位置づけた本書を読み通すと、最後には、そんなことはとっくに知っていると思ってきたかもしれない多くの生物研究者にさえも、驚きと活力を与えることだろう。少なくとも評者にとってはそうだった。しかし、くりかえしておくが、本書は科学に対する最小限の素養さえあれば、だれにでもたやすく読めるものになっている。

私がそれほどまでに驚かせることができた相手は、この「評者」以外にはいなかった。私はまた、ビル・ハミルトンがこの見事に書かれた書評の最後を、一つはワーズワースの、もう一つはハウスマンの詩で締めくくったやり方にも感動した。ハウスマンと言えば、私はしばしばビルの複雑な人格を、ハウスマンの詩集に出てくる「シュロップシャーの若者」に重ね合わせて見ていたものだった。

はるか彼方から、夕べから朝から
そして、あの風の一二方位の空から
私を編み出す生命の素材が
ここに吹き寄せ、今ここに私はいる

……

さあ話してごらん、私が答えてあげよう。
どんなふうに、私が君の助けになれるか。
風の一二方位に向かって、
私が果てしのない旅に出発する前に

一人の進化生物学者の墓碑銘としては悪くない。そしてビル・ハミルトンは、おそらく二〇世紀後半におけるもっとも偉大な進化生物学者だった。私の自伝のこの第一部もそろそろ終わりに近づいているが、私は古い紙束のなかから宝物を見つけた。それは一番上にビルの手書きの文字が記された、彼の講義ノートの最終ページのコピーで、ハウスマンの別の詩「不滅の部分（The Immortal Part）」が引かれていたが、その詩は「不滅の遺伝子（immortal gene）」という語句を盛り込むために詩句のboneをgeneと書き換えて引用されていたのである。彼がどの講義のことを言っているのか、いつ彼がそれを講義したのか、私にはまったく記憶がないし、紙に日付はなかった。私はそれをウェブサイトの「付録」に再録しておいた。

『利己的な遺伝子』が出版されてからかなり後に、ビルはオックスフォード大学における私の親密な同僚となり、ニュー・カレッジでの昼食でほとんど毎日のように彼と会っていた。私は、彼のすばらしいアイデアをより広汎な読者に知らしめた点で、私の本が果たした役割を謙虚に誇りに思っている。しかし、私はこの本に、専門的な学者である私の同僚たちの研究テーマについての考え方を変えるような別の側面もあったのだと思いたい。もしあなたがセレンゲティ、あるいは南極大陸、あるいはアマゾンやカラハリ砂漠にある野外生物学研究所を訪れて、夕方にビールを飲みながら元気のいい研究者たちがする仕事の話に耳を傾けたとき、あなたが聞く話に遺伝子が織りまぜられていたとしても、それはたまたま偶然のことではないと思いたい。彼らはDNAの分子的な芸当――それもまた興味深いのだが――について語っているのではなく、そうした会話の根底にある想定は、研究中の動物や植物の挙動は、遺伝子を存続させ、引き続く世代を通じて増殖させることを目的としているということなのである。

来し方を振り返る

Richard Dawkins

『利己的な遺伝子』の出版は、私の人生の前半生の終わりを記すものだから、ここは立ち止まって、振り返ってみるのにふさわしい場所である。私はたびたび、アフリカで過ごした子供時代が生物学者になるように導いたのではないかと尋ねられる。そうですと答えたいところだが、確信がない。初期の歴史における何か特定の変更によって、人の一生の進路が変わったかどうか、どうしたらわかるというのだ？　私には、普通に目につくと予想されるあらゆる野生植物の名前を言うことができる訓練を受けた父と母がいた――そして二人ともつねに、実在の世界についての子供の好奇心を満たそうとしたがった。これは私の人生にとって重要だったか？　イエス、まちがいなくそうだった。

私が八歳のときに家族はイギリスに渡った。もしこれがなければどうだったろう？　一一歳のとき、私はマールボロ校ではなく、オーンドル校に行かされた。この気まぐれな変化が私の将来を決定しただろうか？　どちらも男子校だった。心理学者なら、もし私が男女共学の学校に行っていれば、社会的にもっと順応した人物になっていただろうと言うかもしれない。私はオックスフォード大学になんとかもぐりこんだ。たぶんぎりぎりで通ったのだろうが、もし落ちていたらどうなっていただろう。もしニコ・ティンバーゲンの個別指導を受けなかったとしたら、したがって、動物行動学ではなく、当初の計画通り生化学で博士研究をしていたらどうだっただろう? まちがいなく、私の人生は異なったものになっていたことだろう。おそらく、私は本など書いたりしなかっただろう。

　しかしひょっとしたら、人生には、何か磁石のように人や物事を引き戻すものがあって、一時的な逸脱があったとしても、一つの道筋に収斂（しゅうれん）していくという傾向があるかもしれない。生化学者として、そのときにはもう少し分子的な方向への傾斜が強くなっているとしても、最終的に私は『利己的な遺伝子』に至る道に戻っていったかもしれない。ひょっとしたら、その道の引力は、私の十数冊の著作すべてについて、（今度も生化学へ傾斜した）変形版を書くように導いたかもしれない。正直、それはどうかなという気持ちだが、「その道に戻っていく」という考え方全体は、興味がないわけではない。それについては、……まあ……いずれ戻るつもりである。

　私が提示した仮定の話は、比較的大きな話である。まるっきり些細（ささい）なことを取り上げて、それでも私は重大だと論じるつもりである。私はすでに、私たち哺乳類が特定の恐竜による特定のくしゃみのおかげで存在するのではないかと憶測した。もしアロイス・シックルグルーバーが、息子のアドルフ・ヒトラーを受胎した一八八八年半ば以前のどれかの年の特定の瞬間——それ以外の特定の瞬間ではなく——にたまたまくしゃみをしたとしたら、どうなっていただろう。そこにかかわった一連の出来事の正確な順序についてはまったく見当もつかないし、シックルグルーバー氏のくしゃみについての歴史的な記録もきっと存在しないだろうが、たとえば一八五八年の一回のくしゃみのような些細な変化が、歴史の進路を変えるのに十分すぎるものだろうと、私は確信している。アドルフ・ヒトラーを生じさせた禍々しい精子は、彼の父親の一生を通じて何十億個とつくられたもののうちの一つであり、同じことは彼の二人の祖父についても、四人の曾祖父についてもいえ、さらにさかのぼることができる。ヒトラーが受胎する何年も前の一回のくしゃみが、特定の精子が特定の卵子に出会うという些末な状況を狂わせるに十分なドミノ効果をもち、したがって、私の存在を含めて、二〇世紀のすべての成り行きを変えただろうというのは、説得力があるだけでなく、私は確かなことだと思う。もちろん、ヒトラーがたとえいなくとも、第二次世界大戦のようなものが起こったであろうことを否定しているわけではないし、ヒトラーの邪悪な狂気がその遺伝子によって不可避的に定められていると言っているわけでもない。異なった育てられ方で、ヒトラーは善人となり、あるいは少なくとも無害になったかもしれない。しかしまちがいなく、彼の存在そのもの、そして、それがつくりだした戦争は、特定の精子の、幸運な――いや、不運なと言うべきだが――偶発事象に依存しているのである。

一兆匹もの精虫
そのすべてが生きている。
彼らを襲う大激変からたった一匹のノアだけが
生き残れる望みがある
そして、その一兆マイナス一匹のなかに

ひょっとすればいたかもしれない
シェイクスピア、ニュートン、あるいはあらたなジョン・ダンになりえたものが
だが、その一匹は私だった。

おまえよりすぐれた者たちを、そのように排除したことを恥じよ
他の者を外に残して、方舟に乗ったことを！
みんなにとっていいことだ、ひねくれたホムンクルスよ
もしおまえが、静かに死んでくれていれば！

オルダス・ハクスリー

もし、父親が特定の仮説的な瞬間にくしゃみをしていたら、アドルフ・ヒトラーは生まれていなかっただろう。私も生まれていなかっただろう。なぜなら私のありえないような受胎は第二次世界大戦に負っている――同時に、それほど重大ではないその頃起こった出来事にも――からである。もちろん、私たちのすべては、私が仮想の恐竜と哺乳類の運命についてやったように、この議論を限りなく以前の世代までさかのぼらせることができる。

私たちの存在を導いた出来事の連鎖の偶然に左右されるはかなさを考えたうえで、なおかつ私たちは問いつづけることができる――私がつい先刻やったように――、くしゃみその他の些末な、あるいは些末とはいえない出来事によるブラウン運動的な翻弄があるにもかかわらず、特定の名をもつ個人

の人生の成り行きは、予想可能な道へ、磁石のような力で引き戻されるのかと。もし私の母親の冗談めいた憶測が正しく、エスコティーヌ産科病院が本当に私をカスバートの息子とごっちゃにして、私が修道院の建物内で取り替えっ子として育てられたとしたら、どうだっただろう？　私はいま聖職者になっていたのだろうか？　私はいまの遺伝学が、そうではない、たぶんそうではないと言えるだけのことを知っていると思う。

もし、私の家族がアフリカにとどまり、チャフィン・グローヴ校へ転校するのではなくイーグル校にいつづけ、そのあと、オーンドル校ではなくマールボロ校へ行ったとして、それでも私はオックスフォード大学に入り、ニコ・ティンバーゲンに出会っただろうか？　それはありえなくもない。なぜなら、父は、私が父や半ダースを越えるかつてのドーキンス一族の後を追ってベリオール・カレッジに入ることに必死になっていたからである。道路の別の分かれ道に入ることがあっても、道がふたたび収斂することは可能である。そうなる蓋然性は、大人の能力と気質に対する遺伝子と教育の相対的貢献といった、実際に研究可能な事柄にかかっている。

仮想のくしゃみや収斂する道筋についての高踏的な憶測は止めにして、もっとなじみのある領域に戻ることもできる。一人の人間がそれまでの人生を振り返るとき、彼が達成したこと、あるいは達成できなかったことのうちのどれほどが、子供時代から予測できただろう？　どれほどまでを、計測可能な性質に帰すことができるだろう？　彼の両親の関心と気晴らしに？　彼の遺伝子に？　特定の影響力の強い教師とのたまたまの出会いに、あるいは、たまたま出かけたサマー・キャンプに？　彼は自分の能力と欠点、プラスとマイナスをリストにし、それを使って、みずからの成功あるいは失敗を理解できるだろうか？　これが私のいうもっとなじみのある領域であり、たとえば、ダーウィンが自伝の終わりで、足を踏み入れた領域である。

チャールズ・ダーウィンは、私にとってももっとも偉大な科学の英雄（ヒーロー）である。哲学者たちは、「すべての哲学は、プラトンへの脚注にすぎない」〔もとはホワイトヘッドの言葉〕と好んで言う。私はこれが事実でないことを衷心から願う。なぜなら、それは哲学についてほとんど何も言っていないからである。「すべての現代生物学は、ダーウィンへの脚注にすぎない」というのは、それよりはるかに事実である。そしてそれは、生物科学への正真正銘の賛辞となるだろう。すべての生物学者はダーウィンの足跡をたどっていき、まったくおそれおおいことながら、私たちの誰一人として、彼のお手本に従うという以上のことができない。自伝の最後の数ページで、彼は個人がもつ、あるいは欠く能力についての回顧的な仕分けについて論じている。またしてもおそれおおくも、彼の自己評価の方法を従うべきお手本としてとりあげ、私も同じことをしてみよう。

……私は、たとえばハクスリーのような頭のいい何人かの人々において際立っているような、非常に速やかに理解する能力や機知（ウィット）をもっていない。

少なくともここでは、私はダーウィンと精神的な血縁をもつと主張できる。ただ、彼の場合には謙遜の度が過ぎるのだが。

長く、純粋に抽象的な思考のつらなりを追っていく私の能力は非常に限られている。それだけでなく、私は形而上学や数学ではけっして成功できなかっただろう。

ベヴィントン通り時代に、私が短いあいだ数学的能力をほしいままにした——あるいは持続させた——という馬鹿げたほど根拠薄弱な評判にもかかわらず、この点でもまた、私は同じだ。ジョン・メイナード・スミスは、自身が数理生物学者として、「散文で考える」ことがいったいどうすれば可能なのかという驚きを、じつに見事に表現している。彼は一九八二年の《ロンドン・レビュー・オブ・ブックス》で、私の『利己的な遺伝子』とその続篇である（専門の生物学者を狙った）『延長された表現型』を二冊いっしょにした書評で、そのことを述べている。

この二書がもつ私にとってもっとも奇妙な特徴については、最後まで残しておいた。なぜなら、ほかの多くの人にとっては奇妙に思えないのではないかという気がするからである。それは、どちらの本にも数学が一行も含まれていないことで、それにもかかわらず私は話の筋を追うのに何の困難も感じず、私が見つけることができるかぎりでは、論理的な誤りは一つもなかった。そのうえ、ドーキンスは最初にそのアイデアを数学的に考えつき、そのあとで散文に変えたのではなかった。彼は明らかに散文で考えているのだ。ただし、『利己的な遺伝子』を書いているあいだに、彼がコンピューター・プログラミングへの深刻な依存症から回復していったというのは意味があるかもしれない。プログラミングという作業は、明快に考え、意味することを正確に言うことを余儀なくさせられるからである。数学的な知的支えなしに遺伝と進化の関係について書くほとんどの人が、ちゃんと理解できていないか、まちがっているかのどちらかで、その両方であることも少なくないのは不幸である。ドーキンスはこの規則の幸せな例外である。

ダーウィンの自伝的な独白に戻ろう。

ある意味では、私の記憶力は非常に乏しく、一つの日付や一行の詩さえも、数日以上覚えていることができたためしがない。

これは、ダーウィンについては本当にそうだったのかもしれないが、それが彼の歩みを押しとどめたようには思えない。詩を一語一語そらんじることができるという私の能力は、科学にあまり役立ちはしなかったが、私の人生を豊かにし、その能力を失いたいとはこれからもけっして思わないだろう。ひょっとしたら、詩の抑揚が文体に多少の影響を与えてきたかもしれない。

私の習慣は規律正しいもので、これは私の特殊な仕事には少なからず役立ってきた。最後に、私は生活費を稼ぐ必要がなかったので、十分な時間の余裕があった。健康状態がよくなかったことさえ、私の人生のうちの数年を台無しにしたけれども、社交や娯楽に気を散らすことから私を救ってくれた。

私の習慣はおよそ規律とは無縁のもので、そのことは——私の場合、健康状態は悪くなかったので——まちがいなく、もっと生産的な生活に付け加えることができたかもしれない数年を台無しにしてきた。同じ非難は、社交や娯楽（そして私の場合には、コンピューターで遊ぶこと）に気を散らされたことにも浴びせうるが、人生は何かを生産するだけでなく、生きるためのものでもある。私は自分で生活費を稼がなければならなかった。しかし——白人で、男で、きちんとした教育を受けているという理由で受けた攻撃（本当にあったのだ）は喜んで聞き流すが——、自分の子供時代、少年時代、青年時代を、幸運に恵まれない他の人々と比べたときには、働かずして得る特権階級だという判断基準を否定することはできない。私は自分の特権的な立場を、人間が自分の遺伝子や自分の容貌についてしないのと同じように、人に謝ることはしないが、そのことを非常に気にはしている。そして私は、人に愛された子供だという印象を抱くような幼年時代を与えてくれた両親に感謝する。他の人々は、七歳でスパルタ教育の寄宿学校に送り出されたことは、とても喜ばしいとは思わないかもしれない。私には両親に感謝する理由がある。親にとってこういう教育スタイルは大きな出費を伴うもので、両親もまた犠牲を強いられたのである。

ダーウィンは、ちょっと前のほうで、自分の——いかなる基準に照らしても恐るべき——推論の力を考察するときに、少しばかり慎ましさの手綱を緩めている。

私の批判者のなかに、「ああ、彼はすぐれた観察家だが、推論の力がない」と言ったものがい

> た。そんなことはありえないと私は思う。なぜなら『種の起原』は、初めから終わりまで、一つの長い議論であり、少なからぬ有能な人々を納得させてきたのである。いくばくかの推論の力なしに、だれにもそれを書くことはできなかったはずだ。

ミスター・ダーウィン（けっしてサー・ダーウィンではない、わが英国の叙勲制度へのなんというすばらしい告発だろう、これは）、この最後の一文は、世界一の控え目な発言として賞を勝ち取るべきだ。ミスター・ダーウィン、あなたはあらゆる時代を通じて、もっとも偉大な推論家の一人であり、もっとも偉大な説得者の一人なのに。

私はすぐれた観察家でない。そのことを自慢しているわけではないし、一生懸命努力はしているのだが、私は父や母が望んでいたようなナチュラリストではない。私には忍耐心が欠けているし、特定の動物や――私の育てられ方の特権の一つにもかかわらず――植物のグループについて、くわしい知識をもっているわけではない。私は英国でふつうに見られる小鳥のさえずりは五、六種しか知らないし、夜空に浮かぶ星座の数も、野生植物の科の数も、やはり半ダースほどしか知らない。動物界の門、綱、目（もく）についてはもう少しよく知っている――オックスフォード大学で動物学を学んだのだから、当然知っているべきなのだ。というのも、ほかの大学はどこでも、この学問に対してこのような古典的アプローチに力を入れていないからだ。

証拠の示すところによれば、私はほどほどに有能な説得家であるらしい。言うまでもないことだが、私が説得する題目は、ダーウィンのそれに比べれば、取るに足らないものである――おどろくべきことに、ダーウィンその人の見出した真理を人々に説く仕事をいまだに終えられずにいるという意味ではどうかなと言わざるをえないが——、私は現在のダーウィンのブドウ畑で働く労働者の一人にすぎない。しかしその話は、私の人生の後半に属するもので、その期間に私の著作の大部分は書かれた。それは二年後に出るはずの続巻に含まれるはずである——予想できないようなくしゃみに相当する出来事によって、私がこの世から消えてなくならないかぎり。

謝　辞

さまざまな種類の助言、援助、支援について、ララ・ウォード・ドーキンス、ジーン・ドーキンス、サラとマイケルのケトルウェル夫妻、マリアン・スタンプ・ドーキンス、ジョン・スミシーズ、サリー・ガミナラ、ヒラリー・レドモン、シーラ・リー、ジリアン・サマースケールズ、ニコラス・ジョーンズ、ジョン・ブロックマン、デイヴィッド・グリン、ロスとクリスティーンのヒルデブランド夫妻、ビル・ニュートン・ダン、R・エリザベス・コーンウェル、リチャード・ルーマリー、アラン・ヒーソム、イアン・マッカルピン、マイケル・オットウェイ、ハワード・ストリンガー、アンナ・サンダー、ポーラ・カービー、スティーヴン・フリアー、バート・ヴーアザンガー、ジェニファー・ジャケー、ルーシー・ウェインライト、ビヨルン・メランダー、クリスター・スターマーク、グレッグ・スタイクレザー、アン＝キャスリン・イーラーズ、ジャネットとリチャードのゲンドール夫妻、ランド・ラッセルにお礼を申し述べたい。

訳者あとがき

言うまでもないが、これはリチャード・ドーキンス自身の手になる回想録である。私は、彼が自伝など書くはずがないと勝手に思い込んでいて、ドーキンスとスティーヴン・ジェイ・グールドを比較した本（『進化論の何が問題か』）を書くときに、断片的に触れられていた記述や対談での受け答えから、その履歴をまとめた。しかし、この本格的な回想録を読んでみると、自分の作業がいかに薄っぺらなものであったかを痛感させられ、冷や汗が出る。

書かれていることの多くは、これまでにどこかで一度は語られてきたことであり、私の記載に特別に誤ったところがあるわけではないが、細部を知ると、全体的な印象が大きく変わってしまう。たとえば、オーンドル校については、サンダーソン元校長について書かれた文章（『悪魔に仕える牧師』に所収）から、きわめて自由でのびのびとした雰囲気をもつ学校だというイメージをつくりあげていた。実態は酷いイジメがあったり、不合理な因襲があったりで、いくつかすぐれた点はあるものの、伝統的な英国のパブリック・スクールの域を出るものではけっしてなかったようだ。

パブリック・スクールの寮生活についての記述は、心地よいとはいいがたいが、経験者でなければわからないことが書かれていて、イギリス映画やテレビドラマの学園生活の場面を見るときの見方が変わるかもしれない。総じてドーキンスは科学者らしく、誇張することも隠蔽することもなく、自分自身を客観視しながら、きわめて率直に事実だけを語っている。生徒間のイジメに遭遇して、自分がそれをなぜ止めることができなかったのかという自問も含めて、若かりし頃の自分の心の中を見つめ、人格における不連続性という考えを提示しているのは興味深い。

これまで、私が知らなかったことで、もっとも強い感銘を受けたのは、オックスフォードの大学院生時代にドーキンスが指導を受けたマイク・カレンのことである。詳細は本文を読んでいただければいいのだが、マイクはひたすら科学的好奇心にのみ忠実で、自らの睡眠時間を削ってでも、若い研究者への助言にエネルギーを注ぎ、いっさいの見返りを要求しなかった。現在の学者の世界（とりわけアメリカや日本）では、自身の功績や栄誉に拘泥しないこういう人物の存在を許さないだろう。学者の業績が論文数、ことにインパクト係数の高い雑誌にどれだけ名を連ねるかで評価され、それが学者の身分と研究費の獲得に直結するから、マイクのような利他的な研究者は生き残ることができないはずだ。逆に言えば、自分がいっさい手を下さず（極端な場合には、その実験の詳細を十分に理解できないまま）、若い研究者がなしとげた研究論文に老教授が名を連ねるという悪習の中から、今回のSTAP細胞スキャンダルのようなものが出てくるのは、必然と言えるだろう。

もうひとつ意外な発見は、エルヴィス・プレスリーの熱狂的なファンだったということだ。高校生の年頃ではとくに珍しいという話でもないが、大学生時代にその世代が熱狂したはずのビートルズにまったく触れられていないのは不思議だ。私の年代の周辺では、ビートルズの方がずっと大きな影響力があったように記憶しているのだが、同じ英国人なのに一言の言及もない。思うに、大学生になって、少し背伸びして紳士ぶるために、音楽の趣味もポピュラー音楽からクラシック音楽に変わり、ビートルズが登場したのがそれより後の時期だったという事情が理由なのかもしれない。

彼が一時期ひどい吃音に悩まされていたというのもはじめてくわしく知った（どこかでチラリと書いていたような気もするが）。文筆における能弁からはまったく想像がつかない。自由なアフリカを離れ英国の祖父母たちの厳格な躾に従わなければならなかった時期の生活が大きなストレス要因だったようだが、ドーキンスが何不自由ない恵まれた生活を送った優等生だと思っている人（私自身もいくぶんかそう思っていたのだが）には、この事実を知ることで、彼の剛速球のような論理展開の底にある弱者への共感やどこか冷めた感じは、理解しやすくなるだろう。また、両親を含めてまわりにナチュラリストになるべきお膳立てが揃っていたのにナチュラリストにならなかったことはよく知られているが、パブリック・スクール時代の夏休みに、父親の農作業を手伝い、一介の農民として汗水垂らした経験があったというのも初耳で、そういう意味でのフィールド体験があることを知ったのも意外だった。

＊

私は、ドーキンスより一歳年下で、ほぼ同じ年代を過ごしてきたことになる。戦勝国イギリスの貴族に連なる家系で、パブリック・スクール、オックスフォード大学というエリート街道を歩んだドーキンスと、敗戦国日本のありふれたサラリーマン家庭の出身である私を同列に論じることはできない。古きよき時代のアフリカで幼年時代を過ごすなどという経験は、ほんの一握りの人間にしか許されなかったことだろう。

けれども、世界史的な目で見れば、生きた時代は同じである。第二次世界大戦の戦中・戦後、冷戦時代、ヴェトナム戦争、そしてイスラム原理主義とキリスト教原理主義が激しく対立するグローバリズムの現在。工学の分野ではコンピューターやIT技術の急速な発展、生物学の分野では、エソロジーの登場、ワトソンとクリックの二重らせんモデルと分子生物学の興隆、ヒトゲノム計画など、同じ激動を見つめてきた。それらのことを表だって論じているわけではなく、この本はあくまで、ドーキンスという人格の形成がどのようにして形成されてきたかに焦点をあてたものである。しかし、自伝の背景に見え隠れするこうした歴史的な変化には、同時代人としてさまざまな感懐を抱かざるをえない。

あのバークリーの人民広場にドーキンスはいたのか……穿孔テープ式のコンピューターを使っていたのか……ティンバーゲンのノーベル賞受賞の報せを身近で聞いていたのか……。

＊

翻訳に関して一言。ドーキンスは自ら言うように、詩を暗唱する能力に長けているので、本書でも随所に、詩や韻文からの引用がある。詩の翻訳は科学畑の人間である私には、かなり荷の重い仕事で、ましてやコーンウォール方言の詩や幼年時代の意味不明な詩などは難物すぎる。すべてまちがいなく訳せたか自信はない。日本語訳のあるものは参照したが、ほとんどは日本語訳がなく、特殊な言い回しについては、少なからぬ間違いがあるかもしれない。お気づきの点をご教示いただければ幸いである。

最後に、この翻訳出版については、編集部の伊藤浩氏、外編集者の鈴木豊雄氏、および校正にあたられた山口素臣氏の細心な作業のお世話になった。注意して翻訳し、何度も見直しても誤読はあるもので、みなさんのおかげでいくつも重大なミスが救われた。記して感謝申し上げる。

カモメの卵に似るようにニワトリの卵に色を塗っているニコ・ティンバーゲン。

1964年頃。Times & Life Pictures/Getty Images.

マイク・カレン、1979年：Monash University Archives, 写真 Hervé Alleaume.

サリー・ピューマ狩り：Virginia Hopkinson の好意による写真。

1969年5月19日におけるバークリーの人民公園のデモと州兵：© Bettmann/Corbis.

オックスフォード川での船遊び：Lary Shaffer の好意による写真。

1960年11月26日のユニヴァーシティ・カレッジにおけるピーター・メダワー：Getty Images.

1976年11月のドーキンスとテッド・バーク：Time & Life Pictures/Getty Images.

ダニー・レーマンとニコ・ティンバーゲン：Colin Beer 教授の好意による写真。

撮影するニコ・ティンバーゲン：Lary Shaffer の好意による写真。

1978年のハーヴァードにおけるウィリアム・D・ハミルトンとロバート・トリヴァース：Sarah B. Hrdy の好意による写真。

マイケル・ロジャース：Nigel Parry の好意による写真。

ドーキンスとジョージ・C・ウィリアムズ：Rae Silver の撮影で、John Brockman の好意による。

ジョン・メイナード・スミス：Corbin O'Grady Studio/Science Photo Library.

The Selfish Gene: Keith Cullen の好意による。

写真クレジット

とくに謝辞が述べられているもの以外は、すべての写真はドーキンス家のコレクションからのもの（サラ・ケトルウェル Sarah Kettlewell に感謝する）。権利保有者をつきとめることに全力を尽くしたが、もし見落としている人がおられれば、出版社に連絡をとるようにお願いしたい。

●本文中の写真

p.273: モクメシャチホコ属の一種（*Cerura vinula*）。N. Tinbegen の好意による写真。

●口絵写真

チッピング・ノートンのセントメアリー教会。Nicholas Kettlewell の好意による写真。

クリントン・エドワード・ドーキンス (1880)、クリントン・ジョージ・イヴリン・ドーキンス (1902)、クリントン・ジョン・ドーキンス (1934)、アーサー・フランシス・「ビル」・ドーキンス (1935/6): Balliol College, Oxford の好意による写真。

サカハチアゲハ（*Papilio ophidicephalus*）: © Ingo Ardendt/Minden Pictures/Corbis.

オーンドル校の大ホール：© Graham Oliver/Alamy; Ioan Thomas, 1968: Oundle School Archive.

引用クレジット

first published in *Nature* (Nature Publishing Group), 8 January 1971 からの抜粋。

Richard Dawkins's Foreword to John Maynard Smith, *The Theory of Evolution* (Cambridge University Press, 1993) からの抜粋。

The Selfish Gene by Richard Dawkins (1976) の Preface, chapter1 および chapter13 からの抜粋。Oxford University Press の許可を得て転載。

Collected Poems by John Betjeman © 1955, 1958, 1962, 1964, 1968, 1970, 1981, 1982, 2001 所収の 'A Hike on the Downs' の抜粋は、John Murray (Publishers) と The Estate of John Betjeman の許可を得て転載。

The Loom of Years by Alfred Noyes © 1902 からの抜粋は、The Society of Authors as the Literary Representative of the Estate of Alfred Noyes の許可を得て転載。

'Blue Suede Shoes' by Carl Lee Perkins © 1955, 1956 Hi Lo Music, Inc. © Renewed 1983, 1984 Carl Perkins Music, Inc. これは Wren Music Co., Division of MPL Music Publishing, Inc. によって管理されている。無断転載禁止。国際著作権保有。Music Sales Limited の許可を得て使用。

The Silent Traveller in Oxford by Chiang Yee © 1944 Signal Books Ltd. からの抜粋。

W. D. Hamilton, 'The Play by Nature', *Science* 196: 757 (1977) からの抜粋。AAAS の許可を得て転載。

Leda by Aldous Huxley © 1929 by Aldousu Huxley からの抜粋は、Aldous and Laura Huxley Trust の代理権者である Georges Borchardt, Inc. の許可を得て転載。無断転載禁止。

'Genes and Memes' by John Maynard Smith, first published in *London Review of Books*, 4 February 1982 からの抜粋。

'Selective Neuron Death as a Possible Memory Mechanism' by Richard Dawkins,

引用クレジット

権利保有者をつきとめることに全力を尽くしたが、もし見落としている人がおられれば、出版社に連絡をとるようにお願いしたい。

‘To the Balliol Men in Africa’ by Hilaire Belloc は、The Estate of Hilaire Belloc の代理権者である Peters Fraser & Dunlop (www.petersfraserdunlop.com) の許可を得て転載。

Iris Murdoch: A Life by Peter J. Conradi © Peter J. Conrdi, 2001 からの抜粋は、A. M. Heath & Co. Ltd と W. W. Norton の許可を得て転載。

The Autobiography of Bertrand Russell by Bertrand Russell © 2009 The Bertrand Russell Peace Foundation からの抜粋は Taylor & Francis Books UK と The Bertrand Russell Peace Foundation Ltd. の許可を得て転載。

‘A Song of Reproduction’ の詞は、The Estates of Michael Flanders & Donald Swann 2013 の許可を得て転載。大小のいかんにかかわらず、Flanders & Swann の作品の使用は、同 Estates (leonberger@donaldswann.co.uk) に問い合わせなければならない。

Collected Poems by John Betjeman © 1955, 1958, 1962, 1964, 1968, 1970, 1981, 1982, 2001 所収の ‘Summoned by Bells’ の抜粋は、John Murray (Publishers) と The Estate of John Betjeman の許可を得て転載。

好奇心の赴くままに　ドーキンス自伝I
私が科学者になるまで

2014年5月20日　初版印刷
2014年5月25日　初版発行

*

著　者　リチャード・ドーキンス
訳　者　垂水雄二
発行者　早川　浩

*

印刷所　中央精版印刷株式会社
製本所　中央精版印刷株式会社

*

発行所　株式会社　早川書房
東京都千代田区神田多町2−2
電話　03-3252-3111（大代表）
振替　00160-3-47799
http://www.hayakawa-online.co.jp
定価はカバーに表示してあります
ISBN978-4-15-209457-5　C0045
Printed and bound in Japan
乱丁・落丁本は小社制作部宛お送り下さい。
送料小社負担にてお取りかえいたします。

ハヤカワ・ポピュラー・サイエンス

盲目の時計職人

——自然淘汰は偶然か？

（『ブラインド・ウォッチメイカー』改題・新装版）

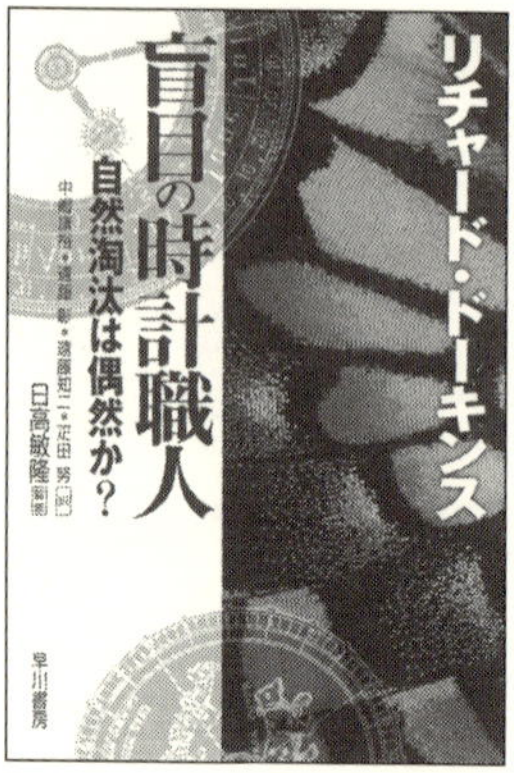

THE BLIND WATCHMAKER

リチャード・ドーキンス

日高敏隆監修

中嶋康裕・遠藤彰・遠藤知二・疋田努訳

46判上製

鮮烈なるダーウィン主義擁護の書

各種の精緻な生物たちを造りあげた職人が自然界に存在するとしたら、それこそが「自然淘汰」である！　『利己的な遺伝子』で生物学界のみならず世界の思想界をも震撼させた著者が、いまだにダーウィン主義に寄せられる異論のひとつひとつを徹底的に論破する。

ハヤカワ・ポピュラー・サイエンス

意識は傍観者である

——脳の知られざる営み

INCOGNITO

デイヴィッド・イーグルマン

大田直子訳

46判上製

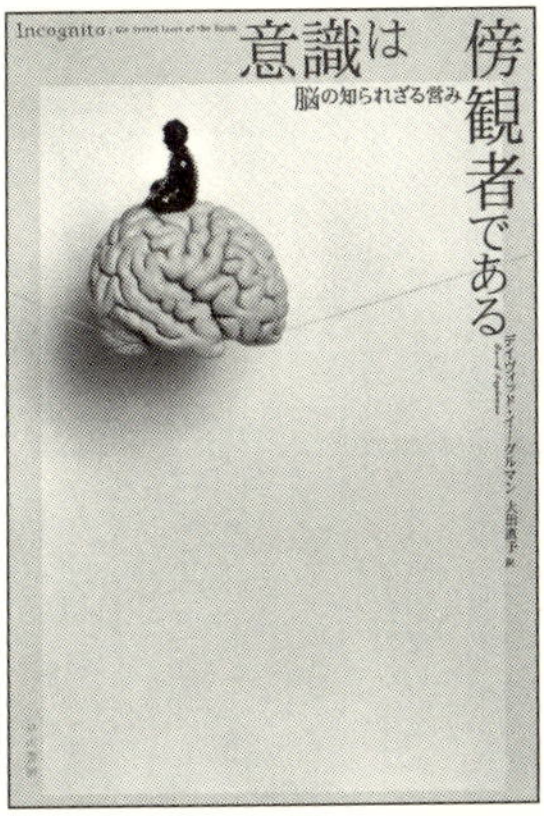

あなたは自分の脳が企むイリュージョンに誰よりも無知な傍観者だ。

あなたが見ている現実は、現実ではない。あなたの時間感覚も、現実とはズレている……意識が動作を命じたとき、その動作はすでに行なわれている！　NYタイムズほかのベストセラーリストをにぎわせた科学解説書登場。

ハヤカワ・ポピュラー・サイエンス

マラケシュの贋化石（上・下）

——進化論の回廊をさまよう科学者たち

The Lying Stones of Marrakech

スティーヴン・ジェイ・グールド

渡辺政隆訳

46判上製

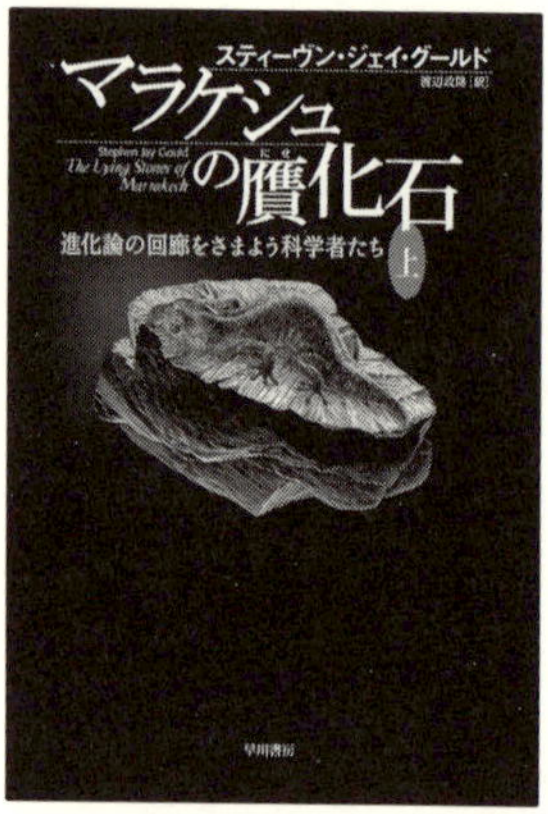

得意の蘊蓄を織り交ぜ
進化学の世界へ読者をいざなう

化石から過去を考察する古生物の世界では、勘違いから誤った方向に進むこともある。学生が悪戯で作った精巧な贋化石を世紀の発見と発表したベリンガー、化石樹を見て樹木は土から生じると断言したチェシなど、学者たちの試行錯誤の道のりが詰まったエッセイ集